JN028473

伊藤塾
呉明植 基礎本シリーズ
GO AKIO BASIC SERIES

8 Go!
Series

債権各論

Civil Law

弁護士
伊藤塾首席講師
呉明植 著
GO AKIO

弘文堂

はじめに

　周知のとおり、2017（平成 29）年に民法が——とりわけ債権法が大きく改正された。本書は、かかる民法改正に完全に対応・準拠した、債権各論のテキストである。

　本書の執筆を開始するにあたり、大きく悩んだのが、改正前の内容を本書に織り込むべきか否かである。

　改正前の債権各論に習熟している方にとっては、改正前の内容と改正後の内容が併記され、比較されている方が理解を得やすいのは自明である。

　しかし、本書が主として想定している読者——すなわち、はじめて債権各論を学ぶ方や、改正前の債権各論にさほど習熟していない方——にとっては、改正前の内容と改正後の内容が併記されていると、記述の分量が増えて学習時間に無駄が生じるだけでなく、さらに無用な混乱が生じるおそれが高い。そこで、本書では、ごくわずかな例外を除き、改正後の内容のみを記載することとした。学者でも実務家でもない多くの読者にとって、それが最も学びやすいテキストであるとの確信に至ったからである。

　ただし、重要な改正部分については、その冒頭に 改正 というマークを付した。改正前の民法を学んだことのある読者は、このマークが付された箇所を集中的に学習すると効率的であろうと思う。有効に活用してくださると嬉しい。

　本書の執筆に際しては、本シリーズの他のテキストと同様に、試験との関係で必要な情報だけに絞り込んだうえで、できるかぎりかみ砕いた説明を施したつもりである。また、ぶつ切りの知識の羅列とならないように、流れのある読みやすい記述を心掛けた。今後、読者の皆様からのご批判をいただきつつ、より良いものとしていければと思っている。本書が、法律家を目指すすべての誠実な学習者への一助となることを願っている。

　末筆ながら、本書は、株式会社弘文堂の北川陽子取締役からの実にタイムリーな執筆要請がなければ、刊行され得なかった。また、伊藤塾・呉クラスの出身者であり、現在は東京大学法科大学院生の Y・K さんには、債権総論に引き続き、本書の草稿を通読していただき、学習者の視点から多くの有益な示唆をいただいた。ここに記して心からお礼申し上げる。

　2020 年 1 月

呉　明植

1 本書の特長

⑴ 必要な論点を網羅

本書は、法科大学院入試や司法試験をはじめとした各種資格試験対策として必要となる論点を全て網羅している。

民法上の論点は無数にあるが、法科大学院入試や司法試験をはじめとした各種資格試験対策としては、本書に掲載されている論点を押さえておけば必要十分である。

逆にいえば、本書に掲載されていない論点を知識として押さえておく必要は一切ない。万一それらの論点が出題された場合には、現場思考が問われていると考えてよい。

⑵ 判例・通説で一貫

本書は、一貫して判例・通説の立場を採用している。

実務が判例・通説で動いている以上、また、試験官の全員が共有しているのは判例・通説である以上、各種試験対策として重要なのは、あくまでも判例・通説である。

もちろん、判例・通説を理解するためには他説の理解が必要となる場合もある。本書でも必要に応じて他説を紹介しているが、それはあくまでも判例・通説を理解・記憶するための手段にすぎない。また、「有効な無駄」として最新の学説を理解していくことも有用であるが、最新の学説を理解するには判例・通説に対する深い理解が不可欠の前提となる。

何事にも、刻むべきステップがある。まずは、本書を通じて判例・通説をしっかりと理解・記憶してほしい。そして、あえて繰り返せば、試験対策としてはそれで必要十分である。

⑶ コンパクトな解説とつまずきやすいポイントの詳述

試験対策として1つの科目に割くことのできる時間は限られている。そこで、本書では出来る限りポイントを押さえたコンパクトな解説を心掛けた。

しかし、その一方で、初学者や中級者がつまずきやすいポイントについては、講義口調で詳細な解説を付した。

また、試験対策として必要な場合には、一般的な講義では語られることのない踏み込んだ内容も適宜かみ砕いて詳述した。

本書のメリハリを意識して、限られた時間を有効に活用してほしい。

⑷ 書き下ろし論証パターンを添付

試験は時間との戦いである。その場で一から論証を考えていたのでは、到底時間内にまとまった答案を仕上げることはできない。典型論点の論証を前もって準備しておくことは、試験対策として必要不可欠である。そこで、論述式試験での出題可能性が高い論

点について、「予備校教育の代名詞」ともいわれる「悪名高き」論証パターンを巻末に添付した。

ただし、理解もせず、単に論証を丸暗記するのは、試験対策として全く意味がないばかりか、余事記載を生じさせる点で有害ですらある。ベースとなるのはあくまでも本編の記述の理解であることは忘れないでいてほしい。

また、平成 29 年改正によって、従来論じられていた多くの論点が立法解決された。そのため、本編の記述の重要性は、従来に増してあがってきている。巻末の論証だけでなく、本編の記述をより重視していただきたい。さらに、学習がある程度進んだら、条文を素読することも強くお勧めする。

なお、私としては現時点で私に書ける最高の論証を書いたつもりであるが、もとよりこれらの論証だけが唯一絶対の論証であるはずもない。これらを叩き台として、各自でよりいっそうの工夫を試みてほしい。

(5)　ランク

本文中の項目や論点のまとめ、巻末の論証には、重要度に応じたランクを付した。時間の短縮に有効活用してほしい。

各ランクの意味は以下のとおりである。

> **A**　試験に超頻出の重要事項。しっかりとした理解と記憶が必要。
>
> **B⁺**　試験に超頻出とまではいえないが、A ランクに次ぐ重要事項。理解と記憶が必要。
>
> **B**　最初は読んで理解できる程度でもよい。学習がある程度進んだら記憶しておくと安心。
>
> **B⁻**　記憶は不要だが、一度読んでおくと安心。
>
> **C**　読まなくてもよいが、余裕があれば読んでおくとよい。

(6)　豊富な図

本文中、イメージをもちづらい事案や重要な事案については、適宜事案をあらわす図を用いた。

問題文を読み、わかりやすい図を描けるようにすることは、試験対策としてもきわめて重要である。本書の図の描き方を参考にして、自ら図を描く訓練も重ねていってほしい。

図中における、主な記号の意味は以下のとおりである。

A ————————→ B ： A から B への債権

A ——— S ———→ B ： A から B への売買（sale）

A ——— ℓ ———→ B ： A から B への賃貸借（lease）

A ——————● ： A が有する物権

▱ ： 土地　　　　▥ ： 建物

Ⓣ ： 登記

(7) 詳細な項目

　民法を理解・記憶し、自分のものとするには、常に体系を意識して学習していくことがきわめて重要である。そこで本書では、詳細な項目を付した。

　本文を読むときは、まず最初に必ず項目を読み、自分が学習している箇所が民法全体のなかでどの部分に位置するのかをしっかりと確認してほしい。また、復習の際には、項目だけを読み、内容の概略を思い出せるかをチェックすると時間の短縮になるであろう。

(8) 全体が答案

　いくら民法の内容を理解・記憶していても、自分の手で答案を書けなければ試験対策としては何の意味もない。そして、答案を書けるようになるための１つの有効な手段は、合格答案を繰り返し熟読することである。

　この点、本書は「債権各論とは何か」という一行問題に対する私なりの答案でもある。接続詞の使い方や論理の運びなどから、合格答案のイメージを自ずとつかみ取っていただけるはずである。

2　本書の使い方

(1) 論述式試験対策として

　論述式試験は、各種資格試験における天王山であることが多い。たとえば司法試験に

おいて、いかに短答式試験の成績がよくとも、しっかりとした答案を書けなければ合格は絶対にありえない。

本書を繰り返し通読し、理解と記憶のブラッシュアップに努めてほしい。

⑵ 短答式試験対策として

短答式試験対策として、細かい知識をすべて押さえようとして自滅してしまう受験生が多い。しかし、短答式試験の合否は、実は細かい知識で決まるのではない。重要なのは、あくまでも知っていて当然の基礎知識である。勝負は、必要な基礎知識を絞り込んだうえで、それらをいかに堅固な知識とするかにかかっている。本書のメリハリを意識して、基礎知識をしっかりと押さえていってほしい。

⑶ 学部試験対策として

法科大学院入試においては、学部成績が重視されることが多い。

まず、学部の授業の予習として本書を熟読してほしい。そのうえで先生の講義を聞けば、先生の講義を面白く聞くことができ、自ずと学習のモチベーションがあがるはずである。

また、先生が本書の立場と異なる学説を採っておられる場合には、先生とは異なる立場で執筆した答案に対する成績評価を先輩等から聞いておいてほしい。自説以外を認めない先生だった場合には、まさに「有効な無駄」として、先生の学説を学部試験前におさえておけばよい。

先生の学説と本書の判例・通説との違いを意識すれば、よりいっそう判例・通説の理解が進むであろうし、学問としての民法学の深さ・面白さを味わうことができるはずである。

⑷ 本書の補足・訂正など

重要な最新判例や誤植などの情報は、適宜、拙ブログ「伊藤塾講師　呉の語り得ること。」や、弘文堂のウェブページにアップする予定である。時々チェックするようにしていただきたい。

3　今後の学習のために

⑴ 演　習

いくら法律の内容面を理解し記憶したとしても、実際に自ら問題を解くことを怠っていては何の意味もない。

演習問題としては、やはり予備試験・司法試験の過去問が最良である。日本を代表する学者や実務家が議論を重ねて作成したこれらの過去問を解くことは、理解を深め、知

識を血の通ったものとする上できわめて有用といえる。

　予備試験・司法試験の過去問集は、短答式・論述式を通じて複数の出版社から発売されているので、各1冊は入手しておいてほしい。

　ただし、短答式試験の過去問については、現在の司法試験が始まった平成18年からの数年間は、難問・奇問の類が目立つ。これらの古い過去問は無視するか、受験生の正答率が特に高いものだけをピックアップして演習しておけば十分である。

　また、論述式試験の過去問集に載っている参考答案は、どの過去問集でも玉石混交であるから、批判的な検討も必要である。

(2)　判　例

　民法を学習するうえで、判例はきわめて重要である。手頃な判例集として、別冊ジュリスト『民法判例百選』（有斐閣）は必携の書である。

　『民法判例百選』に掲載された判例を本文で引用した際には、たとえば**最判平成24・6・17**というようにゴシック文字で表記し、かつ、巻末の判例索引において各判例集の該当箇所を明示した。ぜひ有効に活用していただきたい。

　また、判例のうち重要なものについては、原文を読むと勉強になる。法学部や法科大学院でインターネット上の判例検索サービスを利用することができる場合には、大いに活用してほしい。

　判例についての解説としては、『民法判例百選』の解説がとても役に立つ。試験対策のうえで最も有用な参考書でもあるので、ぜひ解説も精読してほしい。

(3)　体系書

　学者の書いた体系書としては、伊藤塾・呉クラスの指定基本書でもある潮見佳男「債権各論Ⅰ　契約法・事務管理・不当利得」・「債権各論Ⅱ　不法行為法」（新世社）が最もスタンダードであり、おすすめである。文章に独特のクセがあり、また、特に不法行為法では要件事実論が強く意識されているため、初学者には読みづらい箇所があるものの、ある程度学習が進んだ読者にとっては一歩進んだより深い理解が得られるはずである。

　また、文章の読みやすさや見解の穏当さの点で、野澤正充「セカンドステージ債権法Ⅰ　契約法」・「セカンドステージ債権法Ⅲ　事務管理・不当利得・不法行為」も良書といえよう。

参考文献一覧

　本書を執筆するにあたり多くの文献を参照させていただきました。その全てを記すことはできませんが主なものを下に掲げておきます。なお、本文中にこれらの文献の文章表現を引用させていただいた箇所もありますが、本書はいわゆる学術書ではなく、学習用の教材ですので、その性質上、学習において必要な部分以外は引用した文献名を逐一明記することはしませんでした。

　ここに記して感謝申し上げる次第です。

潮見佳男『基本講義　債権各論Ⅰ、Ⅱ［第3版］』（新世社・2017）

潮見佳男『不法行為法Ⅰ、Ⅱ［第2版］』（信山社・2013・2011）

潮見佳男『民法（債権関係）改正法の概要』（きんざい・2017）

我妻榮『民法講義　債権各論上、中一、中二、下一』（岩波書店・1954〜1972）

我妻榮『事務管理・不当利得・不法行為』（日本評論社・1937）

川井健『民法概論4債権各論［補訂版］』（有斐閣・2010）

平井宜雄『債権各論Ⅰ上、Ⅱ』（弘文堂・2008・1992）

内田貴『民法Ⅱ　債権各論［第3版］』（東京大学出版会・2011）

野澤正充『セカンドステージ債権法Ⅰ、Ⅱ、Ⅲ［第2版］』（日本評論社・2017）

藤岡康宏・磯村保・浦川道太郎・松本恒雄『有斐閣Sシリーズ　民法Ⅳ債権各論［第4版］』（有斐閣・2019）

遠藤浩・川井健・原島重義・広中俊雄・水本浩・山本進一編『有斐閣双書　民法(5)［第4版］、(6)［第4版増補補訂版］、(7)［第4版］（有斐閣・1996〜2002）

中田裕康『契約法』（有斐閣・2017）

松井和彦・岡本裕樹・都筑満雄『契約法』（日本評論社・2018）

平野裕之『債権各論Ⅰ』（日本評論社・2018）

藤原正則『不当利得法』（信山社・2002）

筒井健夫・村松秀樹『一問一答　民法（債権関係）改正』（商事法務・2018）

我妻榮・有泉亨・清水誠・田山輝明『我妻・有泉コンメンタール民法［第6版］』（日本評論社・2019）

『注釈民法』・『新版注釈民法』・『新注釈民法』（有斐閣）

窪田充見・森田宏樹編『民法判例百選Ⅱ債権［第8版］』（有斐閣・2018）

『最高裁判所判例解説　民事篇』（法曹会）

論証カード 一覧

契約総論

第3編　債権
第1章　総則 ························· 債権総論
第2章　契約　┐
第3章　事務管理　├ ······ 債権各論(本書)
第4章　不当利得　│
第5章　不法行為　┘

　本書は、債権法のうち、債権各論を扱う。

　債権各論の条文は、債権の主な発生原因ごとに、契約、事務管理、不当利得、不法行為の4つの章に分かれて規定されているが（第3編第2章から第5章）、これら4つの債権発生原因のうち、契約が最も重要な債権発生原因である。

　かかる契約について定めた第3編第2章は、各種の契約におおむね共通する事項を定めた総則（第1節）と、各種の契約に固有の事項を定めた各論（第2節から第14節）に分かれている。

　これらのうち、まずは第2章 契約の総則に定められた内容、すなわち契約総論を学んでいこう。

1. 契約の種類

　契約は、①典型契約と非典型契約、②諾成契約と要物契約、③双務契約と片務契約、④有償契約と無償契約、⑤要式契約と不要式契約に分類される。

1　典型契約と非典型契約　B

　典型契約と非典型契約は、民法の規定の有無に着目した分類である。
　典型契約とは、債権の発生原因として民法に定められた13種類の契約をい

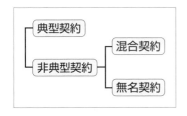

う。民法典の第3編第2章第2節から第14節までに定められた契約を、典型契約というわけである。

非典型契約とは、債権の発生原因として民法に定められていない契約をいう。この非典型契約も、債権発生原因として有効と解されている。

非典型契約は、さらに混合契約と無名契約に分かれる。

混合契約とは、典型契約の組み合わせという性質を有する契約をいう。たとえば、自らが所有する材料を用いて、注文者から依頼された物を製作したうえで、その物を注文者に販売するという製作物供給契約は、物の製作という請負契約（632条）と、物の販売という売買契約（555条）を組み合わせた混合契約である（➡ 136ページ **2**）。

無名契約とは、およそ民法の典型契約から離れた契約をいう。たとえば、出版契約や情報提供契約などは、無名契約である。

2 諾成契約と要物契約 　**A**

諾成契約と要物契約は、契約の成立要件に着目した分類である。

諾成契約とは、当事者間の意思表示の合致によって成立する契約をいう。債権の発生原因としての契約は、原則としてこの諾成契約である（522条1項）。

要物契約とは、その成立に意思表示の合致に加えて、物の授受が必要とされる契約をいう。

たとえば、金銭の貸し借りに代表される消費貸借契約は、原則として、金銭などの授受があってはじめて成立する要物契約である（587条）。

3 双務契約と片務契約 　**A⁺**

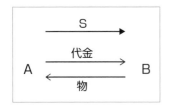

双務契約と片務契約は、契約から生じる債務に着目した分類である。

双務契約とは、契約の両当事者が互いに債務を負う契約をいう。対立する2本の矢印が発生する契約だとイメージしておこう。

たとえば、AがBに物を売る旨の売買契約（555条）が成立すると、売主A
は買主Bに物を引き渡す債務を負い、買主Bは売主Aに代金を支払う債務を
負う。したがって、売買契約は双務契約である。

　これに対し、片務契約とは、契約の一方当事
者だけが債務を負う契約をいう。

　たとえば、AがBに物をあげる旨の贈与契約
（549条）が成立すると、AはBに目的物を引
き渡す債務を負うが、Bは何ら債務を負わな
い。したがって、贈与契約は片務契約にあたる。

4　有償契約と無償契約　A+

　有償契約と無償契約は、経済的損失（出捐）に着目した分類である。

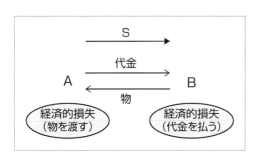

　有償契約とは、契約の両当事
者が互いに経済的損失を負う契
約をいう。

　たとえば、売買契約が成立す
ると、売主Aは物を引き渡すと
いう経済的損失を負い、買主B
も代金を支払うという経済的損
失を負う。したがって、売買契
約は有償契約である。

　これに対し、無償契約とは、契約の一方当事者だけが経済的損失を負う契約
をいう。

　たとえば、贈与契約が成立すると、贈与者Aは目的物を引き渡すという経済
的損失を負うが、受贈者Bは何ら経済的損失を負わない。したがって、贈与契
約は無償契約である。

> 　有償か無償かの区別は、双務契約か片務かの区別と基本的に対応しています。すなわ
> ち、**双務契約は有償契約**であり、また、**片務契約は無償契約**であるのが通常です。
> 　ただし、この対応関係の唯一の例外として、**利息付消費貸借契約**だけは、**片務契約であ
> りながら有償契約**です。少し長くなりますが、頭の体操をかねて、ここで説明しておきまし
> ょう。

まず、要物契約としての消費貸借（587条）の成立には、**2**で述べたとおり、目的物の授受が必要です。したがって、「目的物を貸せ」という債権（＝目的物を貸す債務）が消費貸借によって発生する、ということはありえません。消費貸借が成立した時点で、すでに目的物の授受は完了しているからです。したがって、消費貸借から生じる主たる債務は、借主の返還債務だけということになります。すなわち、要物契約としての消費貸借は、**片務契約**です（ちなみに、契約の成立に物の授受を要しない諾成的消費貸借も、片務契約と解されています。➡86ページイ）。

【無利息の消費貸借契約】

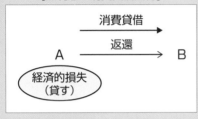

また、消費貸借は、無利息なのが原則です（589条1項）。したがって、消費貸借において経済的損失を負うのは貸主だけであり、借主は経済的損失を負いません。確かに、借主も弁済期になったら借りていたのと同じ種類・品質・数量の物を調達してきて返さなければいけないのですが、それはプラスの状態がプラスマイナスゼロの状態になるだけですので、経済的損失とはいえません。したがって、消費貸借は、貸主だけが経済的損失を負う**無償契約**です。

では、消費貸借契約に、利息の支払特約が付加されている場合（589条2項）はどうでしょうか。

【利息付消費貸借契約】

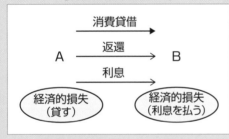

この場合も、消費貸借契約によって生じる主たる債務は、借主の返還債務と利息支払債務だけであり、貸主は債務を負いません。したがって、利息付消費貸借も**片務契約**です（諾成的消費貸借の場合も同様に片務契約です）。

しかし、この利息付消費貸借は、**貸主が経済的損失を負う**だけでなく、**借主も利息を支払うという経済的損失**を負います。

したがって、利息付消費貸借契約は、片務契約であるにもかかわらず、**有償契約**なのです。この例外は、今からしっかりと覚えておきましょう。

5 要式契約と不要式契約 B+

　要式契約と不要式契約は、契約の成立に書面その他の方式が必要とされるか否かによる区別である。

　要式契約とは、契約が成立するために、合意に加えて書面その他の方式が必要とされる契約をいう。保証契約（446条2項、3項）や諾成的消費貸借契約（587条の2）がその例である。

不要式契約とは、契約が成立するために、書面その他の方式が必要とされていない契約をいう。契約は、原則として不要式契約である（522条2項）。

諾成契約・要物契約の区別と、要式契約・不要式契約の区別は、一見すると似ています。
　しかし、諾成契約・要物契約の区別は、意思表示だけで足りるのか、それとも物の授受が必要か、という区別であるのに対し、要式契約・不要式契約の区別は、書面その他の要式が必要か否かいう区別ですから、それぞれ区別の視点が異なります。たとえば、売買契約は諾成契約であり、かつ不要式契約ですが、諾成的消費貸借契約は、売買契約と同じ諾成契約でありながら、書面によることを要する要式契約です。
　このように、諾成契約か要物契約かという点と、要式契約か不要式契約かという点は、全く相互にリンクしません。混乱しないよう、しっかりと理解しておきましょう。

2. 契約の基本原則

1 契約自由の原則 　**B**　改正

契約の基本原則として、契約自由の原則がある。

契約自由の原則は、私的自治の原則が契約の場面で具体化したものであり、次の4つの内容からなると解されている。

①何人も契約をするかどうかを自由に決定することができるという契約締結の自由（521条1項）
②契約の当事者は契約の内容を自由に決定することができるという内容形成の自由（521条2項）
③書面の作成その他の方式を備えることは不要であるという方式の自由（522条2項）
④契約の相手方を自由に選択することができるという契約の相手方選択の自由（明文はないが、解釈上認められている）

もっとも、契約自由の原則は、法令の定めによって制限を受けることがある。たとえば、公序良俗に反する法律行為を無効とする民法90条は、②の内容

形成の自由を制限する規定であり、保証契約の締結に書面等を要求する446条2項3項は、③の方式の自由を制限する規定である。

2 契約締結前の責任──契約交渉段階における注意義務 B+

　契約を締結すると、当事者はその契約に法的に拘束される。

　他方で、契約を締結する前の交渉段階では、契約が締結されていない以上、当事者が契約に拘束されるということはありえない。

　しかし、契約交渉段階における一方の交渉当事者の言動が原因となって、他方の交渉当事者の権利や利益に不利益が生じる場合がある。その場合、不利益を被った交渉当事者は、相手方に対して、損害賠償請求をすることができるのだろうか。

　この問題は、伝統的には「契約締結上の過失」とよばれてきた。以下、2つの類型に分けて検討しよう。

> ただし、この問題はやや応用的です。まずは読み飛ばしてしまって、このテキストを最後まで学んだ後に戻ってくるということでもかまいません。

ア　契約交渉の破棄　→論証1

　まず、契約交渉段階において、交渉当事者の一方が契約交渉を破棄した場合についてである。

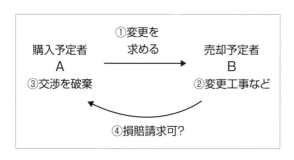

　たとえば、マンションの購入を予定しているAが、売却予定者であるBにマンションの設計の変更や施工の変更を求め、Bがこれに応じて設計や施工を変更したとする。

　Aは、Bによるかかる変更を知りながら、特に何もいわずに黙って見過ごしていた。ところが、その後にAが契約の交渉を破棄したため、契約は締結されるに至らなかった。この場合、Bは、Aに対して損害賠償を請求することができるのだろうか（最判昭和

59・9・18 をベースとした事案)。

（ア）請求の可否・根拠

確かに、契約締結の自由（521条1項）からすれば、交渉当事者には契約を締結しない自由があり、契約交渉のコストやリスクは各当事者の自己負担となるのが原則である。

しかし、交渉当事者の一方による交渉の破棄が、信義則（1条2項）に反し不誠実といえる場合には、信義則上の注意義務の違反を理由として、不法行為による損害賠償請求（709条以下）が認められると解する見解が有力である。

そして、信義則上の注意義務に違反するか否かは、①相手方が契約の締結や債務の履行に必要な準備行為を始めたことを知りながら黙認するなどの先行行為の有無、②交渉の成熟の程度、③当事者の属性、④当事者間の従来の関係など、その取引に関する諸般の事情を考慮して判断することとなろう。

> かつての通説は、契約交渉段階における注意義務の違反を理由とする損害賠償請求は、不法行為（709条以下）ではなく、債務不履行による損害賠償請求（415条）であると解していました。「不法行為責任は特別の接触関係のない者の間での責任を扱うものであり、契約交渉という特別の接触関係にある者の間では不法行為責任は妥当しないから」というのがその主な理由です。
> しかし、たとえば医療過誤事件や取引的不法行為（➡ 234 ページエ）の場合などを想定すればわかるように、特別の接触関係にある者の間でも不法行為責任は適用されます。したがって、かつての通説は、その前提部分がそもそも妥当ではありません。有力説のように、契約交渉段階における注意義務違反を理由とする損害賠償請求は、端的に不法行為による損害賠償請求と考えれば十分でしょう。

（イ）賠償の範囲

では、不法行為による損害賠償請求が認められる場合、いかなる範囲の賠償を請求することができるのだろうか。

通説は、請求することができるのは信頼利益の賠償に限られ、履行利益の賠償は認められないと解している。

```
信頼利益 ←これに限定
  ：契約が成立すると信頼したために被った損害
      e.g. 現地調査費、金融機関に支払う利息
履行利益
  ：契約が履行されれば得られたであろう利益
      e.g. 転売利益
```

ここで信頼利益とは、契約が成立すると信頼したために被った損害をいう。たとえば、現地調査に要した費用や、将来の

代金支払のためにあらかじめ金融機関と融資契約を締結したため支払わなければならなくなった利息などが、信頼利益の例である。契約が成立すると信じたことによって他の有利な契約の機会を失ってしまった場合の期待利益（機会の喪失による損失）も、信頼利益にあたる。

　これに対し、履行利益とは、契約が履行されれば得られたであろう利益をいう。転売利益がその典型である。

　仮に履行利益の賠償まで認めると、契約締結が破棄されているにもかかわらず、契約が成立したのと同じ経済的価値を相手方に与えることになってしまう。信頼利益の賠償に限定する通説は妥当であろう。

イ　情報提供・説明の懈怠による契約の締結　➡論証２

　次に、契約交渉段階において、交渉当事者の一方が相手方に対して情報提供や説明を尽くさなかったため、相手方が契約を締結するに至った場合についてである。

　たとえば、A信用協同組合は、近い将来においてその経営が破綻して組合員から受けた出資金の払戻しをすることができない事態に陥る現実的な危険性があったとする。ところが、Aは、そのことを説明しないまま、組合員であるBに対して追加出資を勧誘した。Bはこの勧誘に応じて出資契約を締結し、追加出資をしたが、その後、Aの経営は破綻した。この場合、BはAに対して損害賠償を請求することができるのだろうか（最判平成23・4・22をベースにした事案）。

（ア）請求の可否・根拠

　この場合でも、交渉当事者の一方に信義則（1条2項）上の説明義務違反が認められるときには、相手方は、それによって生じた損害について不法行為による損害賠償請求（709条以下）をすることができるとするのが判例である（最判平成23・4・22）。

　そして、交渉当事者の一方に信義則上の説明義務があるか否かは、相手方が当該情報を自ら知ることができたか否か、相手方が当該情報を知っていれば当該契約を締結しなかったと認められるか否かなど、諸般の事情を考慮して判断することになろう。

交渉当事者の一方が相手方に対して情報提供や説明を尽くさなかったために相手方が契約を締結するに至った、という場合に問題となる説明義務──いわば契約の締結に向けられた説明義務──は、あくまでも信義則上の義務であり、契約にもとづく義務ではありません。なぜなら、説明義務違反があって、その後に契約が締結された、という時系列にある以上、後行する契約の効果として説明義務が生じる、と解する余地はないからです。

　　上記の最判平成23・4・22も、「一方当事者が信義則上の説明義務に違反したために、相手方が本来であれば締結しなかったはずの契約を締結するに至り、損害を被った場合には、**後に締結された契約は、上記説明義務の違反によって生じた結果**と位置付けられるのであって、上記説明義務をもって上記契約に基づいて生じた義務であるということは、それを契約上の本来的な債務というか付随義務というかにかかわらず、**一種の背理である**」とし、したがってまた、説明義務に違反した者は「不法行為による賠償責任を負うことがあるのは格別、当該契約上の債務の不履行による賠償責任を負うことはない」としています。

（イ）賠償の範囲

　では、この類型では、いかなる範囲の賠償を請求することができるのか。

　やや細かい問題であるが、有力な見解は次のように解している。

　まず、①十分な説明・情報提供がなされていたならば相手方はおよそ契約の締結をしなかったであろうといえる場合は、契約がなかった状態を金銭で原状回復させることを内容とする損害賠償を請求することができる（原状回復的損害賠償）。

　また、②十分な説明・情報提供がなされていたならば相手方はおよそ契約の締結をしなかったであろうとまでは認定できない場合であっても、現実の財産状態と説明義務違反がなかった場合の仮定的財産状態との差額のうち、説明義務違反と相当因果関係のあるものの賠償を請求することができる。

　なお、これらの賠償は、信頼利益の賠償ではない。すなわち、**ア**の契約の不当破棄の類型とは賠償の範囲が異なるわけである。

3　契約締結後の事情変更──事情変更の法理 　C

　契約が締結されると、当事者はその契約に拘束される。

　しかし、そうした契約の拘束力の例外を認める法理として、事情変更の法理がある。

　事情変更の法理とは、契約締結の際に前提とされた事情が、当事者の予想しえた範囲を超えて事後的に著しく変化し、当初の契約内容を形式的に維持すると当事者の一方にとってきわめて不公平な結果をもたらす場合に、不利益を受ける当事者に契約内容の改訂を目的とした再交渉請求権や契約の解除権が認め

られるべきであるという法理をいう。

判例は、一般論としては事情変更の法理を承認しているものの（最判昭和
29・2・12）、実際に事情変更の法理を適用することに対してはきわめて消極的
である。試験でも、事情変更の法理を適用することは通常ありえない。

3. 契約の成立

1 契約の成立要件) A 改正

債権発生原因たる契約は、原則として、申込みの意思表示と承諾の意思表示
の合致によって成立する（522条1項）。物の授受は原則として不要である。

しかも、その意思表示には、原則として書面の作成その他の方式を具備する
ことも要しない（522条2項）。

たとえば「この絵画を100万円で売る」という売主Aの意思表示と、「この
絵画を100万円で買う」という買主Bの意思表示とがあれば、売買契約はそれ
だけで成立する（555条）。単なる口約束でも、売買契約は成立するわけである。

そして、民法総則で学んだとおり、およそ意思表示は相手方に到達したとき
に効力を生じる（97条1項）。この規定は承諾の意思表示にも適用されるため、
契約は、承諾の意思表示が相手方に到達した時点で成立する。承諾の通知を発
信した時点では成立しないので注意しよう。

また、意思表示の合致は、外形的な合致で足りる。それぞれの意思表示が、
はたから見て合致していれば足り、申込者と承諾者の内心（真意）が合致して
いることは不要である。

2 申込みの誘引) B

申込みと区別されるべき行為として、申込みの誘引がある。

申込みの誘引とは、申込みを促すための行為をいう。

たとえば、企業の出す求人広告や、賃借人を募集する貸家札などは、申込み

ではなく申込みの誘引にあたる。

> 申込みの誘引か、それとも申込みなのかは、**相手方の個性が問題となるか否かで区別し**
> ていきます。
> 　たとえば、求人広告を出している企業は、誰でもいいから雇いたい、というつもりではな
> く、良い人がいたら雇いたい、というつもりなのが通常です。つまり、相手方の個性が問題
> となっているわけです。ところが、仮に求人広告を雇用契約の申込みと解してしまうと、そ
> の広告を見た人が承諾の意思表示をすれば、その人がどんな人であっても、雇用契約が成
> 立することになってしまいます。そうした不都合を避けるために、求人広告は申込みの誘引
> にすぎないと解していくのです。その結果、その広告を見て応募してきた人の意思表示は、
> 雇用契約の承諾ではなく、雇用契約の申込みということになります。そして、この申込みを
> 受けた企業は、面接などをしてその人を雇おうと考えた場合だけ承諾の意思表示をし、そこ
> ではじめて雇用契約が成立する、ということになるわけです。

3　申込みの効力) B 改正

　申込みの意思表示がされたものの、承諾の意思表示は未だされていないとす
る。この場合に、申込みをした者は、申込みを撤回することができるのだろう
か。また、相手方は、いつまで承諾の意思表示をすることができる（いいかえれ
ば、いつまで申込みの効力が持続する）のだろうか。

ア　承諾期間の定めがある場合

　まず、申込みの意思表示に承諾期間の定めがある場合（たとえば申込みの意思
表示に「もし承諾をされる場合は 2021 年 4 月 1 日までにお願いいたします」と付言され
ている場合）についてである。

　この場合、①申込者は、申込みを撤回する権利を留保した場合を除き、承諾
期間中は申込みを撤回することができない（523 条 1 項）

　また、②その承諾期間内に承諾の通知を受けなかったときは、申込みは失効
し（523 条 2 項）、以後は承諾ができなくなる（承諾期間経過後の承諾の効果につい
ては➡ 13 ページ**ア**）。

イ　承諾期間の定めがない場合

　次に、申込みの意思表示に承諾期間の定めがない場合についてである。

（ア）原則

　この場合、①申込者は、申込みを撤回する権利を留保した場合を除き、相当
期間内は申込みを撤回することはできない（525 条 1 項）。

また、②撤回が可能となってからさらに相当期間を経過した時点で、申込みは失効し、以後は承諾ができなくなる（通説）。

（イ）対話者間の場合

ただし、申込者とその相手方が対話者である場合については、特則が定められている。

まず、①′申込者は、対話の継続中はいつでも申込みを撤回することができる（525条2項）。対話の継続中ということは、まだ交渉が続いている段階にあるということであるから、申込みの撤回を認めても相手方に不利益とはならない、というのがその趣旨である。

また、②′対話の継続中に承諾がなければ、申込者が対話の終了後も申込みが失効しない旨を表示した場合を除き、対話の終了によって申込みは失効する（525条3項）。対話が終了したということは、通常は交渉の決裂を意味するから、というのがその趣旨である。

ウ　申込者が死亡した場合などの申込みの効力

申込者が申込みの通知を発した後に、死亡したり、意思能力を喪失したり、行為能力の制限を受けたりした場合であっても、申込みは有効なままである（97条3項。これはおよそ意思表示の原則規定である）。

ただし、かかる死亡などの事実が生じたときには申込みは失効する旨の意思表示を申込者がしていた場合や、相手方が承諾の通知を発するまでに申込者の死亡などの事実を知った場合は、申込みは失効する（526条。これは申込みの意思表示についての特則である）。

【申込みの撤回と効力のまとめ】

1　承諾期間の定めがある場合
　①承諾期間中は申込みは撤回不可。ただし権利を留保した場合は可（523Ⅰ）
　②承諾期間内に承諾の通知を受けなかったときは、申込みは失効（523Ⅱ）
2　承諾期間の定めがない場合
　(1)　対話者間以外
　　①相当期間内は申込みは撤回不可。ただし権利を留保した場合は可（525Ⅰ）

②撤回が可能となってからさらに相当期間を経過すれば申込みは失効（通説）

(2) 対話者間

①対話の継続中は申込みは撤回可（525Ⅱ）

②対話の継続中に承諾がなければ申込みは失効。ただし失効しない旨の表示があれば失効しない（525Ⅲ）

3　申込者が申込みの通知を発した後に、死亡し、意思能力を喪失し、行為能力の制限を受けた場合

①申込みは有効（97Ⅲ：意思表示の原則規定）

②ただし、失効する旨の意思表示 or 相手方が承諾の通知を発するまでに悪意となったなら、申込みは失効（526：意思表示中、申込みについての特則）

4　承諾の効力　B

ア　遅延した承諾の効力

　たとえば、A が B に承諾期間を 10 月 1 日までと定めて売買契約の申込みの意思表示をしたところ、B の承諾の意思表示が 10 月 5 日に到達した場合、A の申込みは失効しているため（523 条 2 項）、契約は成立しない。

　もっとも、申込者は、遅延した承諾を、新たな申込みとみなすことができる（524 条）。

　したがって、A は、B から新たな売買契約の申込みがあったものとみなし、これに対して承諾の意思表示をすれば、売買契約が成立する。

イ　申込みに変更を加えた承諾

　承諾者が、申込みに条件を付し、その他変更を加えてこれを承諾したときは、その申込みの拒絶とともに新たな申込みをしたものとみなされる（528 条）。

　たとえば、A が B に「甲土地を 1000 万円で売りたい」との申込みをしたところ、B が A に「900 万円なら買う」との承諾をした場合、B は A の申込みを拒絶するとともに、A に対して「甲土地を 900 万円で買いたい」という新たな申込みをしたものとみなされる。したがって、これに対して A が承諾すれば、900 万円での甲土地の売買契約が成立する。

5 承諾の意思表示が不要な場合 〉 B⁻

繰り返しになるが、契約が成立するためには、申込みの意思表示と承諾の意思表示の合致が必要なのが原則である（522条1項）。

しかし、例外的に、承諾の意思表示が不要とされる場合がある。

ア 意思実現による契約の成立

まず、申込者の意思表示または取引上の慣習により、承諾の通知を必要としない場合には、契約は、承諾の意思表示と認めるべき事実があった時に成立する（527条）。これを、意思実現による契約の成立という。

たとえば、「このスイカを1000円で買ってください」という売買の申込みの意思表示とともにスイカが送付されてきたところ、これを受け取った者がそのスイカを消費した（食べた）場合、その消費の時点で売買契約が成立する（なお、民法の特別法である「特定商取引に関する法律」の59条も参照してほしい）。

イ 交叉申込みによる契約の成立

また、たとえば、AがBに対して「甲自動車を100万円で売りたい」との意思表示を記載した手紙を発信したところ、たまたま同時期に、BもAに対して「甲自動車を100万円で買いたい」との意思表示を記載した手紙を発信していたとする。AもBも、手紙を発信した時点では、相手方の意思表示は知らなかったとしよう。

この場合、それぞれの手紙がAおよびBのもとに到達しても、申込みが2つ重なっただけであり、申込みの意思表示と承諾の意思表示があったわけではない。したがって、522条の要件は充足しない。しかし、意思表示の内容が合致している以上、契約は成立すると解されている。

このように、互いに偶然に申込みをなし、双方の申込みの内容が合致する現象を、交叉申込みという。

6 懸賞広告 〉 C

民法典は、契約の成立の箇所に、懸賞広告についての規定をおいている（529条から532条）。

気が向いたときに条文を一読しておこう。

4. 約款による契約　改正

　契約の内容は、当事者の個別的な合意によって決まるのが原則である。

　しかし、実際の契約、特に企業と個人の間の契約では、企業があらかじめ用意した約款を利用して、画一的な契約が締結されることが多い。

　約款とは、大量の契約を画一的・定型的に締結し、処理することを目的として、企業があらかじめ定めておく契約条項をいう。旅行・宿泊・運送・保険・建築請負など、様々な場面で約款が用いられている。

　約款には、それによって安価かつ大量に契約を処理できるというメリットがあるが、その反面、契約自由の原則を形骸化するという問題点や、企業にとって一方的に有利な条項が含まれやすいという問題点がある。

> 　たとえば銀行で口座をつくるとき、契約書の裏側などにびっしりと細かい字が印刷されているのを見たことがあると思います。あれが約款です。
> 　契約に際して、普通の人はこの約款などまず読みませんし、仮に読んだうえで企業に対して修正を申し入れたとしても、企業はまず修正に応じてくれません。一般消費者は、企業のいいなりに契約を締結せざるをえないのが現実なわけです。

　そこで、民法は、かかる約款のメリットと問題点を調整するべく、以下のとおり、定型取引における定型約款についての規定を定めている。

　試験に必要な限度で説明するが、やや内容が複雑なので、最初は読み飛ばしてしまい、契約法を最後まで学んだ後に戻ってきてもよいだろう。

1　定型取引と定型約款　B

　まず、前提として、定型取引と定型約款という2つの概念を説明する。

ア　定型取引

　定型取引とは、①ある特定の者が不特定多数の者を相手方として行う取引で

あって、②その内容の全部または一部が画一的であることがその双方にとって合理的なものをいう（548条の2第1項柱書）。

　たとえば、A銀行が顧客と締結する預金契約は、A銀行という特定の者が、不特定多数の顧客を相手方として行う取引であるから、①の取引にあたる。他方で、B会社が被用者と締結する雇用契約は、相手方（被用者）の個性に着目する契約であり、不特定多数の者を相手方とする取引とはいえないから、①の取引にあたらず、定型取引にあたらない。

　また、②の「画一的であることがその双方にとって合理的」とは、画一的であることが通常であり、定型条項の変更を相手方が求めるなどの契約交渉が行われないことが取引通念に照らして合理的である場合をいう。A銀行による預金契約は、この②もみたすから、定型取引にあたる。

イ　定型約款

　定型約款とは、上記**ア**で述べた定型取引において、契約の内容とすることを目的として、特定の者により準備された条項の総体をいう（548条の2第1項柱書）。

　たとえば、預金契約のためにA銀行が準備している約款が、定型約款の例である。

2　個別条項についての合意の擬制　Ｂ

　以上の定型約款に定められた個別の条項は、次に述べる548条の2第1項の要件をみたす場合は、当事者がこれに合意したものとみなされる。たとえ一方当事者（顧客）が定型約款を読んでいなかったとしても、その定型約款に定められた個別の条項について合意したものと擬制されるわけである。

ア　要件

　この個別条項についての合意の擬制の要件は、次の2つである。

①定型取引（➡上記**1ア**）を行うことの合意をしたこと（548条の2第1項柱書。この合意を定型取引合意という）

②定型約款（➡上記**1イ**）を契約の内容とする旨の合意をしたこと、または

定型約款を準備した者（定型約款準備者）があらかじめその定型約款を契約の内容とする旨を相手方に表示していたこと（548条の2第1項1号2号）

　②について、定型約款を契約の内容とする旨の合意がある場合のほか、定型約款を準備した者があらかじめその定型約款を契約の内容とする旨を相手方に表示していた場合も、個別条項についての合意の擬制が生じる点に注意が必要である。

イ　効果

　以上の要件をみたすと、定型約款の個別条項についての合意が擬制される（548条の2第1項柱書）。

　ただし、この合意の擬制には、次の2つの例外がある。

（ア）不当条項の排除

　第1の例外は、不当条項の排除である。

　不当条項とは、相手方の権利を制限し、または相手方の義務を加重する条項であって、信義則に反して相手方の利益を一方的に害すると認められる条項をいう。この不当条項については、たとえ548条の2第1項の要件をみたしている場合であっても、なお合意しなかったものとみなされ、排除される（548条の2第2項）。

　ちなみに、この場合に合意しなかったものとみなされて排除されるのは、当該不当条項に限られる。定型約款の条項の全部について合意しなかったものとみなされるわけではない。次の（イ）の場合との違いに注意しよう。

（イ）事前の開示請求の拒絶による定型約款の排除

　第2の例外は、事前の開示請求の拒絶による定型約款の排除である。

　まず前提を説明する。定型取引を行い、または行おうとする定型約款準備者は、定型取引合意の前、または定型取引合意の後相当の期間内に、相手方からの請求があった場合は、原則として相当な方法で定型約款の内容を開示しなければならない（548条の3第1項本文。ただし、その例外として、定型取引合意の前に相手方に対して定型約款を記載した書面を交付し、または定型約款を記録した電磁的記録を提供していた場合は、開示しなくてよい。同ただし書）。

　そして、定型約款準備者が、定型取引合意の前にされた開示請求を拒んだと

きは、正当な事由がある場合を除き、合意の擬制は生じない（548条の3第2項）。およそ定型約款は排除されるわけである。

3　定型約款の変更　B

　定型約款を用いて大量の契約が締結された後に、法令の変更や経済環境の変化などによって、定型約款の内容を変更する必要性が定型約款準備者に生じる場合がある。

　そのような場合に、定型約款の内容を変更するには、相手方の個別の合意を得なければならないのが原則である。しかし、定型取引には不特定多数の相手方がいるため、個別の合意を得るには多大なコストがかかる。また、一部の相手方が合意しない場合には、定型約款を利用する目的である契約内容の画一性を維持することができなくなってしまう。

　そこで、次の2つの場合には、定型約款準備者は、定型約款の変更をすることにより、変更後の定型約款の条項について合意があったものとみなし、個別に相手方と合意をすることなく契約の内容を変更することができる（548条の4第1項）。

①定型約款の変更が、相手方の一般の利益に適合する場合（1号）
②定型約款の変更が、契約をした目的に反せず、かつ、変更の必要性、変更後の内容の相当性、548条の4の規定により定型約款の変更をすることがある旨の定めの有無およびその内容その他の変更にかかる事情に照らして、合理的なものである場合（2号）

　以上のうち、②の場合は、変更後の定型約款の内容やその効力発生時期などについての周知する措置をとらないと、定型約款の変更の効力は生じない（548条の4第4項、3項）。

　また、②について、548条の4の規定により定型約款を変更することがある旨の定めの存在は、合理性の判断の一考慮事由にすぎず、必須の要件ではない。

5. 双務契約の効力Ⅰ──同時履行の抗弁権

1 意義 A⁺

　双務契約が有効に成立すると、対立する2つの債務が生じるが、その2つの債務は、同時履行の関係にあるのが原則である。

　すなわち、双務契約の当事者の一方は、相手方の債務が弁済期にある限り、相手方がその債務の履行を提供するまでは、自己の債務の履行を拒むことができる（533条）。この権利を、同時履行の抗弁権という。

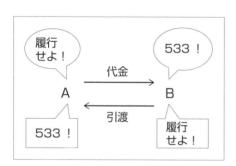

　たとえば、売主をA、買主をBとする甲土地の売買契約が締結された場合、Bは代金債務を負い、Aは甲土地の引渡債務を負う。そして、これらの債務の弁済期がともに到来している場合、BはAからの代金請求に対して「甲土地の引渡しと同時でなければ代金を支払わない」と主張して代金の支払を拒むことができる。また、AはBからの甲土地の引渡請求に対して「代金の支払と同時でなければ甲土地を引き渡さない」と主張して甲土地の引渡しを拒むことができる。

　この同時履行の抗弁権の趣旨は、当事者間の公平にある。しっかりと覚えておこう。

2 要件 A

　同時履行の抗弁権が認められるための要件は、大別して、①同一の双務契約から生じた2つの債務が存在していること、②双方の債務が弁済期にあること、③相手方が履行の提供をしないで履行を請求してきたこと、の3つである（533条）。これらの要件は、条文をみながら抽出できるようにしておこう。

　以下、個別に説明する。

ア　同一の双務契約から生じた2つの債務が存在していること　改正

　まず、同一の双務契約から生じた2つの債務が存在していなければならない（533条本文）。

　たとえば、1つの売買契約から生じた引渡債務と代金債務が存在する場合は、この要件をみたす。

　また、双務契約から生じた債務の一方が債務不履行となり、債務の履行に代わる損害賠償債務（415条2項）と他方の債務が存在するに至った場合も、この要件をみたす（533条本文かっこ書）。この点は覚えておこう。

　たとえば、Aを売主、Bを買主とする売買契約が締結された場合において、Aの引渡債務の債務不履行を理由として、債務の履行に代わる損害賠償債務（415条2項）が生じたとする。この損害賠償債務と、すでに弁済期にあるBの代金債務とが対立している場合、両債務は同時履行の関係となるわけである。

　なお、双務契約から生じた一方の債権が譲渡されたり、債務引受がなされた場合も、債権の同一性は維持されるから、同時履行の抗弁権は存続する（➡債権総論197ページ**3**、218ページ**1**）。

　たとえば、甲土地の売主Aの代金債権がCに譲渡された場合であっても、甲土地の買主Bは、Cからの代金請求に対して、甲土地の引渡しとの同時履行の抗弁を主張することができる。

イ　双方の債務が弁済期にあること

（ア）相手方の債務が弁済期にあること

　次に、相手方の債務、すなわち同時履行の抗弁を主張される者が負っている債務が弁済期にあることが必要である（533条ただし書）。

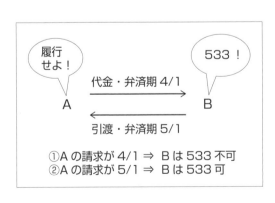

　たとえば、Aを売主、Bを買主とする売買契約において、Bの代金債務の弁済期は4月1日、Aの引渡債務の弁済期は5月1日とする特約があるとする。

　この場合、①4月1日に

Ａから代金の支払を請求されたＢは、Ａに対して、Ａが負っている引渡債務との同時履行を主張することはできない。相手方であるＡの引渡債務は、４月１日の時点では未だ弁済期にないからである。

他方で、②５月１日にＡから代金の支払を請求されたＢは、Ａに対して、Ａが負っている引渡債務との同時履行を主張することができる（通説）。この場合は、相手方であるＡの引渡債務は弁済期にあるからである。

（イ）自己の債務が弁済期にあること

加えて、明文はないものの、同時履行の抗弁を主張する者が負っている債務（自己の債務）が弁済期にあることも必要である。

相手方から履行を請求されたとしても、履行を請求された債務が弁済期にないのであれば、そもそも履行を強制される筋合いにないため、同時履行の抗弁権も問題とならないからである。

たとえば、上記の例で、Ａが３月１日にＢに対して代金の支払を請求した場合、弁済期が未到来である以上、Ｂは未だ代金を支払う必要はない。したがって、Ｂの同時履行の抗弁権も問題とならない。

ウ　相手方が履行の提供をしないで履行を請求してきたこと

最後に、相手方が履行の提供をしないで履行を請求してきたことが必要である（533 条本文）。この要件は重要である。

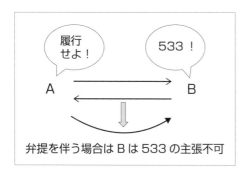

弁提を伴う場合はＢは533の主張不可

たとえば、ＡとＢが１つの双務契約から生じた弁済期にある債務をそれぞれ負担しているところ、ＡがＢに対して履行を請求したとする。この事案で、Ａの請求がＡの債務についての履行の提供（弁済の提供）を伴う場合は、Ｂは同時履行の抗弁を主張することはできない。Ａは履行する姿勢を見せている以上、これは当然といえよう。

なお、Ａの債務が履行済みの場合も、当然ながら、Ｂは同時履行の抗弁を主張することはできない。その場合には、ＡＢ間に対立した債務が存在しなくな

っているからである。

3 効果 A

　同時履行の抗弁権の効果は、それが実際に行使された場合の効果（行使上の効果）と、それが存在するだけで認められる効果（存在効果）に分類される。

ア　行使上の効果

　履行を請求された債務者が同時履行の抗弁権を有し、かつ実際にその同時履行の抗弁権を行使した場合、債務者は債務の履行を拒絶することができる。

　また、詳しくは民事訴訟法で学ぶが、給付訴訟において被告が同時履行の抗弁権の行使を主張し、それが裁判所に認められた場合は、裁判所は引換給付判決を出すことになる。

　引換給付判決とは、被告に対し、原告の給付と引換えに給付すべきことを命ずる判決をいう。

　たとえば、売主Aが買主Bを被告として、AB間の甲土地の売買契約にもとづきその代金1000万円の支払を求める訴訟を提起したところ、被告であるBが代金債務の存在を認めたうえで同時履行の抗弁権の行使を主張し、それが裁判所に認められたとする。この場合、裁判所は、「原告の請求を棄却する」という請求棄却判決を出すのではなく、「被告は、原告から甲土地の引渡しを受けるのと引換えに、原告に対し、1000万円を支払え」という引換給付判決を出すことになる。

イ　存在効果

　次に、債務者が同時履行の抗弁権を実際に行使しなくても、同時履行の抗弁権を有しているだけで、次の2つの効果が生じる。これを、同時履行の抗弁権の存在効果という。

（ア）履行遅滞の違法性阻却

　まず、債務者が同時履行の抗弁権を有する場合は、その同時履行の抗弁権の存在によって、当該債務の履行遅滞の違法性が阻却される（従来の通説）。

　したがって、債権者は、同時履行の抗弁権の存在効果が生じている債務の履行遅滞を理由として損害賠償請求（415条）をすることができず（➡債権総論30

ページ**オ**）、また、契約の解除（541条以下）をすることもできない（➡本書49ページ**ア**）。

（**イ**）相殺の禁止

また、同時履行の抗弁権が付着している債権を自働債権とする相殺は許されない（➡債権総論135ページ（**イ**））。

これも、自働債権の債務者が有する同時履行の抗弁権の存在効果である。

ウ　各効果を否定するための要件

以上の同時履行の抗弁権の各効果は、相手方による弁済ないし弁済の提供があると否定されることになる（➡ 21ページ**ウ**）。

たとえば、売主Aが買主Bに対して目的物を現実に提供して代金の支払を求めた場合、Bは同時履行の抗弁を主張して支払を拒むことはできない。

もっとも、弁済の提供については、①過去に1度弁済の提供をしていればそれ以降も同時履行の抗弁権の効果が否定され続けるのか、それとも②弁済の提供の終了とともに同時履行の抗弁権の効果が復活し、したがって同時履行の抗弁権の効果を否定するには再度の弁済の提供をする必要があるのか、という点が問題となる。以下、各効果ごとに説明しよう。

（**ア**）行使上の効果の否定

まず、履行の拒絶ができるという行使上の効果を否定するためには、債権者は、弁済の提供を継続することが必要である（最判昭和34・5・14）。

すなわち、以前に1度反対債務について弁済の提供をしている場合であっても、その後の別機会に再度債権の履行を請求する場合には、債権者は、自らが負っている反対債務について再度の弁済の提供をすることが必要である。しっかりと覚えておこう。

> たとえば、AがBに甲自動車を100万円で売る、甲自動車はAがB宅に持参する、甲自動車の引渡しと代金支払の弁済期はともに4月1日とする、という約定で、売買契約が締結されたとします。
> この契約を受けて、Aは、4月1日に甲自動車をB宅に持参したうえで（つまり「反対債務について弁済の提供」をしたうえで）、代金の支払を求めたのですが、Bが現金を用意していなかったため、Aは代金の支払を受けることができず、甲自動車を持ち帰ったとしましょう。その後、仕切り直しで5月1日に再びAが代金の支払をBに請求する場合には、Aは、再度、甲自動車をB宅に持参することが必要です。持参しなかった場合は、Bは同時履行の抗弁を主張して代金債務の履行を拒むことができます。

このように、行使上の効果を否定するためには再度の弁済の提供が必要と解するのは、仮に再度の弁済の提供を不要と解すると、債権者が再び反対債務を履行しようとしない場合や、反対債務の目的物を他に売却済みのような場合であっても、過去に弁済の提供があったからという理由で債務者は履行を強制されることになってしまい、不公平な結果となりうるからである。

（イ）相殺禁止の効果の否定

　では、同時履行の抗弁権の存在効果たる相殺禁止の効果を否定し、同時履行の抗弁権が付着している債権を自働債権として相殺をするための弁済の提供はどうか。

　この点については、文献上はっきりしないが、相殺は自働債権については履行を強制するのと同じである以上（➡債権総論 130 ページ **1**）、相殺の意思表示の際に弁済の提供が必要と解するのが妥当であろう。すなわち、過去に 1 度弁済の提供をしていたとしても、その時に相殺の意思表示をしておらず、別の機会に相殺の意思表示をするのであれば、再度の弁済の提供が必要と解するべきである（私見）。

（ウ）違法性阻却の効果の否定

　以上に対し、同時履行の抗弁権の存在効果たる違法性阻却の効果を否定するためには、債権者は 1 度弁済の提供をすれば足りると解されている（通説）。

　すなわち、債権者が反対債務について 1 度弁済の提供をしたのであれば、それ以降は、債務者の履行遅滞は違法となるわけである。この点はしっかりと覚えておこう。

　　たとえば、AB 間で甲自動車の売買契約が締結されたところ、A が甲自動車の引渡債務について B に弁済の提供をした場合、それ以降の B の代金債務の遅滞は違法となります。A による弁済の提供の対象となっているのは A が負う甲自動車の引渡債務、以後の遅滞の違法性が阻却されなくなるのは B が負う代金債務です。少しややこしいですが、どちらの債務の話をしているのかを意識するのがポイントです。
　　ちなみに、なぜ、違法性阻却の効果を否定するには 1 度の弁済の提供で足りるのでしょうか。それは、違法性阻却の効果が否定されるか否かという問題は、履行を強制できるか否かという問題ではなく、履行遅滞を理由とする救済を債権者に与えるべきか否かという問題だからです。履行を強制するためには、反対債務について再度の弁済の提供を要求しないと不公平となってしまいますが、履行遅滞を理由とする救済を債権者に与えるための要件としては、債権者が 1 度反対債務について弁済の提供をしたのであれば十分だ、と考えていくわけです。

4 留置権との異同 ）B⁺

　同時履行の抗弁権は、担保物権法で学んだ留置権（295条1項）と類似する。

　しかし、同時履行の抗弁権は債権に伴う権利であるのに対し、留置権は物権である点で、両者は根本的に異なる。その他、両者の相違点を表にまとめておくので、短答式試験用に確認しておこう。

　なお、債務者が留置権と同時履行の抗弁権の両方を有する場合は、そのいずれを行使してもよいと解されている（通説）。

【留置権と同時履行の抗弁権の相違点】

	同時履行の抗弁権	留置権
法的性質	債権に伴う権利 ⇒当該債権の債権者にのみ主張可	物権 ⇒誰にでも主張可
不可分性	なし（一部弁済により縮減）	あり（296）
代担保の提供による消滅請求権	なし ∵不可分性なし	あり（301） ∵不可分性などからくる不都合性への手当ての必要
競売申立権	なし	あり（民事執行法195）

5 双務契約以外の同時履行の抗弁権 ）B⁺

　同時履行の抗弁権は、2つの債務が双務契約から生じた場合に認められる権利である（533条）。

　しかし、双務契約以外の原因によって生じた債務についても、明文や解釈によって、債務者に同時履行の抗弁権が認められる場合がある。

ア　明文によるもの 　改正

　まず、次の各債務には、明文によって同時履行の関係が認められている。つまり、各債務の債権者に同時履行の抗弁権が認められているわけである。

①双務契約上の一方の債務の不履行による履行に代わる損害賠償債務と、双務契約上の他方の債務（533条本文かっこ書）

②弁済と受取証書の交付（486条）。なお、弁済と債権証書の返還については

弁済が先履行義務である点に注意（487条）

③契約の解除による相互の原状回復義務（546条）

④負担付贈与における贈与者の債務と、受贈者による負担の履行（553条）

⑤終身定期金契約が解除された場合の元本返還債務と、すでに受け取った終身定期金の中からその元本の利息を控除した残額の返還債務（692条）

イ　解釈によるもの

次に、解釈によって同時履行の関係が認められる場合がある。結論として同時履行の関係が否定される場合も含めて、以下見ていこう。

（ア）双務契約が無効または取り消された場合の相互の原状回復義務

まず、双務契約が無効または取り消された場合の相互の原状回復義務（121条の2）は、不当利得返還債務であり、双務契約によって生じた債務ではない。したがって、533条が直接適用されることはない。

しかし、かかる原状回復は双務契約の巻き戻しの問題であり、相互の原状回復義務は双務契約によって生じた債務と類似することから、同時履行の関係にあると解されている（533条類推適用・通説）。

（イ）弁済と担保権消滅手続

被担保債権の弁済と担保権消滅手続の関係については、原則として弁済が先履行義務と解されている。たとえば、抵当権の被担保債権の弁済と抵当権設定登記の抹消手続とでは、弁済が先履行義務であり、抹消手続が後履行義務である。

ただし、その例外として、留置権の被担保債権の弁済と留置物の返還は、同時履行の関係に立つ（最判昭和33・3・13）。仮に弁済を先に履行させると、かえって公平に反し、留置権の趣旨にそぐわないことになるからであろう。

（ウ）譲渡担保権者による清算金の支払と移転登記・引渡し

譲渡担保権者による清算金の支払と設定者による移転登記・引渡しは、同時履行の関係に立つ（最判昭和46・3・25）。

なお、特別法によって、仮登記担保権者による清算金の支払と設定者による移転登記・引渡しも、同時履行の関係とされている（仮登記担保法3条2項）。

（エ）建物買取請求権の行使による代金支払と敷地の引渡し　➡論証3

　借地権者が建物買取請求権（借地借家法 13 条、14 条 ➡ 125 ページ **4**）を行使した場合、建物について強制的に売買契約が成立する。したがって、建物の代金支払と建物の引渡しは、当然に同時履行の関係に立つ（533 条）。

　問題は、建物の代金支払と敷地の引渡しも、同時履行の関係に立つか否かである。

　確かに、売買の目的物は建物であって敷地ではない。したがって、売主は、建物の引渡しとの同時履行を主張することができるにとどまり、敷地の引渡しとの同時履行を主張することはできないということになりそうである。

　しかし、そのように解しては、建物について同時履行の抗弁権を認めた意義を没却する。建物については代金支払との同時履行を主張して引渡しを拒絶しつつ、敷地は引き渡す、というのは、現実問題として不可能だからである。

　そこで、建物の引渡しについて同時履行の抗弁権が認められることの反射的効力として、敷地の引渡しも拒絶できると解するのが妥当であろう。

> 　反射的効力というのは、おまけの効果、というイメージです。
> 　たとえば、借地権者の B が借地権設定者の A に対して建物買取請求権を行使したとしましょう。この場合、B は「建物の代金を支払うまでは、建物を引き渡さない」と A に対して主張することができるわけですが（533 条）、建物の引渡しの拒絶のためには敷地の引渡しの拒絶も認めることが必要不可欠です。そのため、建物の引渡しを拒絶できることのおまけの効果として、B は「建物の金を支払うまでは、敷地も引き渡さない」と主張できる、と考えていくわけです。
> 　なお、この場合も、B は A に対して、**地代相当額の不当利得返還債務**は負います（最判昭和 35・9・20）。B はあくまでも敷地の引渡しを拒絶できる（敷地の引渡しの強制執行を受けなくて済む）だけであり、無料で敷地を使用できるわけではないからです。この点もあわせて理解しておきましょう。

（オ）造作買取請求権の行使による代金支払と建物の明渡し

　上記（エ）の問題と区別するべき問題として、建物の賃借人が造作買取請求権（借地借家法 33 条 ➡ 130 ページ **4**）を行使した場合がある。

　建物の賃借人が造作買取請求権を行使した場合、造作について強制的に売買契約が成立する。したがって、造作の代金支払と造作の引渡しは、当然に同時履行の関係に立つ（533 条）。

　問題は、造作の代金支払と建物の明渡しも、同時履行の関係に立つか否かである。

判例は、上記（**エ**）の場合と異なり、同時履行の関係を否定する（最判昭和29・7・22）。

　売買の目的物は造作であって建物ではないことに加え、両者には大きな価値の違いがある（当然建物の価値の方がはるかに高い）ため、建物の明渡しとの同時履行関係まで認めるとかえって公平に反する。判例は妥当であろう。

（カ）敷金返還や立退料の支払と賃貸目的不動産の明渡し

　敷金の返還と賃貸不動産の明渡しは、同時履行の関係に立たない。明渡しが先履行義務であり、敷金の返還が後履行義務である（**最判昭和49・9・2**➡105ページ**イ**）。

　これに対し、立退料の支払と賃貸目的物の明渡しは、同時履行の関係に立つ（最判昭和46・11・25）。

6　不安の抗弁権 C

　双務契約で先履行義務を負担する者は、自己の先履行義務の弁済期だけが到来した時点では、同時履行の抗弁権を有さない（533条➡20ページ（**ア**））。

　しかし、すでに相手方に信用不安が顕在化しており、先履行義務を履行したとしても、将来において相手方から反対給付を受けられないおそれが高いような場合はどうか。そのような場合であっても、常に原則どおり先履行義務を履行しなければならないとしては、不公平な結果となりかねない。

　そこで、例外的に、先履行義務者に自己の債務の履行を拒絶する権利が認められる場合があると解する見解がある。その場合の先履行義務者に認められる履行拒絶権を、不安の抗弁権という。

　しかし、不安の抗弁権は、債務者による濫用のおそれが高い。したがって、その要件はきわめて厳格に解するのが妥当であろう。

6. 双務契約の効力Ⅱ──危険負担 　改正

1 危険負担の意義 　A⁺

　双務契約においては、債務者の責めに帰することのできない事由による一方の債務の不能が、その反対債務にいかなる影響を与えるのか、という問題がある。

　たとえば、AB間で甲建物の売買契約が締結されたところ、甲建物が売主Aの責めに帰することのできない事由によって倒壊し、甲建物の引渡債務の履行が不能になったとする。この場合、買主Bは、売主Aに対して、甲建物の引渡債務の履行を請求することはできない（412条の2第1項）。では、かかる債務者Aの責めに帰することのできない事由による引渡債務の不能は、買主Bが負う代金債務に、どのような影響を及ぼすのだろうか。

　この問題について、民法は、一定の場合には反対債務の債務者に履行拒絶の抗弁権が発生するという処理をしている。

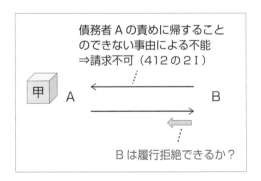

　以上のような問題──すなわち、双務契約上の一方の債務が債務者の責めに帰することのできない事由によって不能となった場合に、不能となった債権の債権者（＝反対債務の債務者）が反対給付の履行を拒むことができるかという問題──を、危険負担という。まずはこの点をしっかりと覚えておこう。

　この危険負担において、反対給付の履行を拒むことができるか否かは、双務契約上の一方の債務の不能が、①当事者双方の責めに帰することができない事由によって生じた場合か、それとも②債権者の責めに帰すべき事由によって生じた場合かによって、大きく異なる。以下、それぞれの場合について順に説明

する。

2 当事者双方の責めに帰することができない事由による不能の場合 A+

ア 履行拒絶の抗弁権の発生──債務者主義の原則

まず、当事者双方の責めに帰することができない事由によって双務契約上の債務を履行することができなくなった場合は、債権者（すなわち不能となった債務の反対債務の債務者➡下記コラムを参照）は、反対給付の履行を拒むことができるのが原則である（536条1項）。

*Bは解除可（542 I ①）、損賠請求不可（415 I 但）

たとえば、AB間で甲建物の売買契約が締結されたところ、甲建物の引渡しの前に、地震というAB双方の責めに帰することができない事由によって甲建物が倒壊した場合、Bは、甲建物の引渡しを請求することができなくなる反面（412条の2第1項）、代金の支払を拒むことができる（536条1項）。

このように、危険負担において、不能となった債務の債権者（不能となった債務の反対債務の債務者）が反対給付の履行を拒むことができるという制度を、講学上、債務者主義という。

> 536条は、**不能となった債権＝債務を基準として**、「債権者」や「債務者」という用語を用いています。この点を意識して536条1項を読めば、Bが同項の「債権者」にあたり、代金の支払を拒むことができるということがわかると思います。
> そして、536条1項は、債権者に反対給付についての履行拒絶の抗弁権を認めるというかたちで、一方の債務の不能の危険をその「債務者」に負担させているということになります。そのため、同項の定めは債務者主義とよばれているのです。

なお、この場合、Bは代金債務の履行を拒絶することができるものの、代金債務自体は存続し続けることになる。時効の完成を待たずに代金債務を消滅させたいのであれば、Bは契約を解除すればよい（542条1項1号）。ただし、不能が債務者Aの責めに帰することのできない事由によるものである以上、Bは

履行不能による損害賠償を請求することはできない（415条1項ただし書）。

イ　特定した物の引渡しによる危険の移転

　以上の債務者主義の原則には、例外規定がある。

　すなわち、特定した物（特定物のほか、種類物に特定が生じた場合を含む）の引渡しがあると、その引渡しがあった時以後に当事者双方の責めに帰することができない事由によって目的物が滅失・損傷しても、引渡債務の債権者は反対給付の履行を拒むことができなくなる（売買について567条1項後段、売買以外の有償契約＝双務契約について559条・567条1項後段）。

　たとえば、売主Aが買主Bに特定物である甲建物を引き渡した後に、地震によって甲建物が倒壊した場合、Bは代金債務の履行を拒むことはできない。

　このように、危険負担において、不能となった債務の債権者（不能となった債務の反対債務の債務者）が反対給付の履行を拒むことができないという制度を、債権者主義という。特定した物の引渡しによって、536条1項が修正され、債務者主義が債権者主義となる——いいかえれば、危険の負担が債権者に移転する——のである。

> 　567条1項後段は、一般に債務者主義の例外規定と解されていますが、少し考えてみると、「567条1項の場面では、引渡債務は履行によって消滅済みなのだから、その後に目的物が滅失・損傷しても、それは債務の不能とはいえず、そもそも危険負担の問題とはならないのではないか」という疑問が生じてくるのではないかと思います。
> 　文献上あまりはっきりとしないのですが、私見では、567条1項後段が念頭においているのは、「買主に物が引き渡されはしたものの、その物に契約不適合があった」という場合であると思われます。そのような場合は、引渡債務の履行は完了しておらず、引渡債務は未だ消滅していません。したがって、その後に目的物が滅失・損傷したときは、引渡債務の履行が不能となったものといえ、危険負担の問題となります。このように考えれば、567条1項後段を危険負担の規定と位置づけることができるでしょう。

ウ　反対債務をすでに履行していた場合の処理

　では、債権者が反対債務を先に履行したところ、その後に双方の責めに帰することができない事由によって債務者の債務が不能となった場合はどうか。

　たとえば、甲建物の買主Bが売主Aに代金を支払った後に、Aのもとで甲建物が地震によって倒壊した場合、Bは代金の返還を望むはずである。では、BはAに対して、代金の返還を請求することができるのだろうか。

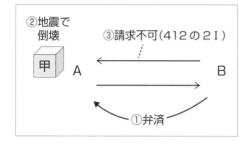

536条1項は、このような場合については何ら定めていない（そもそもこのような場合は危険負担の問題ではない➡29ページ**1**参照）。しかし、仮にBがAに対して代金の返還を請求することができないと解すると、履行不能を理由に債権者Bが契約を解除した場合（その場合はBはAに対して代金の返還を請求することができる。545条1項本文）との均衡がとれない。そこで、債権者からの既履行の反対給付の返還請求を認める見解が有力である。

この見解からは、上記のBは、Aに対して支払済みの代金の返還を請求することができる。

3　債権者の責めに帰すべき事由による不能の場合　A⁺

ア　履行拒絶の抗弁権の不発生──債権者主義

次に、債権者の責めに帰すべき事由によって債務を履行することができなくなった場合は、その債権者は、反対給付の履行を拒むことができない（536条2項前段）。この場合は、端的に債権者主義が採用されているわけである。

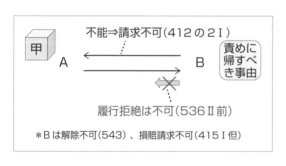

たとえば、AB間の売買の目的物である甲建物が買主Bの失火によって焼失した場合、Bは代金債務の履行を拒むことはできない。

なお、不能が債権者Bの責めに帰すべき事由によるものである以上、Bは契約を解除することができない（543条）。また、不能が債権者Bの責めに帰すべき事由によるということは、債務者Aの責めに帰することのできない事由によるということを意味する。したがって、BはAに対して損害賠償を請求することもできない（415条1項ただし書）。

イ　受領遅滞中の不能

そして、この536条2項前段との関係で重要なのが、債権総論で学んだ受領遅滞中の不能である。この場合は、債権者の責めに帰すべき事由による不能とみなされるため（413条の2第2項➡債権総論54ページ（イ））、536条2項前段が適用されることになる。

たとえば、AB間の売買の目的物である甲建物が買主Bの受領遅滞中に地震によって倒壊した場合は、債権者Bの責めに帰すべき事由による不能とみなされるため、Bは代金債務の履行を拒むことはできない。

ウ　債務者の利益償還義務

さらに、債権者の責めに帰すべき事由によって債務を履行することができなくなった場合において、その債務者が自己の債務を免れたことによって利益を得たときは、債務者はその利益を債権者に償還しなければならない（536条2項後段）。

たとえば、上記のAB間で、Aが甲建物をリフォームしたうえでBに引き渡すという特約があったところ、リフォームを行う前にBの失火によって建物が焼失してしまったとする。この場合、Aは、甲建物の引渡しを免れることによって、本来負担するべきリフォーム代を免れるという利益を得たといえる。したがって、Aはかかるリフォーム代相当分をBに償還しなければならない。

```
┌─────────────────────────┐
│ 債務者の責めに帰すること  │
│ のできない事由による不能  │
└─────────────────────────┘
  ├──┌─────────────────┐  ・債権者は履行拒絶可（536Ⅰ）
  │  │ 当事者双方の責め  │  ・ただし特定した物の引渡後は不可
  │  │ に帰することので  │    （567Ⅰ前・559）
  │  │ きない事由による  │
  │  └─────────────────┘
  └──┌─────────────────┐  ・債権者は履行拒絶不可（536Ⅱ前）
     │ 債権者の責めに帰  │  ・債務者は得た利益を償還（536Ⅱ後）
     │ すべき事由による  │
     └─────────────────┘
     ＊受領遅滞中の不能を
       含む（413の2Ⅱ）
```

以上で学んだ危険負担についての重要なポイントを、前ページの図にまとめておきました。しっかりと覚えておきましょう。

　ちなみに、場面設定を変えて、甲建物の引渡しの不能が**債務者Aの責めに帰すべき事由による場合**はどうなるのでしょうか。この場合は危険負担の問題ではありませんが、簡単に検討しておきましょう。

　まず、この場合でも、BはAに甲建物の引渡しを請求することはできません（412条の2第1項）。しかし、BはAに対して債務の履行に代わる損害賠償を請求することができます（415条1項本文、2項1号）。また、契約の解除もできます（542条1項1号、なお545条4項）。

　では、反対債務である代金債務についてはどうなるのでしょうか。この点については明文がないのですが、**536条1項の当然解釈**によって、Bは当然に履行を拒絶することができるとする見解が有力です。不能が当事者双方の責めに帰することのできない事由による場合であってもBは536条1項によって代金債務の履行を拒絶することができるのだから、まして不能が債務者Aの責めに帰すべき事由による場合は、Bは代金債務の履行を当然に拒絶することができる、と解していくのです。

7. 第三者のためにする契約

1 意義 B+

　第三者のためにする契約とは、当事者以外の第三者に直接権利を取得させる契約をいう（537条1項）。

　たとえば、売主A、買主Bの間で、代金債権はCが取得することとして売買契約を締結する場合が、第三者のためにする契約の例である。また、第三者を受取人とする生命保険契約や、債務者・引受人間の併存的債務引受契約なども、第三者のためにする契約にあたる。

　ここで、第三者のためにする契約に関する用語を説明しておこう。

　まず、上記のAのように、第三者への給付を請求しうる者を要約者といい、

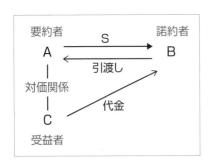

Bのように、第三者へ給付するという債務を負担する者を諾約者という。また、Cのように、第三者のためにする契約によって直接権利を取得する者を第三者または受益者という。

そして、第三者のためにする契約が行われる場合は、要約者と受益者の間に何らかの関係が存するのが通常である。この関係を対価関係という。

たとえば、AがCから借金をしており、その返済の趣旨でCにBへの代金債権を取得させるべく第三者のためにする契約がAB間で行われた場合、このAC間の関係を対価関係というわけである。

2 要件) B

第三者のためにする契約は、あくまでも要約者・諾約者間の契約であり、第三者（受益者）は契約の当事者ではない。この点は重要なポイントとなるので覚えておこう。

また、契約の成立の時に第三者が現に存しない場合や、第三者が特定していない場合であっても、そのために契約が無効となることはない（537条2項）。たとえば、胎児や設立中の法人を受益者とする契約も有効となりうる。

受益者と要約者の間の対価関係の不存在や瑕疵は、契約の効力には当然には影響しない。対価関係は、契約の動機にすぎないからである。

3 効果) B⁺

ア 第三者の地位

（ア）権利の発生

第三者のためにする契約によって、第三者のもとに直接権利が発生する（537条1項）。要約者のもとで発生した権利が第三者のもとに移転するのではなく、最初から第三者のもとに権利が発生するわけである。

ただし、かかる第三者の権利は、第三者のためにする契約が成立しただけでは発生しない。契約の成立に加えて、その第三者が債務者（諾約者）に対して利益を享受する意思を表示したこと、すなわち第三者が債務者（諾約者）に対して受益の意思表示をしたことが権利の発生要件である（537条3項）。これはしっかりと覚えておこう。

もっとも、この受益の意思表示は、契約の成立要件や効力要件ではありません。あくまでも、権利の発生要件にとどまります。したがって、受益の意思表示がない時点でも、契約は有効に成立しえます。混乱しないよう注意してください。

受益の意思表示によって第三者の権利が発生した後は、契約の当事者たる諾約者と要約者は、第三者の権利を変更・消滅させることはできない（538条1項）。すでに第三者の権利が発生している以上、この規定は当然といえよう。

（イ）取消権・解除権　改正

第三者は、契約の当事者ではない。したがって、たとえ契約に取消原因がある場合でも、第三者は取消権を有しない。その場合に取消権を取得するのは、あくまでも契約の当事者である諾約者または要約者である。

また、第三者は契約の当事者ではないことから、債務者（諾約者）に債務不履行があっても、第三者は契約の解除権を有しない。かかる場合に解除権を取得するのは、契約の当事者たる要約者である。これは覚えておこう。

なお、受益の意思表示によって第三者が権利を取得した後に、債務者（諾約者）の債務不履行によって要約者が解除権を取得した場合、その解除権を要約者が行使するには、第三者（受益者）の承諾が必要である（538条2項）。解除権が行使されると、第三者は取得した権利を失うこととなるからである。

（ウ）94条2項等の「第三者」への不該当

第三者は、契約の当事者ではないものの、契約（および受益の意思表示）によって直接に権利を取得する者であるから、93条2項や94条2項、95条4項、96条3項の「第三者」にはあたらない。

また、同様の理由から、545条1項ただし書の「第三者」にもあたらない。

イ　諾約者の地位

第三者（受益者）からの請求に対し、債務者（諾約者）は、第三者のためにする契約に起因する要約者に対する抗弁をもって、第三者に対抗することができる（539条）。

たとえば、34ページ**1**の例におけるBは、Cからの代金請求に対し、Aに対する同時履行の抗弁権を主張してCへの支払を拒むことができる。

8. 契約の解除Ⅰ──解除総論

1 意義 A

ア 解除と解除権

契約の解除とは、当事者の一方が、契約または法律の規定により、相手方に対する一方的意思表示によって契約を終了させることをいう。

そして、かかる解除をする当事者が有している権利のことを、解除権という。

たとえば、AB間の売買契約において、Bに債務不履行が生じた場合、Aが解除権を取得することがある。そして、Aがこの解除権を一方的意思表示によって実際に行使すると、AB間の売買契約は終了するわけである。

イ 約定解除と法定解除

解除権は、契約または法律の規定によって発生する。

このうち、契約によって発生した解除権が行使される場合を約定解除といい、法律の規定によって発生した解除権が行使される場合を法定解除という。

たとえば、AB間の売買契約に際して、Aがその売買契約を任意に解除できる旨の特約がAB間で締結されたとする。この場合、かかる特約によって、Aのもとに解除権が発生する。そして、この解除権が行使されると、売買契約は終了する。これが約定解除の例である。

また、AB間の売買契約上の債務について、Bの債務不履行が生じた場合、Aのもとに541条以下の規定によって解除権が発生することがある。この解除権が行使されると、売買契約は終了する。これが法定解除の例である。

ウ 合意解除

以上の解除に類似するものとして、合意解除がある。

合意解除とは、契約当事者が事後的に契約を解消するという合意をし、この合意の結果として契約が終了する場合をいう。また、かかる合意を、解除契約という。

たとえば、AB 間で売買契約が締結されているところ、A が B に「あの売買契約はなかったことにしませんか」と申し込み、B が A に「そうですね、そうしましょう」と承諾すること（解除契約）により、売買契約が終了する場合を、合意解除というわけである。

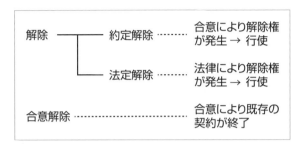

> 　合意解除と約定解除は、ともに当事者の合意を基礎としている点で共通しているため、混同されがちなのですが、両者の違いは、合意の効果に着目するとよくわかります。
> 　まず、合意解除における合意（解除契約）の効果は、すでになされた契約の終了です。つまり、解除契約によって、直接的に合意解除の効果が生じることになります。
> 　これに対し、約定解除における合意の効果は、解除権の発生です。その発生した解除権を行使するもしないも解除権者の自由ですから、約定解除における合意があったとしても、契約が終了するか否かは未確定です。そして、合意によって生じた解除権が実際に行使された場合にのみ、契約が終了することになるのです。

2　法定解除の類型　B

　法定解除における解除権（法定解除権）の発生原因は、大きく 3 つの種類に分かれる。

　まず、①契約上の債務の債務不履行によって解除権が発生する場合がある（541 条から 543 条）。この場合が最も重要である。

　この債務不履行による解除は、債務不履行をされた債権者を契約の拘束力から解放するための制度である。この制度趣旨はしっかりと覚えておこう。

　次に、②各種の契約や特定の場面において、個別的に解除権が認められている場合がある（612 条 2 項、641 条、651 条 1 項など）。これらについては、契約各論（➡ 57 ページ以下）で学ぶ。

　また、③明文規定はないものの、解釈によって、合意によらずに解除権が認められる場合がある。事情変更の法理が適用される場合がその例である（➡ 9

ページ**3**）。解除権の発生が当事者間の合意によらないため、この場合も法定解除に分類されている。

3 解除権の行使 ） B

ア 一方的意思表示

およそ解除権は、契約の相手方に対する一方的意思表示によって行使される（540条1項）。

すなわち、解除権は形成権であり、解除権の行使は解除権者による単独行為である。

イ 撤回と条件の付加

解除の意思表示は、撤回することができない（540条2項）。撤回を認めると、相手方の地位や法律関係の安定を害することになるからである。

解除の意思表示に条件を付することも、同様の理由から、原則として認められないと解されている。

ただし、たとえば「この通知の到達から7日以内に債務を履行しない場合は契約を解除する」という通知を債権者が債務者に送ることによってする解除の意思表示は、許される（実務でも多用されている）。この場合は、付された停止条件をみたすか否かは債務者の行為によって決まるため、債務者を不当に不安定な地位におくことにはならないからである。

ウ 契約の当事者の一方が複数いる場合（解除の不可分性①）

契約の当事者の一方が複数いる場合は、契約の解除は、その全員から、またはその全員に対してのみ、することができる（544条1項）。

たとえば、ABCが共有するクルーザーをDに売却した事案で、Dの債務不履行によってABCに解除権が発生した場合、ABCは全員共同で解除の意思表示をしなければならない（「全員から」）。

また、ABC側の債務不履行によってDに解除権が発生した場合、DはABC全員に対して、解除の意思表示をしなければならない（「全員に対して」）。

4 解除権の消滅 B

ア 解除権の消滅原因

次の各場合には、解除権は消滅する。

（ア）相手方の催告

解除権の行使について期間の定めがないときは、相手方は、解除権を有する者に対し、相当の期間を定めて、その期間内に解除をするかどうかを確答すべき旨の催告をすることができる。この場合において、その期間内に解除の通知を受けないときは、解除権は消滅する（547条）。

これは、解除権の行使期間が定められていない場合に、長期間不安定な地位におかれることになる相手方を保護する趣旨の規定である。

なお、この相手方の催告の制度は、「解除権の行使について期間の定めがない」ことが要件となっている。したがって、当事者間の合意による期間制限がある場合や、個別の規定によって期間制限がある場合（566条、637条、641条）には、547条は適用されない。

（イ）解除権者の故意・過失による著しい損傷等

解除権者が、故意・過失によって、契約の目的物を著しく損傷したとき、返還することができなくなったとき、加工・改造によって他の種類の物に変えたときは、原則として解除権は消滅する（548条前段）。

ただし、解除権者が、自らが解除権を有することを知らなかったときは、解除権は消滅しない（548条後段）。解除権者が予測に反して解除権を失わないようにする趣旨である。

（ウ）消滅時効

解除権も、「債権」に準じて、166条1項により消滅時効にかかる（通説）。

すなわち、①解除権者が解除権を行使することができることを知った時から5年間行使しないとき、または②解除権者が解除権を行使することができる時から10年間行使しないときは、消滅時効にかかり、援用権者による時効の援用によって消滅する。

（エ）債務不履行の解消

債務不履行による解除権については、解除権が行使される前に債務不履行状態が解消すれば、解除権は消滅する（通説）。

たとえば、履行遅滞による解除権については、それが行使される前に、債務者が本来の給付と遅延損害金の弁済をした場合には、債務不履行状態が解消したといえ、解除権が消滅する（大判大正 6・7・10）。遅延損害金の弁済も必要な点に注意して、しっかりと覚えておこう。

イ　契約の当事者の一方が複数いる場合（解除の不可分性②）

契約の当事者の一方が複数いる場合において、上記**ア**の各原因によって解除権が当事者のうちの 1 人について消滅したときは、他の者の解除権も消滅する（544 条 2 項）。

ABC が共有するクルーザーを D に譲渡した事案で、D の債務不履行によって ABC に解除権が発生した場合において、A の解除権が消滅したときは、それと一緒に BC の解除権も消滅するわけである。

9. 契約の解除Ⅱ──解除の効果

1　解除の法的性質

契約が解除された場合の効果については、545 条と 546 条が定めている。たとえば、545 条 1 項本文は、「当事者の一方がその解除権を行使したときは、各当事者は、その相手方を原状に復させる義務を負う」とし、当事者の原状回復義務を定めている。

しかし、そもそも解除の直接的な効果をいかに解するべきかについては、見解が対立している。

ア　直接効果説　A+　➡論証4参照

判例・通説は、解除によって契約が遡及的に消滅すると解している。なぜなら、そう解することが、契約関係がなかった状態に戻すという解除の目的を達成するにあたり、最も端的で簡明な法律構成といえるからである。

この見解は、直接効果説とよばれている。

この直接効果説からは、545条1項本文（および2項、3項）が定める原状回復義務の法的性質は、不当利得返還債務であり、545条1項ただし書は、解除の遡及効を制限して第三者を保護するための規定であると解することになる。

また、545条4項は、解除の遡及効を制限して損害賠償請求を認める趣旨の規定と解することになる。

以上の内容を、具体例でも確認してみよう。

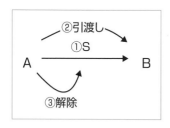

たとえば、AB間で甲建物の売買契約が締結され、AがBに甲建物を引き渡したとする。ところが、Bが代金支払を遅滞したため、Aのもとに解除権が発生し、Aが売買契約を解除したとしよう。

この場合、AB間の契約は遡及的に消滅する。これが、解除の直接的な効果である。

そして、その結果、Bの甲建物についての利得は、遡及的に法律上の原因のない利得ということになり、BはAに対してその利得の返還義務を負うことになる。したがって、545条1項本文（および2項、3項）が定める原状回復義務の法的性質は、不当利得返還債務である。

では、Bがすでに甲建物をCに転売していた場合はどうか。この場合、Cは遡及的に他人物売買の買主ということになるはずだが、常にそのように解するのは妥当でない。場合によっては、Cの取引安全を図る必要があるだろう。そこで、一定の要件のもと、解除の遡及効を制限して第三者を保護するために定められたのが、545条1項ただし書である。民法総則で学んだ96条3項などと同様の趣旨の規定として、545条1項ただし書を理解するわけである。

他方、契約の遡及的消滅によって、Bの未履行の代金債務は遡及的に消滅する。

とすると、AはBに対して代金債務の履行遅滞による損害賠償を請求することができないということになりそうである。なぜなら、Bの代金債務は遡及的に消滅したため、Bの履行遅滞もなかったことになるはずだからである。

しかし、そのような結論はもちろん妥当でない。そこで、債務不履行による損害賠償請求との関係で遡及効を制限し、債務不履行の事実を肯定したのが、

545 条 4 項である。

本書も、以上の直接効果説に立つ。

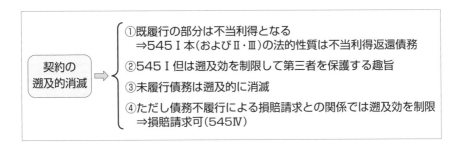

契約の
遡及的消滅 ⇒

① 既履行の部分は不当利得となる
⇒545Ⅰ本（およびⅡ・Ⅲ）の法的性質は不当利得返還債務

② 545Ⅰ但は遡及効を制限して第三者を保護する趣旨

③ 未履行債務は遡及的に消滅

④ ただし債務不履行による損賠請求との関係では遡及効を制限
⇒損賠請求可（545Ⅳ）

イ　間接効果説・折衷説　B⁻

以上の直接効果説に対し、少数説である間接効果説は、解除による契約の遡及的消滅を否定する。

この間接効果説によれば、545 条 1 項本文の原状回復義務は、不当利得返還債務ではなく、解除によって生じた新たな義務ということになる。また、未履行債務は消滅せず、その債務者に履行拒絶の抗弁権が発生することになる。

さらに、545 条 1 項ただし書や 4 項は、当然のことを定めた単なる注意規定ということになる。

また、以上の間接効果説とおおむね同様に解しつつも、未履行債務は将来に向かって消滅する、と解する折衷説もある。

【解除と取消しの違い】

直接効果説に立った場合、解除は民法総則で学んだ契約の取消しと類似することになります。しかし、契約の取消しは**契約の有効性の問題**であるのに対し、契約の解除は**契約が有効であることを前提**とする制度である点で、両者は異なります。

そして、権利が行使された場合の効果も異なります。すなわち、契約の取消しの効果は**契約の遡及的な無効**であるのに対し（121 条）、契約の解除の効果は**契約の遡及的な消滅**であり、解除によって契約が無効となるわけではないのです。このそれぞれの効果は、答案でも正確に表現するように心がけてください。

2　原状回復義務の内容

ここからは、直接効果説を前提として説明する。まずは原状回復義務（545条 1 項本文）の内容についてである。

ア　原物返還の原則　**A**

　給付を受領した者（給付受領者）のところに給付された物が存在している場合は、給付受領者は、原状回復義務の内容として、その原物を返還しなければならない（原物返還の原則）。

イ　原物返還が不能の場合──価格相当額の金員の返還　**B**

　では、返還すべき原物が、給付受領者の故意・過失によらずに滅失・損傷したため、給付受領者が原物返還をすることができない場合は、その給付受領者はどのような義務を負うのだろうか。

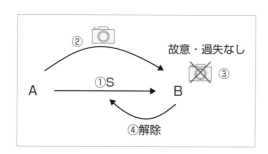

　たとえば、Aを売主、Bを買主とする中古のカメラの売買契約が締結され、ABのそれぞれが債務を履行したところ、そのカメラには欠陥があることが判明したとする。その後、隣家からの出火がB宅に燃え移ったため、B宅に保管されていたそのカメラは焼失してしまったが、Bは、契約不適合を理由にAB間の売買契約を解除したとしよう（➡ 72ページ **2** 参照）。この場合、Bはいかなる義務を負うのだろうか。

> 　この論点は、給付受領者であるBにカメラの焼失について故意や過失がないことが前提です。Bに故意や過失がある場合は、548条前段によって、原則としてBの解除権は消滅してしまいます。

　給付受領者の原状回復義務については、その義務の範囲を現存利益に限定するような規定は設けられていない。

　そこで、給付受領者は、滅失した目的物の価格相当額の金員の返還義務（価額返還義務）を負うと解するのが妥当である（有力説）。

ウ　利息・果実・使用利益の返還　**B⁺**

以上の原物または価格相当額の金員の返還に加えて、①金銭を受領した当事

者が原状回復として金銭を返還する場合は、その受領の時からの利息を付さなければならない（545条2項）。

また、②金銭以外を受領した当事者が、原状回復として金銭以外の物を返還する場合は、その受領の時以後に生じた果実も返還しなければならない（545条3項）。

さらに、明文はないが、③金銭以外を受領した当事者に使用利益が生じた場合は、その使用利益も返還しなければならない（最判昭和51・2・13）。この場合、189条・190条は適用されない（通説）。

このように、原状回復義務の範囲は、一般の不当利得返還債務よりも広い。しっかりとイメージをもっておこう。

> やや細かいのですが、②の果実と③の使用利益の違いについて、補足しておきます。
> たとえば、AがBに甲建物を売却して引き渡し、Bは甲建物をCに賃貸して賃料を得ていたところ、AB間の売買契約が解除されたとしましょう。この場合、Bは、甲建物という原物に加えて、Cから得た賃料という法定果実もAに返還しなければいけません。これが、②の果実の返還の例です。
> また、事案を少し変えて、B自身が甲建物に居住していた場合は、Bは、甲建物に居住するという利益を得ていたことになります。したがって、Bは、甲建物の原物返還に加えて、甲建物の賃料相当額もAに返還しなければいけません。これが、③の使用利益の返還の例です。

エ　双方の原状回復義務の関係　B⁺

当事者双方が原状回復義務を負う場合、双方の原状回復義務は同時履行の関係に立つ（546条）。

オ　保証人の保証債務　A

契約上の債務を保証した保証人の保証債務の効力は、原状回復義務にまで及ぶ。

この点は、債権総論で学んだとおりである（➡債権総論173ページイ）。

3　解除と第三者

契約の解除の前または後に第三者が出現した場合、この者の保護はどうなるのであろうか。

解除前の第三者と解除後の第三者に分けて説明しよう。

ア　解除前の第三者　**A⁺**　➡論証4

　まず、解除前に出現した第三者は、545条1項ただし書によって保護される
のだろうか。545条1項ただし書の「第三者」の意義、およびその他の545条
1項ただし書の適用要件が問題となる。

（ア）545条1項ただし書の「第三者」の意義

　545条1項ただし書は、解除の遡及効（直接効果説）から第三者を保護する趣
旨の規定である。

　したがって、545条1項ただし書の「第三者」とは、解除された契約から生
じた法律効果を基礎として、解除までに新たな権利を取得した者をいう。この
定義はしっかりと覚えておこう。

　たとえば、AがBに甲建物を売る旨の売買契約が締結され、Bが甲建物をC
に転売した後に、AB間の契約が解除された場合のCは、545条1項ただし書
の「第三者」にあたる。

　他方、解除によって消滅する契約上の債権の譲受人は、「新たな権利を取得
した者」とはいえないことから、545条1項ただし書の「第三者」にあたらな
い。

　第三者のためにする契約の受益者も、「新たな権利を取得した者」とはいえ
ないことから、545条1項ただし書の「第三者」にあたらない。

（イ）適用要件

　次に、「第三者」にあたるからといって、常にその者が545条1項ただし書
によって保護されるわけではない。

　「第三者」が545条1項ただし書によって保護されるためには、善意・悪意
は問わないが、権利保護要件としての登記（不動産の場合）または権利保護要
件としての引渡し（動産の場合）を備えていることが必要である（通説）。これは
しっかりと覚えておこう。

　善意・悪意が不問と解されているのは、いくら解除権が発生していても、解
除権者が実際にその解除権を行使するとは限らない以上、解除権の存在につい
て悪意の者も保護に値するといえるからである。

　また、権利保護要件としての登記・引渡しが必要と解されているのは、何ら
落ち度のない解除権者の犠牲のもとで「第三者」を保護する以上、その「第三
者」には保護に値する資格を要求すべきだからである。

なお、古い判例は、上記の通説とは異なり、対抗要件としての登記・引渡しの具備が必要としている（大判大正10・5・17）。

イ　解除後の第三者　A

次に、解除後の第三者についてである。

まず、解除後に出現した第三者は、「解除までに」新たな権利を取得した者ではないから、545条1項ただし書の「第三者」にあたらない。したがって、解除後に出現した第三者には、545条1項ただし書は適用されない。

では、解除後に出現した第三者と解除権者の優劣について、どのように処理すべきか。

通説は、取消後に出現した第三者と同様に、対抗問題として177条・178条で処理する。その理由も、取消後に出現した第三者の処理と同様である。

すなわち、解除の遡及効といえどもそれは一種の法的擬制にすぎず、解除によって給付受領者から解除権者への復帰的物権変動があったと解することができる。そして、その結果、給付受領者から解除権者への復帰的物権変動と、その後になされた第三者への物権変動は、給付受領者を起点とした二重譲渡に類似すると評価することができる。また、対抗要件の有無という画一的な基準により処理することができ、取引の安全に資するというメリットもある。そこで、解除権者と解除後の第三者とは、対抗関係に立つと解していくわけである（➡総則［第2版］175ページ **2** 参照）。

10. 契約の解除Ⅲ──債務不履行による解除 改正

およそ解除のうち、最も重要なのが債務不履行による解除（➡ 37ページ **1**、38ページ **2**）である。

ここからは、債務不履行による解除に固有の内容を説明する。気合いを入れて学んでいこう。

1 意義) A 改正

債務不履行による解除は、債務不履行をされた債権者を契約の拘束力から解放するための制度である。これはしっかりと覚えておこう。

すなわち、債務者の債務不履行によって、債権者が契約を維持する利益ないし期待を失った場合に、債権者を契約のもとに拘束しておくのは妥当でない。そこで、かかる契約の拘束力から離脱する権利たる解除権を債権者に認めるというのが、債務不履行による解除の制度趣旨なのである。

債務不履行による損害賠償請求（415条）とは異なり、この債務不履行による解除には、債務不履行をした債務者に対する制裁という趣旨は含まれていない。

したがって、①債務不履行による解除の要件として、債務不履行についての債務者の免責事由の有無は不問とされている。すなわち、債務不履行が債務者の責めに帰すべき事由による場合はもちろん、債務者の責めに帰することのできない事由による場合であっても、債権者は契約を解除しうる（541条、542条。415条1項ただし書と対照）。平成29年改正前の民法を学んだことのある読者は、十分に注意してほしい。

他方で、②債務不履行が債権者の責めに帰すべき事由による場合には、債権者は契約を解除することができない（543条）。

2 催告解除) A 改正

債務不履行を理由とする解除には、債権者が債務者に対して履行を催告したことを解除権の発生要件とする催告解除（541条）と、催告を解除権の発生要件としない無催告解除（542条）に大別される。これらのうち、まずは催告解除について説明する。

催告解除の解除権は、①履行遅滞が発生していること、②債権者が債務者に対して履行を催告したこと、③かかる催告から相当期間が経過したこと、という3つの要件をみたすと、原則として発生する（541条本文）。

ただし、④相当期間経過時の履行遅滞が軽微な場合（541条ただし書）、または⑤履行遅滞が債権者の責めに帰すべき事由による場合（543条）は、例外として解除権は発生しない。

そして、これらの阻害事由にあたらず解除権が発生した場合において、解除権者によって⑥解除の意思表示があると（いいかえれば、解除権が行使されると）、解除の効果たる契約の遡及的消滅が生じる。

```
①履行遅滞の発生
②催告
③相当期間の経過
        ⬇
  解除権が発生  ＋⑥解除の意思表示 ⇒ 契約が遡及消滅
        ⬆ 阻害
④相当期間経過時に軽微
        or
⑤債権者の責めに帰すべき事由による
```

以上の各要件のうち、⑤については上記 **1** を、⑥については解除総論の該当箇所（➡ 39 ページ **3**）を参照してほしい。ここでは、催告解除に固有の要件である①から④について説明する。

ア 履行遅滞が発生していること

まず、「当事者の一方がその債務を履行しない」こと、すなわち債務者に履行遅滞が発生していることが必要である（541 条本文）。

具体的には、①履行期に履行が可能であること、②履行期を経過したこと、③履行しないことが違法であること、が必要であると解されている（③につき、従来の通説）。

これら 3 つの要件は、債権総論において、履行遅滞による損害賠償請求の要件の一部としてすでに学んだとおりである（➡債権総論 25 ページ **1 ア、イ、オ**）。

復習をかねてその概要を確認すれば、①は履行不能との区別のための要件であり、②は原則として 412 条によって判断される。③の違法性は、債務者に同時履行の抗弁権や留置権が存在していれば阻却される（存在効果）。

また、かかる存在効果を否定するためには、債権者は自らの債務（反対債務）について 1 度弁済の提供をすれば足り、その後は弁済の提供を継続する必要はない（➡本書 24 ページ（**ウ**））。

なお、一部のみの遅滞の場合については、後に説明する（➡ 53 ページ **4**）。

イ 債権者が債務者に対して履行を催告したこと

次に、債権者が債務者に対して履行を催告したことが必要である（541条本文）。

(ア) 催告の内容――債務の表示

「催告」といえるためには、履行すべき債務を表示する必要がある。ただし、その表示は、債務の同一性が債務者にわかる程度のもので足りる（大判昭和9・6・2）。「あの債務の履行が催告されているのだな」と債務者がわかる程度の表示があればよいわけである。

したがって、実際の債務よりも過大な催告をした場合であっても、その催告が著しく過大でない限り、「催告」として認められる（最判昭和29・4・2等）。

逆に、実際の債務よりも過小な催告をした場合は、催告に示した限度で「催告」の効力が認められ、その限度でだけ解除権が発生しうるにとどまるのが原則である。債務者としては、表示された分だけ履行すればよいと考えるのが通常だからである。ただし、不足の程度がごくわずかで、債権額全部の催告と同視してよい場合には、全部についての解除権が生じうる（通説）。

(イ) 相当の期間を定めることの要否

催告は、条文上は「相当の期間を定めて」することが必要とされている（541条本文）。

しかし、仮に「相当の期間」の定めがない催告（すなわち、全く期間を定めていない催告や、不相当な期間を定めた催告）を無効とし、解除権の発生を否定してしまうと、具体的にどの程度の期間が「相当の期間」なのかという判断についてのリスクを、履行遅滞について何ら落ち度のない債権者に負担させることになってしまい、妥当でない。

そこで、催告において相当の期間を定める必要はなく、催告から客観的な相当期間が経過すれば解除権が発生すると解されている。判例も、同様の結論である（大判昭和2・2・2、最判昭和29・12・21）。

(ウ) 期限の定めのない債務についての催告――二重の催告の要否

期限の定めのない債務は、「履行の請求」すなわち催告をすることによって弁済期が到来する（412条3項）。

では、かかる412条3項の催告によって弁済期が到来した債務について、その履行遅滞を理由として催告解除をするには、さらに541条本文の「催告」を

する必要があるのだろうか。

確かに、412条3項の催告は、履行遅滞が発生していることという要件（➡ 49ページ**ア**）をみたすための催告であり、541条本文が要求している「催告」とは理論上は異なる。

しかし、だからといって二重の催告を必要と解するのは、あまりに不合理である。

そこで、二重の催告は不要と解するのが妥当である。判例も同様の結論である（大判大正6・6・27）。

（エ）無催告特約

541条本文の「催告」を不要とする特約も有効である（大判明治33・4・18）。

ただし、賃貸借契約などの継続的契約においては、信義則によってかかる特約の効力が制限されうる（最判昭和41・4・21、最判昭和43・11・21）。

ウ　相当期間が経過したこと

次に、催告後に、相当期間が経過したことが必要である（541条本文）。

ただし、債務者が債務の履行を確定的に拒絶した場合は、相当期間の経過を待たずに解除権が発生する（大判昭和7・7・7）。

また、相当期間が経過し、解除権が発生した場合であっても、それが行使される前に、債務者が本来の給付と遅延損害金の弁済をした場合には、債務不履行状態が解消したといえ、解除権が消滅することも、再度思い出しておこう（大判大正6・7・10 ➡ 40ページ（**エ**））。

エ　相当期間経過時の履行遅滞が軽微（阻害事由）

以上の3つの要件をみたすと、原則として解除権が発生する（541条本文）。

ただし、相当期間を経過した時における債務の不履行が、その契約および取引上の社会通念に照らして軽微であるときは、例外として解除権は発生しない（541条ただし書）。

すなわち、相当期間経過時の履行遅滞が軽微でないことも、催告解除の（消極的な）要件なのである。

不履行が軽微か否かは、「契約及び取引上の社会通念」に照らして判断される。すなわち、当該契約の性質や契約をした目的、契約締結に至る経緯その他

の取引をとりまく客観的事情などを総合的に考慮して判断することになる。

3　無催告解除（全部解除）　A　改正

次に、債務不履行による解除のうち、無催告解除について説明する。

無催告解除には、契約の全部の無催告解除（542条1項）と一部の無催告解除（542条2項）とがあるが、契約の全部の無催告解除は、次の5つの場合に認められる（542条1項）。これらはしっかりと覚えておこう。

①債務の全部の履行が不能である場合（1号）
②債務者がその債務の全部の履行を拒絶する意思を明確に表示した場合（2号）
③債務の一部の履行が不能であり、または債務者がその債務の一部の履行を拒絶する意思を明確に表示した場合において、残存する部分のみでは契約をした目的を達することができない場合（3号）
④契約の性質または当事者の意思表示により、特定の日時または一定の期間内に履行をしなければ契約をした目的を達することができない場合——すなわち定期行為の場合——において、債務者が履行をしないでその時期を経過した場合（4号）
⑤以上の①から④のほか、債務者がその債務の履行をせず、債権者が履行の催告をしても契約をした目的を達するのに足りる履行がされる見込みがないことが明らかである場合（5号）

これらは、いずれも契約の目的の達成が不能となった場合について、契約の全部の無催告解除を認めるものである。

少し補足すると、④の定期行為の典型は、クリスマスケーキの売買契約である。クリスマスを過ぎると契約の目的が達成できなくなるため、無催告解除が認められるわけである。

⑤は、①から④にはあたらないものの、なお契約の目的の達成が不能である場合について包括的に定めた受け皿条項（バスケット条項）である。

なお、①から⑤のいずれかにあたる場合であっても、それが債権者の責めに帰すべき事由による場合は、契約の解除は認められない（543条）。

4 一部不履行と一部解除・全部解除) B⁺ 改正

契約上の債務の一部について不履行があった場合に、債権者は、不履行が
あったその部分のみを一部解除することができるのだろうか。また、一部につ
いて不履行があった場合に、契約の全部を解除することができるのだろうか。

この問題は、平成29年改正の後に議論が始まったばかりであり、明文がな
い部分についての見解は流動的であるが、債務不履行の類型ごとに検討してみ
よう。

ア　一部の履行遅滞の場合

（ア）一部解除（催告）

まず、一部の履行遅滞があった場合は、その一部について催告し、相当期間
が経過すれば、債権者は原則として契約の一部解除をすることができる（541条
本文）。ただし、相当期間が経過した時における遅滞が軽微な場合は、一部解
除をすることはできない（541条ただし書）。

たとえば、AがBに代金1万円で米10キログラムを売るという契約が締結
され、AがBに米10キログラムを引き渡したところ、BがAに4000円しか支
払わなかった場合、Aは、残りの6000円の支払を催告し、相当期間の経過を
待ったうえで、6000円の限度で売買契約を一部解除することができる。

他方で、Bが9990円支払っている場合は、Aは一部解除をすることはでき
ない。

（イ）全部解除（無催告）

また、一部の履行遅滞があった場合で、すでになされた履行または遅れてな
される一部の履行では契約をした目的を達成することができない場合は、債権
者は、542条1項5号によって無催告で契約の全部を解除することができると
する見解が有力である。

イ　一部の履行不能の場合

（ア）一部解除（無催告）

一部の履行不能の場合は、債権者は、無催告で契約の一部解除をすることが
できる（542条2項1号）。

（イ）全部解除（無催告）

　また、一部の履行不能の場合で、残存する部分のみでは契約をした目的を達成することができないときは、債権者は、無催告で契約の全部を解除することができる（542条1項3号 ➡ 52ページ **3**）。

ウ　一部の履行拒絶の意思を明確に表示した場合

（ア）一部解除（無催告）

　債務者が、債務の一部の履行拒絶の意思を明確に表示した場合も、債権者は、無催告で契約の一部解除をすることができる（542条2項2号）。

（イ）全部解除（無催告）

　また、債務者が、債務の一部の履行拒絶の意思を明確に表示した場合で、残存する部分のみでは契約をした目的を達成することができないときは、債権者は、無催告で契約の全部を解除することができる（542条1項3号 ➡ 52ページ **3**）。

エ　付随義務の不履行の場合

　本来的な債務については履行されたものの、付随義務（➡ 債権総論39ページ **2**）について不履行があった場合の処理は、やや複雑である。

（ア）全部解除（催告・無催告）

　まず、付随義務の履行が可能な場合に、その履行を催告し、相当期間を経過すれば、その不履行が契約全体からみて軽微な場合を除き、541条にもとづき契約の全部を解除することができるとする見解が有力である。

　さらに、その付随義務が履行されない結果、契約をした目的を達成することができない場合は、無催告で契約の全部を解除することができると解される（542条1項5号）。

（イ）一部解除（催告・無催告）

　付随義務の不履行があった場合については、上記のように全部解除で処理するべき場合が多い。

　ただし、その付随義務の履行を独立かつ可分なものとして観念することができ、かつその付随義務の履行が可能な場合は、付随義務の履行を催告し、相当期間を経過すれば、その不履行が軽微な場合を除き、542条2項の類推適用によって、付随義務にかかる部分のみを一部解除することができるとする見解が

有力である。

> たとえば、腐りやすい物の売買契約で買主に信義則上の引取義務が認められる事案で、買主の受領遅滞（すなわち引取義務の不履行）があったため、今にも目的物が腐ってしまいそうだとします。この場合に、売買契約の一部解除というのは意味がありません。契約の拘束力からの解放を望む売主としては、売買契約の全部を無催告解除するのが通常です（542条1項5号）。
> ただし、付随義務の内容によっては、一部解除を認めるべき場合もありえます。たとえば、機械の売買契約で、取換え用の予備の部品の供給だけが滞った場合を考えてみましょう。この場合に、買主がその予備の部品を他の業者から調達することができるのであれば、買主は、予備の部品の供給という部分に対応した一部解除をする実益があります。このような場合には、542条2項の類推適用によって一部解除ができると考えていいでしょう。

　他方、付随義務の履行が不能な場合は、542条2項1号により、無催告で付随義務にかかる部分のみを一部解除することができると解される。

5　複数契約の解除　▲　➡論証5

　同一の当事者間で複数の契約が締結された事案において、そのうちの1つの契約について債務不履行による解除権が発生している場合、解除権者は、複数の契約の全てを解除することができるかという問題がある。

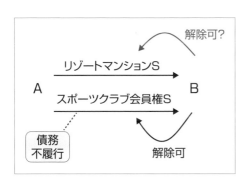

　たとえば、AB間で、AがBに現在建設中のリゾートマンションの1室を売る旨の売買契約が締結されたとする。また、その契約締結の際に、AB間で、そのリゾートマンション内に建設が予定されているスポーツクラブの会員権をAがBに売る旨の契約（以下、「会員権契約」という）もあわせて締結されたとする。その後、リゾートマンションは建設されたものの、スポーツクラブの設備の1つである屋内プールの完成が遅滞したため、会員権契約についての解除権がBのもとに発生したとしよう。

　この場合、Bは、会員権契約を解除することができるのは当然として、さらにリゾートマンションの売買契約をも解除することができるのだろうか（最判平成8・11・12をベースとした事案）。

確かに、債務不履行があったのは会員権契約だけであり、リゾートマンションの売買契約には債務不履行はない。したがって、リゾートマンションの売買契約は解除できないのが原則である。

　しかし、複数の契約の目的が相互に密接に関連づけられており、社会通念上、複数の契約のいずれかが履行されるだけでは契約を締結した目的が全体として達成されない場合には、複数の契約の全ての解除を認めるのが判例（最判平成8・11・12）・通説である。

　上記の事案でも、売買の目的となったマンションが屋内プールを含むスポーツクラブを利用することを主要な目的としたリゾートマンションであって、かつ、Bとしてはそのような物件として当該リゾートマンションを購入していたような場合には、Bは会員権契約に加えてリゾートマンションの売買契約をもあわせて解除することができるということになろう。

第 2 章

契約各論

　ここからは、契約各論に入る。債権発生原因として民法典に定められた13種類の典型契約について、個別に説明しよう。

1. 贈与

1　意義 　B⁺

　贈与とは、ある人（贈与者）がある財産を相手方（受贈者）に無償で与えることを約束し、相手方がこれに同意することによって成立する契約をいう（549条）。

　贈与は、諾成・片務・無償契約である。

2　贈与の成立 　B⁺

ア　書面によらない贈与の解除

　贈与は諾成契約であるから、書面（たとえば贈与契約書）によらない贈与も、有効に成立する。

　ただし、書面によらない贈与は、原則として各当事者が解除することができる（550条本文）。

　これは、①贈与を書面にするよう促すことで、権利関係を明確にして後日の紛争を予防するとともに、②贈与意思を書面にまとめさせることで、贈与をするかどうかを贈与者に熟慮させ、軽率に贈与することを予防することをねらったものである。

イ　履行の終了による解除の制限

ただし、書面によらない贈与であっても、履行の終わった部分については、解除することができない（550条ただし書）。贈与者の実際の行動を信頼した受贈者を保護する趣旨である。

そして、この「履行の終わった」という解除の制限の要件は、緩やかに解されている。

たとえば、不動産の贈与では、引渡しがなされただけで所有権移転登記は未了の段階でも、「履行の終わった」にあたる（最判昭和31・1・27）。また、所有権移転登記がなされただけで引渡しは未了の段階でも、やはり「履行の終わった」にあたる（最判昭和40・3・26）。

ウ　他人物贈与

他人の物の贈与契約も、明文はないものの、債権発生原因として有効と解されている（通説）。

3　贈与の効力) B 改正

贈与者は、受贈者に対して、贈与の目的たる財産を移転する義務を負う。

贈与者が負うかかる義務の内容については、推定規定がある。すなわち、贈与者は、贈与の目的である物または権利を、贈与の目的として特定した時の状態で引き渡し、または移転することを約したものと推定される（551条1項）。

つまり、贈与者は、特定物の贈与の場合は贈与契約が締結された時の状態で、不特定物の贈与の場合は目的が特定した時の状態で、贈与の目的である物や権利を引き渡せば足りるのが原則である。

これは、贈与が無償契約であることに照らし、贈与者の義務の内容を実質的に軽減する趣旨である。

> たとえば、Aが20年間使った自動車をBに贈与する旨の契約が締結されたところ、かかる契約が締結された時にAの自動車にすでに不具合があった場合、Aは原則としてその不具合のある自動車をそのままBに引き渡せば足ります。BがAに修理や修理費用相当額の支払を求めるためには、Bは、不具合のない自動車を贈与する旨の特約があったことを主張・立証しなければなりません。

　特殊の贈与として、負担付贈与、死因贈与、定期贈与の3つがある。このうち、負担付贈与と死因贈与は重要である。

ア　負担付贈与

　負担付贈与とは、受贈者も一定の給付をする義務を負担する贈与をいう。

　たとえば、東京に在住するAが沖縄にマンションを所有しているところ、そのマンションをBに贈与するが、そのかわりに、Aが沖縄に行ったときはBはそのマンションを無償でAに使わせなければならない、という旨の契約が、負担付贈与の例である。

　この負担付贈与において受贈者が負担する義務は、贈与者が負う義務と対価関係にない。したがって、負担付贈与も、通常の贈与と同じく片務・無償契約である。

　ただし、負担の限度では双務・有償契約に類似している。

　そのため、負担付贈与には、その性質に反しない限り、双務契約の規定が準用される（553条）。具体的には、同時履行の抗弁権（533条）、危険負担（536条）、契約の解除（541条以下）が準用される。

　また、贈与者は、負担の限度において、売主と同じく担保責任を負う（551条2項）。

イ　死因贈与

　死因贈与とは、贈与者の死亡を停止条件（➡総則［第2版］273ページ **1.**）とする贈与をいう。

　この死因贈与には、性質に反しない限り、遺贈の規定が準用される（554条）。ただし、次ページの表の点で、死因贈与と遺贈は異なる。短答式試験用にざっと押さえておこう。

	死因贈与	遺贈
法的性質	契約	単独行為
要式性	なし（不要式契約）	あり（要式行為）
必要な能力 （年齢）	行為能力 →18歳から単独で可	遺言能力 →15歳から可（961）
代理	可	不可 ∵身分行為

ウ 定期贈与

　定期贈与とは、一定期間ごとに財産を贈与する場合をいう。たとえば、「10年間、毎月10万円を贈与する」という契約がその例である。

　かかる定期贈与は、贈与者または受贈者の死亡によって効力を失う（552条）。

　これは、定期贈与は贈与者・受贈者間の特別な一身上の関係にもとづくものであるのが通常であることに照らし、定期贈与を相続の対象から除外する趣旨である。

2. 売買I——売買の成立と買戻し

　売買は、13種類の典型契約の中で最も重要な契約である。気合いを入れて学んでいこう。

1 意義 A

　売買とは、売主が買主に財産権の移転を約束し、買主がこれに対して代金を支払うことを約束することによって成立する契約をいう（555条）。

　売買は、諾成・双務・有償契約である。

2 売買の予約 B

　売買と区別するべき契約として、売買の予約がある。

　売買の予約とは、「将来において売買契約を締結する」という契約をいう。

ア　種類

この売買の予約には、次の 2 つの種類がある。

① 売買の予約の後、当事者の一方が相手方に対して売買契約締結の申込みをした場合に、相手方が承諾すべき義務を負うというもの
② 予約完結権という形成権を発生させるもの

① の場合は、申込みの後、相手方が承諾すべき義務を履行した時点で、売買契約が成立することになる。

② の場合は、予約完結権の行使（予約完結の意思表示）がされた時点で、相手方の承諾を待つまでもなく当然に売買契約が成立することになる。

イ　売買の一方の予約と双方の予約

また、② のうち、予約完結権を当事者の一方だけがもつ場合を売買の一方の予約といい、当事者の双方がもつ場合を売買の双方の予約という。

民法は、前者の売買の一方の予約についてのみ規定をおいている。

すなわち、売買の一方の予約は、相手方が売買を完結する意思を表示した時から、売買の効力を生ずる（556 条 1 項）。

また、売買の一方の予約において、予約完結の意思表示の期間を定めなかったときは、予約者は、相手方に対し、相当の期間を定めて、その期間内に売買を完結するかどうかを確答すべき旨の催告をすることができる。この場合において、相手方がその期間内に確答をしないときは、売買の一方の予約は、その効力を失う（556 条 2 項）。

この売買の一方の予約は、債権の担保の目的で活用されることが多い。この点は後に説明する（➡ 66 ページ**ウ**）。

3　手付　B⁺

ア　意義

売買契約が締結される際に、買主から売主に対して手付が交付されることがある。

この手付の交付も、手付契約という 1 つの契約である。

手付契約は、売買契約に付随する契約ではあるものの、売買契約とは別個の

契約である。また、その成立には手付の交付を要するため、要物契約にあたる。

イ　手付の種類

手付には、証約手付、解約手付、違約手付という3つの種類がある。

（ア）証約手付

証約手付とは、契約の成立の証拠としての効力をもつ手付をいう。

すべての手付は、この証約手付という性質をもっている。

（イ）解約手付

解約手付とは、解除権を発生させるという趣旨で交付される手付をいう。この趣旨の手付が交付されている場合は、約定解除（➡ 37 ページ **イ**）が可能となるわけである。

およそ手付は、この解約手付であると推定される（557 条 1 項参照）。

（ウ）違約手付

違約手付とは、債務不履行が生じた際に没収される金銭としての手付をいう。

この違約手付には、①買主が債務の履行をしない場合に、違約金として損害賠償とは別に没収されるという趣旨の違約罰としての手付と、②損害賠償の額が手付の額に制限されるという趣旨の損害賠償額の予定としての手付という、2 つの種類がある。

いずれにせよ、違約手付という性質は、違約手付である旨の特約がある場合に限り認められる。

また、1 つの手付が、解約手付でありかつ違約手付でもあるということは可能である（最判昭和 24・10・4）。

ウ　解約手付による解除

（ア）手付流し、手付倍返し

　解約手付が交付された場合は、買主は手付を放棄することによって、売買契約を解除することができる（557条1項本文前段）。

　また、売主は、手付の倍額を買主に提供して、売買契約を解除することができる（557条1項本文後段）。

　前者を手付流し、後者を手付倍返しという。

（イ）相手方が履行に着手した場合

　ただし、相手方が契約の履行に着手した後は、この解約手付による解除は認められない（557条1項ただし書）。履行に着手した相手方が不測の損害を被ることを防止する趣旨である。

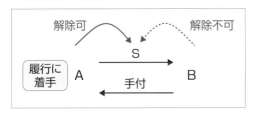

たとえば、買主Bから売主Aに解約手付が交付されているところ、AがBに売買の目的物を引き渡すべく現実の提供をした場合、Aは「履行に着手」したといえる。よって、以後はBは解約手付による解除をすることはできない。

　他方、履行に着手した当事者は、なお解約手付による解除をすることができる。解約手付による解除が認められなくなるのは、あくまでも「相手方」が履行に着手した場合だけだからである。したがって、上記のAは、解約手付による解除をすることができる。

（ウ）「履行に着手」の意義

　では、「履行に着手」（557条1項ただし書）とは、どのような意味なのだろうか。

　判例によれば、「履行に着手」とは、客観的に外部から認識しうるようなかたちで、履行行為の一部をなし、または履行の提供をするために欠くことのできない前提行為をした場合をいう（最大判昭和40・11・24）。特に、客観的に外部から認識しうるようなかたちで、というのがポイントである。

　したがって、たとえば買主が単に支払用の金銭を銀行から引き出しただけでは、買主が「履行に着手」したとはいえない。それが代金を支払うための前提

行為であることは、外部からは認識しえないからである。よって、売主は手付倍返しによる解除をすることができる。

エ　手付と内金

以上の手付と区別するべきものとして、内金がある。

内金は、売買契約上の代金債務の一部前払にあてられる金銭である。したがって、内金が交付された場合、その分の代金債務は当然に消滅する。買主は、残額を支払えば足りる。

これに対し、手付は、売買契約とは別個の契約の成立要件として交付されるものであり、代金債務の一部前払ではない。したがって、いくら手付を交付したとしても、代金債務は全額がそのまま残存していることになる（ただし、買主が代金債務を弁済する際には、通常は手付の返還請求権と代金債務とを相殺し、残額を支払うということになろう）。

手付か内金かは、その名目を問わず、当事者の合理的意思解釈によって判断される。内金や保証金などの名目で交付された金銭であっても、手付と解する余地はある。

交付された額が売買代金の1割程度であれば、その名目を問わず手付と解される場合が多い。他方で、たとえば交付された額が売買代金の5割だった場合は、手付流しや手付倍返しによる解除というのは考え難いため、通常は内金と解するべきであろう。

4　売買契約に関する費用　B⁻

売買契約に関する費用は、当事者双方が等しい割合で負担する（558条）。

「売買契約に関する費用」とは、目的物の測量や鑑定の費用、売買契約書に貼る印紙代などの、売買契約の締結に要する費用をいう。

これに対し、弁済に要する費用については、本条ではなく、485条が適用される（485条については➡債権総論113ページ **10**）。

5　買戻し　B

ア　意義

買戻しとは、不動産の売主が、買戻しの特約によって留保した解除権（買戻

権）を行使することにより、いったん買主に売却した不動産を取り戻す制度をいう。

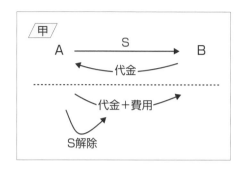

たとえば、AがBに甲土地を1000万円で売却する旨の売買を締結する際に、AがBに売買の代金である1000万円と売買にかかった費用などをBに返還することを条件として、Aが売買を解除することができる旨の特約（買戻しの特約）を締結しておくことがある。

その後に、Aがかかる特約による解除権（買戻権）を行使すると、Aは甲土地を取り戻すことができる。これが、買戻しである。

買戻しという用語からは、Bを売主、Aを買主とする新たな売買をイメージしてしまいがちだが、買戻しは新たな売買ではなく、すでになされた売買の解除のことをいうわけである。

そして、この買戻しは、不動産を担保とするための手段の1つである。

たとえば、買戻しの特約付きで甲土地をBに売却したAは、買戻しの特約による解除権の行使の要件である1000万円と契約費用などを用意することができれば、かかる解除権を行使し、甲土地を取り戻すことができる。他方で、1000万円と契約費用などを用意することができず、買戻しの特約による解除権の行使期間が経過した場合は、甲土地はBの所有物ということで確定する。

すなわち、Aは、甲土地の代金というかたちで1000万円を手にしているものの、実質的には、甲土地を担保としてBから1000万円の融資を受けているということを意味するわけである。

イ 要件 改正

買戻しの特約の要件は、きわめて厳格である。

まず、買戻しの特約は、売買契約と同時になされることが必要であり、また、契約の目的物は不動産に限定される（579条前段）。

買戻しの代金（買戻しの特約による解除権を行使する際に支払うべき金銭）は、売買の代金と契約費用（➡前ページ**4**）を加えたものが原則である。ただし、別

段の合意をした場合は、その合意によって定めた金額と契約費用を買戻しの代金とすることができる（579条前段）。

　買戻しの期間は、10年を超えることができない。特約で10年よりも長い期間を定めた場合であっても、その期間は10年に短縮される（580条1項）。

　買戻しについて期間を定めた場合は、その後にその期間を伸長することはできない（580条2項）。

　買戻しについて期間を定めなかった場合は、買戻しの期間は5年となる（580条3項）。

　買戻しの特約を第三者に対抗するためには、売買契約と同時に買戻しの特約を登記しなければならない（581条1項）。

ウ　再売買の一方の予約

　以上のように、買戻しは要件が厳格であるため、実務上はあまり活用されていない。その代わりにしばしば活用されているのが、再売買の一方の予約（➡61ページ**イ**）である。

　たとえば、Aが甲土地をBに1000万円で売却し、Bからその代金1000万円を得る。Aは、売買代金というかたちでBから融資を受けるわけである。そして、Aを予約完結権者とする、BからAへの甲土地の売買（代金はたとえば1150万円）の予約もしておく。これが再売買の一方の予約である。

　Aは、1150万円を用意できたならば、予約完結権を行使する。すると、BからAへの甲土地の売買（再売買）が当然に成立し、AはBに1150万円を支払う債務を負う反面、甲土地を取り戻すことができる。

　他方、Aがいつまでも1150万円を用意できず、予約完結権が時効などによって消滅した場合は、甲土地はBの所有物ということで確定する。Bは、実質的には甲土地から1000万円の債権を回収したことになるわけである。

　この再売買の一方の予約は、買戻しと類似しているが、要件が緩やかであるため、実務上しばしば活用されている。

　買戻しと再売買の一方の予約の違いを表にまとめておくので、短答式試験用

にざっと確認しておいてほしい。

	買戻し	再売買の一方の予約
目的	不動産のみ	制限なし
合意の時期	売買契約と同時	制限なし
返還すべき額	原則として代金と費用のみ（ただし特約可）	制限なし
対抗要件	売買契約と同時に登記	仮登記
権利行使期間	10年以下 （長く定めても10年） 後からの伸長不可 定めがなければ5年	5年、10年 （消滅時効）
権利行使の相手方	譲受人または転得者	契約の相手方

3. 売買Ⅱ──売買の効力

1 売主の基本的義務 🅐 改正

ア 財産権移転義務

売買が成立すると、売主は、その売買の目的である財産権を相手方に移転する義務を負う（555条）。

具体的には、①種類・品質・数量に関して売買契約の内容に適合した物を引き渡す義務、および②売買契約の内容に適合した権利を移転する義務を負う。

> たとえば、Aを売主、Bを買主として、AB間で甲建物の売買契約が有効に成立したとします。この売買契約では、甲建物はBの居住の用に供されること、および甲建物には第三者の抵当権が設定されていないことが前提となっていたとしましょう。
> この場合、Aは、上記①の義務として、雨漏りなどのない、居住の用に供することのできる甲建物をBに引き渡す義務を負います。また、甲建物にCの抵当権が設定されている場合は、上記②の義務として、Aは何らかの方法でその抵当権を消滅させなければなりません。Aは、抵当権の負担のない所有権をBに移転する義務を負うわけです。

売主がこれらの義務を果たさない場合は、買主は、債務不履行を理由とする

各種の救済を求めることができる（➡ 71 ページ **4.**）。

イ　対抗要件を備えさせる義務

　売主は、買主に対し、登記、登録その他の売買の目的である権利の移転についての対抗要件を備えさせる義務を負う（560 条）。

2　買主の基本的義務　Ｂ

ア　代金支払義務

　買主は、売主に対して代金を支払う義務を負う（555 条）。

　細かめの規定だが、売買の目的物の引渡しについて期限があるときは、代金の支払についても同一の期限を付したものと推定される（573 条）。また、売買の目的物の引渡しと同時に代金を支払うべきときは、買主は、その引渡しの場所において代金を支払わなければならない（574 条）。ただし、これらの規定は任意規定であり、異なる内容の特約も有効である。

イ　代金支払拒絶権　改正

　買主は代金支払義務を負うが、代金の支払を拒むことができる場合として、次の 2 つが定められている。

　まず、①売買の目的について権利を主張する者があることその他の事由により、買主がその買い受けた権利の全部もしくは一部を取得することができないおそれがある場合、またはいったん取得した権利を失うおそれがある場合である。

　これらの場合、買主は、その危険の程度に応じて、代金の全部または一部の支払を拒むことができる。ただし、売主が相当の担保を供したときは、代金の支払を拒むことはできない（576 条）。

　たとえば、AB 間で甲土地の売買契約が締結されたが、C が甲土地の所有権を主張しており、買主 B が甲土地の権利を取得することができないおそれがある場合、B は、A が相当の担保を提供しない限り、代金の全部または一部の支払を拒むことができる。D が甲土地上の地上権を主張しているような場合も同様である。

　次に、②買い受けた不動産について契約の内容に適合しない抵当権・先取特

権・質権の登記がある場合である。

この場合、買主は、抵当権消滅請求等（379条以下、341条、361条）の手続が終わるまで、代金の支払を拒むことができる。なお、代金を支払を拒まれた売主は、買主に対し、遅滞なく抵当権消滅請求等をすべき旨を請求することができる（577条）。

3 他人物売買の効力 ▲ 改正

他人の権利を売買の目的とした場合を、他人物売買という。

たとえば、AがXの所有する土地をBに売却した場合が、その典型である。

かかる他人物売買も、債権発生原因としては完全に有効である。

すなわち、売買の目的の全部が他人物の場合（全部他人物売買）であると、一部が他人物の場合（一部他人物売買）であるとを問わず、およそ他人物売買の売主は、その権利を取得して買主に移転する義務を負う（561条）。また、買主は、売主に対して代金を支払う義務を負う。

全部他人物売買において、売主がその権利を取得して買主に移転することができない場合は、売主の債務不履行にあたる。この場合、買主は、債務不履行の一般原則にしたがい、損害賠償請求（415条）や契約の解除（541条、542条）をすることができる。

一部他人物売買において、自己物の部分は買主に移転したものの、他人物の部分の権利を取得して買主に移転することができない場合も、売主の債務不履行にあたる。この場合は、債務不履行を理由とした売主の担保責任が生じる（➡80ページ **3**）。

なお、他人物売買は、物権変動の原因としては無効である。ただし、所有者が追認をすれば、116条本文の類推適用によって、遡及的に物権変動が生じる（最判昭和37・8・10）。

4 果実の帰属と代金の利息の支払 B⁺

ア 果実の帰属

売買の後に、売買の目的物が買主に引き渡されていない段階で果実が生じた場合、かかる果実は売主に帰属する（575条1項）。

他方、目的物が引き渡された後に生じた果実は、一般原則どおり、所有者で

ある買主に帰属する（89条）。

イ　代金の利息の支払

　買主は、引渡しの日から、代金の「利息」を支払う義務を負う（575条2項本文）。ここで「利息」とは、遅延利息（遅延損害金）のことである（通説）。

　したがって、目的物が買主に引き渡されていないときは、買主は、代金の支払を遅滞しても、代金の遅延利息を支払う義務を負わない。

ウ　575条1項2項の趣旨と575条1項の適用範囲

　以上の575条1項および2項の趣旨は、目的物の管理費と代金の遅延利息を足した額が果実を収取する利益に等しいものとみなし、もって果実と遅延利息をめぐる法律関係を簡易に処理することにあると解されている。

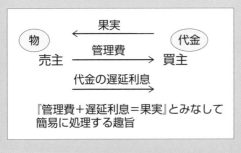

この趣旨について、少し敷衍しておきましょう。

　まず、ある特定物の売買契約が締結されたところ、目的物は未だ売主のもとにあり、また、代金は未だ支払われていないとします。

　この場合、売主は、すでに所有者ではなく、かつ、悪意の占有者です。したがって、目的物が果実を生じた場合、一般原則によれば、売主はその果実を買主に返還する義務を負います（190条1項）。

　次に、売主のもとにある目的物について、その管理費が発生することがあります。たとえば、自動車の売買契約の場合の駐車場代などがその例です。一般原則によれば、買主は売主にそうした管理費を支払う義務を負います。

　また、買主が代金の支払を遅滞している以上、本来、買主は売主に遅延利息を支払う義務を負います（415条1項、419条）。

　以上のように、本来は、売主から買主に対して管理費と代金の遅延利息の支払請求権が、また、買主から売主に対して果実の返還請求権が、それぞれ発生するはずです。しかし、それでは法律関係が複雑になってしまいます。そこで、『**目的物の管理費＋遅延利息＝果実**』とみなし、こうした複雑な法律関係を回避したのが、575条1項および2項なのです。

　かかる趣旨は、売主が引渡しを遅滞している場合であっても妥当する。したがって、売主が引渡しを遅滞している場合であっても、575条1項は適用され、果実は売主に帰属する（大連判大正13・9・24）。

　他方で、買主が代金を支払った後は、代金の遅延利息は発生しなくなるため、

上記の趣旨が妥当しないことになる。したがって、買主が代金を支払った後は、575条1項は適用されず、果実は買主に帰属することになる（大判昭和7・3・3）。

【575条のまとめ】

1　売主の果実収取権
　⑴　物の引渡前は、果実は売主に帰属（575Ⅰ）
　　　・引渡義務の遅滞中も同様（判例）
　　　・ただし、代金支払後は、果実は買主に帰属（判例）
　⑵　物の引渡後は、果実は買主に帰属（89Ⅰ）
2　買主の利息支払義務
　⑴　物の引渡前は、買主は利息支払義務なし
　⑵　物の引渡後は、買主は利息支払義務あり（575Ⅱ）
　　　・「利息」は遅延利息を指す（通説）

4. 売買Ⅲ──売主の担保責任　改正

1　意義　A

　前述したとおり、売主は、買主に対して、種類・品質・数量に関して売買契約の内容に適合した物を引き渡す義務、および売買契約の内容に適合した権利を移転する義務を負う。

　したがって、これらの義務が果たされなかった場合──すなわち、①引き渡された物の種類・品質・数量が契約の内容に適合しない場合や、②移転した権利が契約の内容に適合しない場合──には、買主には、売主の債務不履行を理由とした救済が与えられる。同じことを売主の側から表現すれば、売主は債務不履行責任を負う。

　この、売買の目的が契約不適合である場合に売主が負う債務不履行責任を、売主の担保責任という。

売主の担保責任は、①引き渡された物の種類・品質・数量が契約の内容に適合しない場合の担保責任（562条以下）と、②移転した権利が契約の内容に適合しない場合の担保責任（565条）に大別される。まずはこの2つをしっかりと覚えてほしい。

そのうえで、以下、それぞれについて説明する。

> 売買の規定は、原則として**売買以外の有償契約に準用**されます（559条）。したがって、これから学ぶ売主の担保責任の規定も、他の有償契約に広く準用されます。きわめて重要な規定ですから、気合いを入れて学んでいきましょう。

2 引き渡された物の種類・品質・数量に関する契約不適合 A⁺

引き渡された物の種類・品質・数量に関する契約不適合の担保責任は、562条以下に定められている。

ア 要件①──目的物の引渡し

この類型の担保責任が発生するには、まず、売買の目的物が「引き渡された」ことが必要である（562条1項本文）。これはしっかりと覚えておこう。

未だ引き渡されていない場合は、債務不履行の一般原則によって処理されることになる。

イ 要件②──種類・品質・数量の契約不適合

次に、その目的物が種類・品質・数量に関して契約の内容に適合していないことが必要である（562条1項本文）。

（ア）種類・品質に関する契約不適合

まず、種類・品質に関する契約不適合について説明する。

たとえば、米10キログラムの売買において、引き渡されたのが麦10キログラムだった場合が、種類に関する契約不適合の例である。

また、カメラの売買において、引き渡されたカメラが故障していた場合が、品質に関する契約不適合の例である。

「種類」に関する契約不適合なのか、それとも「品質」に関する契約不適合なのかの判断は、微妙で難しい場合もあります。たとえば、自動車の売買契約において注文と異なるボディーカラーの自動車が引き渡された場合、「種類」に関する契約不適合なのか、「品質」に関する契約不適合なのか、はっきりとしません。

しかし、実は、「種類」に関する契約不適合も、「品質」に関する契約不適合も、適用される条文は全く同じです。そのため、両者を厳密に区別する実益はありません。区別が難しい事案では、概括的に「種類または品質」に関する契約不適合と認定すれば十分です。

種類・品質に関する契約不適合の典型は、物質面での欠陥であるが、**環境瑕疵**（たとえば購入したマンションの日当たりが悪い場合）や、**心理的瑕疵**（たとえば購入したマンションでかつて殺人事件があった場合）も、種類・品質に関する契約不適合にあたると解してよい。

また、平成29年改正前の判例法理（大判大正4・12・21、最判昭和41・4・14、最判昭和56・9・8）に照らせば、**法律上の制限**（たとえば建物を建築する目的で購入した土地に法律上の建築制限が課せられていた場合）も、後に学ぶ「移転した権利」に関する契約不適合（➡80ページ**3**）ではなく、「引き渡された物」の種類・品質に関する契約不適合にあたると解することとなろう（ただし、現在の民法の解釈としては、「移転した権利」に関する契約不適合にあたると解する余地もある）。

他方で、売買の目的物に余計な権利（たとえば他人の抵当権）が付着していた場合や、必要な権利（たとえば建物の売買における敷地の利用権）が欠けていた場合は、「引き渡された物」の種類・品質に関する契約不適合としてではなく、後に学ぶ「移転した権利」に関する契約不適合として処理される（➡80ページア）。

（イ）数量に関する契約不適合

次に、数量に関する契約不適合について説明する。

まず注意を要するのが、数量に関する契約不適合は、単に引き渡された売買の目的物に数量不足があったという意味ではない、という点である。

すなわち、数量に関する契約不適合とは、売買契約の当事者が当該契約のもとで数量に特別の意味を与え、その数量を基礎として売買がされたという事案——いいかえれば、数量指示売買がなされた事案——において、引き渡された物の数量が不足していた場合をいう。この点は意識して押さえておこう。

数量指示売買の典型は、「当事者において目的物の実際に有する数量を確保するため、その一定の面積、容積、重量、員数または尺度あることを売主が契

約において表示し、かつ、この数量を基礎として代金額が定められた売買」である（最判昭和43・8・20）。つまり、単位数量に単位ごとの金額を乗じて代金額を確定する場合が、数量指示売買の典型である。

たとえば、「この土地の広さは40坪」と契約書に表示され、「その1坪の単価は100万円なので、40坪×100万円＝代金4000万円」と代金額が算定された売買は、数量指示売買にあたる。したがって、引き渡された土地が実際には40坪に満たない土地だった場合は、数量に関する契約不適合にあたる。

（ウ）契約不適合の判断

種類・品質・数量のいずれの点であれ、それが契約内容に適合していない場合にのみ、売主の担保責任が生じうる。

したがって、売買契約の当事者が当該売買契約において目的物の種類・品質・数量に対してどのような意味を与えたのかを明らかにすることが、売主の担保責任の有無の判断において重要である。

ウ　効果①——追完請求

以上の要件をみたすと、買主は、売主に対し、ⅰ目的物の修補、ⅱ代替物の引渡し、ⅲ不足分の引渡しのいずれかを請求することができる（562条1項本文）。この買主の請求を追完請求という。

ただし、目的物の契約不適合が買主の責めに帰すべき事由による場合は、公平の観点から、買主は追完請求をすることはできないものとされている（562条2項）。必須の知識なので確実に覚えておこう。

3つの追完請求のうち、いずれを請求するかの選択権は、買主にある。ただし、売主は、買主に不相当な負担を課するものでないときは、買主が請求した方法と異なる方法による履行の追完をすることができる（562条1項ただし書）。

エ　効果②——代金減額請求

また、買主は、一定の要件をみたせば、契約不適合の程度に応じて代金の減額を請求することができる（563条）。

この代金減額請求権は形成権であり、買主による一方的意思表示によって代金減額の効果が生じる。

（ア）要件

代金減額請求の法的性質は、売買契約の一部解除である。すなわち、契約が一部解除されたがゆえに、その部分については代金債務が消滅する。そのため、代金減額の効果が生じるのである。これは覚えておこう。

したがって、代金減額請求権の発生要件も、解除権の発生要件（541条、542条）とほぼ同様のものとなっている。具体的には次のとおりである。

まず、①催告による代金減額請求については、買主が履行の追完の催告をし、相当期間内に履行の追完がないときに認められる（563条1項）。

次に、②催告によらない代金減額請求については、次のいずれかのときに認められる（563条2項）。

　ア　履行の追完が不能であるとき（1号）

　イ　売主が履行の追完を拒絶する意思を明確に表示したとき（2号）

　ウ　契約の性質または当事者の意思表示により、特定の日時または一定の期間内に履行をしなければ契約をした目的を達することができない場合（すなわち定期行為の場合）において、売主が履行の追完をしないでその時期を経過したとき（3号）

　エ　以上のアからウまでの場合のほか、買主が催告をしても履行の追完を受ける見込みがないことが明らかであるとき（4号）

また、①と②のいずれであっても、解除と同様に、契約不適合が買主の責めに帰すべき事由による場合は、買主は代金減額請求をすることはできない（563条3項）。

（イ）代金増額請求の可否

この代金減額請求に関連する問題として、売主からの代金増額請求の可否という論点がある。

たとえば、米10キログラムの売買契約において、売主が買主に米12キログラムを引き渡した場合、売主は買主に対して代金増額請求をすることができるのだろうか。

563条を類推適用してこれを肯定する見解もあるが、通説はこれを否定している。563条などの担保責任の規定は、買主保護のための規定であり、売主保護のための規定ではない以上、通説が妥当であろう。

売主の保護は、不当利得返還請求によって図れば足りる。

オ　効果③──損害賠償請求・解除

　以上の追完請求や代金減額請求の規定は、「第415条の規定による損害賠償の請求並びに第541条及び第542条の規定による解除権の行使を妨げない」（564条）。

　引き渡された目的物の種類・品質・数量に関する契約不適合は、債務不履行そのものである以上、それぞれの要件をみたす限り、415条による損害賠償請求や541条・542条による契約の解除が認められるのは当然といえよう。

　なお、すでに学んだとおり、債務不履行が債権者の責めに帰すべき事由による場合は、債務不履行による損害賠償請求や契約の解除は認められない（415条1項ただし書、543条）。したがって、引き渡された目的物の種類・品質・数量に関する契約不適合が、買主の責めに帰すべき事由による場合は、損害賠償請求や契約の解除は認められない。

【引き渡された物の契約不適合の要件・効果のまとめ】

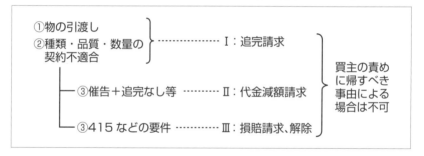

【救済手段相互の関係】
　以上で説明したとおり、引き渡された物に契約不適合がある場合、買主は、一定の要件のもと、①追完請求、②代金減額請求、③損害賠償請求ないし契約の解除をすることができます。このことは、後に学ぶ移転した権利に契約不適合がある場合でも同様です。
　では、これら3つの救済手段は、両立するのでしょうか。それとも、1つを選んだら他の手段は選べなくなるのでしょうか。
　この点については明文がなく、詳しくは今後の議論の進展を待つしかありませんが、代金減額請求と他の救済手段との関係についてだけは、現時点でもはっきりしています。すなわち、代金減額請求は、契約の一部解除たる性質を有している以上、代金減額請求と、追完請求や追完に代わる損害賠償請求・契約の解除は、論理的に両立しません。したがって、代

金減額請求をした場合は、追完請求や追完に代わる損害賠償請求・契約の解除をすることはできなくなります。

　ちなみに、564条は、「前二条の規定は」損害賠償請求や解除権の行使を妨げない、と定めており、「前二条の規定による権利の行使は」損害賠償請求や解除権の行使を妨げない、とは定めていません。この規定の仕方を深読みすれば、564条は、代金減額請求権が発生していても損害賠償請求や解除権の行使は可能であるということに加えて、代金減額請求権を実際に行使した場合は損害賠償請求や解除権を行使することはできないということとまで含意していると解することができるでしょう。

カ　期間制限

　以上の売主の担保責任の追及については、次の期間制限がある。

（ア）通知の懈怠による失権（種類・品質の契約不適合）

　まず、引き渡された目的物の種類・品質に関する契約不適合の場合は、買主は、その契約不適合を知った時から1年以内にその旨を売主に通知することが必要である。買主がこの通知をしなかった場合は、種類・品質の契約不適合を理由として、追完請求、代金減額請求、損害賠償請求、契約の解除をすることができなくなる（通知の懈怠による失権。566条本文）。

　この期間制限は、①目的物の引渡しによって履行が終了したとの期待が売主に生じるところ、かかる売主の期待を保護する必要があること、および②目的物の使用や時間経過による劣化等によって比較的短期間で不適合の有無の判断が困難となることが多いことから、定められたものである。

　ただし、引き渡された目的物の種類・品質の契約不適合について売主が引渡しの時に悪意・重過失だった場合は、かかる通知がなくとも失権は生じない（566条ただし書）。契約不適合について悪意・重過失の売主を保護する必要はないからである。

　ちなみに、566条本文は「種類又は品質に関して」としており、**数量に関する契約不適合の場合は通知の懈怠による失権の制度の対象外**としています。この点は要注意です。

　数量に関する契約不適合の場合が対象外とされているのは、数量に関する契約不適合は外形上明白なため、履行が終了したとの売主の期待が生じるとは通常考えにくく（上記①と対照）、また、短期間で不適合の有無の判断が困難となることが多いわけでもないからです（上記②と対照）。理解したうえで、しっかりと記憶しておきましょう。

（イ）消滅時効

　次に、種類・品質に関する契約不適合であれ、数量に関する契約不適合であ

れ、およそ債権の消滅時効に関する一般準則に服する。

　すなわち、引き渡された物の種類・品質・数量に関する契約不適合を理由とする買主の権利は、買主が契約不適合を知った時から5年、買主が救済手段を行使することができるようになった時（＝契約不適合な物が引き渡された時）から10年で、時効によって消滅する（166条1項1号、2号）。

キ　物の滅失・損傷と危険の移転

　以上のように、引き渡された目的物の種類・品質・数量に関する契約不適合がある場合、一定の要件のもと、買主は売主の担保責任を追及することができる。

　しかし、次の2つの場合は、担保責任を追及することができないとされている。

（ア）特定した物の引渡しによる危険の移転

　まず、売買の目的物が特定物の場合、または不特定物だったが特定した場合において（以下、両者の物をあわせて「特定した物」と表記する）、その特定した物の引渡しがあった時以後に、その物が当事者双方の責めに帰することができない事由によって滅失・損傷したときは、買主は、その滅失・損傷を理由として、売主の担保責任を追及することができない（567条1項前段）。

　つまり、特定した物の引渡しによって、その後の当事者双方の責めに帰することができない事由による滅失・損傷についての危険（リスク）が、引渡しを受けた買主に移転するわけである。

　　しかも、この場合には、買主は代金の支払を拒むことができません（567条1項後段）。危険負担との関係でも危険が移転し、債権者主義となるわけです（➡ 31ページイ）。買主としてはまさに踏んだり蹴ったりですが、買主はすでにその物の所有権を取得しており（➡物権法・担保物権法19ページ4）、かつ引渡しも受けている以上、やむをえないというべきでしょう。
　　ちなみに、滅失・損傷が買主の責めに帰すべき事由による場合は、買主はもともと追完請求等をすることはできません（562条2項、563条3項、415条1項ただし書、543条）。したがって、567条1項前段によって追完請求等が否定される場合というのは、実は滅失・損傷が売主の責めに帰することができない事由による場合だけなのです。そのため、567条1項前段の「当事者双方の責めに帰することができない事由」という文言は、厳密には「売主の責めに帰することができない事由」と解することになります。

　ここで、債権総論で学んだ内容も含めて、特定した物の滅失の処理についてまとめておく。理解を確認しておこう。

【特定した物の引渡前の滅失の処理】

		双方の責めに帰することができない事由による	買主の責めに帰すべき事由による	売主の責めに帰すべき事由による
買主	引渡請求	不可（412の2Ⅰ）	不可（412の2Ⅰ）	不可（412の2Ⅰ）
	損賠請求	不可（415Ⅰ但）	不可（415Ⅰ但）	可（415Ⅰ、Ⅱ①）
	解除	可（542Ⅰ①）	不可（543）	可（542Ⅰ①）
売主	代金請求	買主は拒絶可（536Ⅰ）	買主は拒絶不可（536Ⅱ前）	買主は拒絶不可 ただし解除すれば拒絶可

【特定した物の引渡後の滅失の処理】

		双方の責めに帰することができない事由による	買主の責めに帰すべき事由による	売主の責めに帰すべき事由による
買主	担保責任追及	不可（567Ⅰ前）	不可（562Ⅱ、563Ⅲ、415Ⅰ但、543）	可（562〜564）
売主	代金請求	買主は拒絶不可（567Ⅰ後）	買主は拒絶不可（536Ⅱ前）	買主は拒絶不可 ただし解除すれば拒絶可

（イ）買主の受領遅滞による危険の移転

　次に、買主の受領遅滞があった場合——すなわち売主が買主に契約の内容に適合した物について履行の提供をしたところ、買主が受領を拒絶し、または受領することができなかった場合——において、その履行の提供があった時以降に目的物が当事者双方の責めに帰することができない事由によって滅失・損傷したときについてである。

　この場合は、未だ引渡しがないため、上記（ア）で説明した567条1項は適用されない。

　しかし、公平の観点から、この場合も、買主は売主の担保責任を追及することができず、また、売主への代金の支払を拒むことができないものとされている（567条2項）。

　この567条2項については、その存在意義をいかに解するべきかが難しい問題となるが、試験対策としては、担保責任の規定や413条の2第2項の注意規定と解しておけば足りよう。

> 　562条以下の担保責任は、目的物が引き渡された場合の規定です。ところが、567条2項は、目的物が未だ引き渡されていない場合についての規定と読むのが素直です。したが

って、567条2項が適用されるべき場合に、買主が562条以下の担保責任を追及することができないのは、562条以下の規定上、当然です。また、受領遅滞の効果として、その後の当事者双方の責めに帰することのできない事由による不能は、債権者の責めに帰すべき事由によるものと擬制されます（413条の2第2項）。その点でも、買主が担保責任を追及することができないのは当然です（562条2項、563条3項、415条1項ただし書、543条）。

さらに、413条の2第2項と536条2項前段によって、買主は代金の支払を拒むことができないというのも当然です。

このように考えると、567条2項は単なる注意規定と解するのが妥当でしょう。

なお、さらに1歩踏み込んだ議論については、債権総論55ページのコラムを参照してください（あくまでも頭の体操としてですが）。

3 移転した権利に関する契約不適合 ） A

以上で学んだ、引き渡された物の種類・品質・数量に関する契約不適合の場合の担保責任について定めた562条から564条までの規定は、「移転した権利が契約の内容に適合しないものである場合」（移転した権利に関する契約不適合の場合）にも準用される（565条）。

ア 要件

移転した権利に関する契約不適合の例としては、たとえば次の場合がある。

①売買の目的物の上に地上権・地役権・留置権・質権などの占有を妨げる権利や抵当権が存在している場合

②建物の売買で、その建物のために存在するものとされていた敷地利用権（土地賃借権や地上権）が存在していなかった場合

③一部他人物売買で、売主が当該一部を買主に移転しない場合（565条かっこ書）

つまり、①存在しないものとされていた**邪魔な権利が存在**している場合や、②存在するものとされていた**必要な権利が存在しない**場合、さらに③**一部他人物売買**で売主がその一部を買主に移転できない場合などが、移転した権利の契約不適合の場合にあたるわけです。しっかりとイメージをもっておきましょう。

なお、全部他人物売買で売主が買主に権利を移転しない場合は、権利の移転は全くないのであるから、「移転した権利」（565条）が不完全であった場合とはいえず、565条の担保責任は適用されない。この場合は、債務不履行の一般的

規定（415 条、541 条以下）によって処理されることになる。

イ　敷地賃借権付き建物の売買と敷地の物理的欠陥

　移転した権利に関する契約不適合の場合の担保責任と関連して問題となるのが、建物とその敷地賃借権の売買において、敷地に物理的欠陥があった場合の売主の担保責任の有無である。やや応用的な問題だが、概要を説明しておこう。

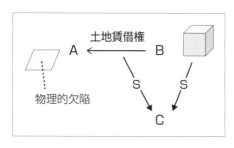

　たとえば、A から土地を賃借して建物を建築し所有している B が、敷地の賃借権と建物を C に売却したところ、敷地に水抜き穴が不足していたとする。この場合、C は売主 B の担保責任を追及することができるのだろうか。

　平成 29 年改正前の判例は、このような場合の売主の担保責任を否定している。敷地の面積の不足や敷地に対する法的規制、賃貸借契約における使用方法の制限などとは異なり、賃貸人の修繕義務（606 条 1 項）の履行によって補完されるべき敷地の欠陥については、賃貸人に対してその修繕を請求すべきものであって、敷地の欠陥をもって賃借権の欠陥（現在の民法でいう「移転した権利に関する契約不適合」）ということはできないから、というのがその理由である（**最判平成 3・4・2**）。

　しかし、敷地賃借権付きの建物の売買は、特段の事情がなければ、「敷地について建物所有のために一定期間継続的に有効利用できる状況のもとで建物所有権を移転すること」が契約の内容になっているといえる。したがって、敷地の物理的欠陥は、建物という「引き渡された物」の品質に関する契約不適合にあたると解するのが妥当であろう。

ウ　効果

　移転した権利に関する契約不適合の場合も、買主には、引き渡された物の契約不適合の場合と同様の保護が与えられる。

　すなわち、買主は、一定の要件のもと、追完請求（565 条・562 条）、代金減額

請求（565条・563条）、損害賠償請求（565条・564条、415条）、契約の解除（565条・564条、541条、542条）をなしうる（➡ 74ページ**ウ**以下）。

　また、買い受けた不動産について、契約の内容に適合しない抵当権、先取特権、質権が存していた場合において、買主が費用を支出してその不動産の所有権を保存したとき——すなわち第三者弁済（474条）や代価弁済（378条、341条、361条）、抵当権等消滅請求（379条以下、341条、361条）をしたとき——は、買主は、売主に対し、その費用の償還を請求することができる（570条）。

エ　通知の懈怠による失権制度なし

　移転した権利に関する契約不適合については、通知の懈怠による失権の制度（566条）は採用されていない。これは覚えておこう。

　その理由は、引き渡された物の数量に関する契約不適合と同様に、①履行が終了したとの売主の期待が生じることは通常考えにくく、また、②短期間で不適合の有無の判断が困難となるともいいがたいからである。

　したがって、移転した権利に関する契約不適合を理由とする買主の権利の消滅は、引き渡された物の数量に関する契約不適合の場合と同様に、もっぱら債権の消滅時効の一般原則によって処理される（➡ 77ページ**カ**参照）。

> 　法律上の制限が、目的物の種類・品質の契約不適合なのか、それとも権利の契約不適合なのかという問題がありました（➡ 72ページ（ア））。この問題を論じる実益は、通知の懈怠による失権の制度を定めた566条の適否にあります。目的物の種類・品質の契約不適合と解すると、566条が適用されることになるのに対し、権利の契約不適合と解すると、566条が適用されないことになるわけです。その他の点については、どちらと解しても違いはありません。

4　その他の担保責任の規定等　B⁺

ア　競売における担保責任

　競売においては、担保責任の適用は大幅に制限されている。

（ア）種類・品質に関する不適合の場合

　まず、競売においては、ある程度の損傷などがあることを織り込んで買受けの申出をするのが通常である。

　そこで、競売の目的物の種類・品質に関する不適合があった場合でも、担保

責任の規定は適用されないものとされている（568条4項）。このことは覚えておこう。

（イ）数量・権利の不適合の場合

競売の目的物の種類・品質に関する不適合以外の不適合、すなわち目的物の数量に関する不適合があった場合や、権利に関する不適合があった場合は、代金減額請求と契約の解除の規定が適用される（568条1項）。

代金減額請求や契約の解除は、代金の配当を受けた債権者に対してではなく、債務者に対して行われる（568条1項）。すなわち、競売の買受人は、債務者に対して、代金減額請求をして減額分の代金の返還を請求したり、契約の解除をして代金全額の返還を請求することになるわけである。

ただし、債務者は無資力であることが多い。そこで、買受人が代金減額請求や契約の解除をした場合に、債務者が無資力であるときは、買受人は、代金の配当を受けた債権者に対し、その代金の全部または一部の返還を請求することができる（568条2項）。

なお、競売の場合は、追完請求は認められない。なぜなら、競売は債務者の意思にかかわらず強制的に行われるものである以上、債務者に追完義務を負わせるのは妥当でないからである。

また、同様の理由から、損害賠償請求も原則として認められない。ただし、債務者が物や権利の不存在を知りながら申し出なかったとき、または債権者が物や権利の不存在を知りながら競売を請求したときは、買受人は、これらの者に対し、損害賠償請求をすることができる（568条3項）。

【競売と担保責任】

		追完請求	代金減額請求	解除	損害賠償請求
引き渡された物	種類・品質	×			
	数量	×	○*1	○*1	△*2
移転した権利					

＊1　債務者が無資力の場合は、配当を受けた債権者に対して代金の全部または一部の返還請求可
＊2　債務者または債権者が不適合を知っていたことが必要

イ　債権の売主の担保責任

債権の売買においては、債権の売主は、債務者の無資力については責任を負

わないのが原則である。

　債務者の資力を担保する旨の特約があれば債務者の資力について責任を負うが、その場合には、契約の時における資力を担保したものと推定される（569条1項）。

　また、弁済期に至らない債権の売主が債務者の将来の資力を担保したときは、弁済期における資力を担保したものと推定される（569条2項）。

ウ　担保責任を負わない旨の特約

　担保責任を負わない旨の特約も有効である。

　ただし、かかる特約をした場合であっても、売主が知りながら告げなかった事実、および自ら第三者のために設定しまたは第三者に譲り渡した権利については、売主はその責任を免れることができない（572条）。

　　ネットオークションなどをみていると、出品者が「中古品なのでノークレーム・ノーリターンでお願いします」と記載していることがあります。これは、担保責任を負わない旨の特約の申込みです。この特約は有効ですから、これに合意した買主は原則として売主の担保責任を追及することはできません。
　　しかし、たとえば売主が、目的物が故障していることを知っていたにもかかわらず、そのことを告げなかったような場合は、特約の効力は否定され、担保責任の追及が可能となるわけです。

エ　錯誤との関係

　引き渡された目的物に契約不適合がある場合や、移転した権利に契約不適合がある場合には、錯誤取消し（95条）の要件も備わっている場合が多い。

　かかる場合に、担保責任の規定が適用されるのか、それとも錯誤の規定が適用されるのかについては争いがあるが、買主が任意に選択することができるとする見解が有力である。

5. 交換　C

1 意義

　交換とは、当事者が互いに金銭の所有権以外の財産権を移転することを約束することによって成立する契約である（586条1項）。

　交換は、諾成・双務・有償契約である。

2 効力

　交換契約は有償契約であるから、売買の規定が準用される（559条本文）。

　また、双務契約であるから、双務契約についての契約総則の規定（533条以下）が適用される。

6. 消費貸借

1 意義　B+

　消費貸借は、使用貸借や賃貸借と並んで、物の貸借を内容とする貸借型の契約の1つである。

　消費貸借とは、広義では、借主が貸主から借用した物を消費し、借用した物と同じ種類・品質・数量の物を貸主に返還する契約をいう。

　金銭の貸借がその典型であるが、たとえば近所の人から醤油を借りて消費し、後日、借主が同じ種類・品質・数量の醤油を調達して貸主に返すという契約も、消費貸借にあたる。

　この広義の消費貸借は、①要物契約としての消費貸借（狭義の消費貸借）と、②諾成的消費貸借（書面でする消費貸借）に分かれる。

消費貸借（広義）{ ①要物契約としての消費貸借
（狭義の消費貸借）

②諾成的消費貸借
（書面でする消費貸借）

ア　要物契約としての消費貸借

　要物契約としての消費貸借は、同じ種類、品質、数量の物を返還することを約束したうえで、借主が貸主から物を受け取ることによって成立する（587条）。単に消費貸借という場合は、この要物契約としての消費貸借を指すことが多い。

　要物契約としての消費貸借は、目的物の授受が成立要件となっている要物契約であり、したがって、片務契約である。

　また、貸主は、利息を請求することができる旨の特約（利息契約）がない限り、借主に対して利息を請求することができない（589条1項）。すなわち、原則として無利息の契約であるから、無償契約である。

　ただし、貸主が借主に対して利息を請求することができる旨の特約がある利息付消費貸借は、要物・片務契約でありながら、有償契約である（以上について ➡ 2ページ **3**、4ページ **4**）。

　また、要物契約としての消費貸借は、書面によることを要しない不要式契約である。

イ　諾成的消費貸借 　改正

　諾成的消費貸借は、書面により貸主が金銭その他の物を引き渡すことを約束し、借主がその受け取った物と同じ種類、品質、数量の物を貸主に返還をすることを約束することによって成立する（587条の2）。

　諾成的消費貸借は、書面によらなければならない要式契約であり、そのため条文では「書面でする消費貸借」とよばれている。ただし、目的物の授受は要しないため、諾成契約である（➡ 2ページ **2** 参照）。

　諾成的消費貸借が成立すると、貸主には貸す債務が、借主には返還債務

が、それぞれ発生する。しかし、この2つの対立する債務には対価性がないため、諾成的消費貸借はなお片務契約と解されている。

また、要物契約としての消費貸借と同様に、諾成的消費貸借も原則として無償契約であり（589条1項）、利息を請求することができる旨の特約がある場合だけ有償契約となる。

	成立要件	諾成・要物	片務・双務	無償・有償	要式・不要式
要物契約としての消費貸借	返還合意＋目的物の授受	要物	片務 ∵借主のみ債務を負う	無償（利息付きなら有償）	不要式
諾成的消費貸借	書面等による合意	諾成	片務 ∵対価性なし	無償（利息付きなら有償）	要式

2 消費貸借の成立) B⁺

ア 要物契約としての消費貸借

要物契約としての消費貸借が成立するためには、①返還の合意と②目的物の授受が必要である（587条）。

返還の合意は、書面でする必要はない。

イ 諾成的消費貸借 改正

諾成的消費貸借が成立するためには、①書面でする②引渡しおよび返還の合意が必要である（587条の2第1項）。

合意に書面を要求するのは、軽率な契約を防止するためである。

書面ではなく電磁的記録によるときも、書面によるものとみなされる（587条の2第4項）。

3 消費貸借の効力) B⁺

ア 貸す債務

要物契約としての消費貸借では、目的物の授受が契約成立の要件であるから、貸す債務は論理的に発生しえない。

一方、諾成的消費貸借では、貸主は貸す債務を負う（587条の2第1項）。

イ　返還債務

　要物契約としての消費貸借であれ、諾成的消費貸借であれ、およそ消費貸借の借主は、借りた物と同じ種類・品質・数量の物を貸主に返還する債務を負う（587条、587条の2第1項）。

（ア）返還時期の定めがある場合

　返済の時期（弁済期）は、消費貸借に返還の時期の定めがある場合はその定めによって決まる。

（イ）返還時期の定めがない場合

　一方、返還の時期の定めがない場合は、貸主は相当の期間を定めて返還の催告（請求）をすることができる（591条1項）。そして、この催告から相当期間が経過すると、返還債務は遅滞となる（412条3項の例外）。

　およそ期間を定めないで催告した場合や、相当でない期間を定めて催告した場合であっても、催告から客観的な相当期間が経過した時点で、返還債務は遅滞となる（大判昭和5・1・29）。

> 　返済の時期の定めがない場合、返還債務が遅滞となるには、催告と相当期間の経過が必要です。しかし、それはあくまでも遅滞となるための要件であって、貸主が借主に対して返還を請求するための要件ではありません。返済の時期の定めがない場合でも、貸主はいつでも返還を請求（催告）することができます。
> 　したがって、たとえば貸主は、返済の時期の定めのない未催告の貸金返還債務を自働債権として相殺することができます（大判昭和17・11・19）。相殺が認められるためには、自働債権が弁済期にあること（つまり自働債権の履行を請求できること）は必要ですが、遅滞となっていることは必要ではないからです。

（ウ）借主による返還

　返還時期の定めの有無を問わず、借主はいつでも返還することができる（591条2項）。

　ただし、返還時期の定めがある場合において、その時期よりも前に返還したことによって貸主が損害を受けたときは、貸主は借主に対して損害の賠償を請求することができる（591条3項）。

　たとえば、貸主は、本来発生するはずだった返済時期までの利息分の賠償を請求することができるわけである（ただし、損益相殺されよう）。

ウ　貸主の担保責任　改正

　借主に引き渡された目的物が種類・品質・数量に関して契約の内容に適合しない場合において、貸主が負う担保責任の内容は、消費貸借が利息付きか否かで異なる。

（ア）利息付消費貸借の場合

　利息付消費貸借は有償契約であるから、売買の規定が準用される（559条）。

　したがって、利息付消費貸借において、借主に引き渡された目的物が種類・品質・数量に関して契約の内容に適合しない場合は、借主は貸主に対して追完請求をすることができる（559条・562条1項）。また、一定の要件のもと、利息減額請求（559条・563条）や損害賠償請求・契約の解除（559条・564条）をすることができる。

（イ）無利息の消費貸借の場合

　無利息の消費貸借の場合は、贈与の規定である551条（➡58ページ**3**）が準用され、貸主は、目的物を消費貸借の目的として特定した時の状態で引き渡すことを約束したものと推定される（590条1項・551条）。

　したがって、貸主は、原則として目的物が特定した時の状態で引き渡せば足りる。

（ウ）価額の返還

　さらに、利息付きか無利息かを問わず、貸主から引き渡された物が種類・品質に関して契約の内容に適合しない場合は、借主は、その物のかわりに、その物の価額を返還することができる（590条2項）。

　借主が、引き渡された契約不適合な物と同じ種類・品質の物を調達して返還することは困難だから、というのがその趣旨である。

4　諸成的消費貸借の借主による受領前の解除等　B　改正

　諸成的消費貸借の借主は、貸主から目的物を受け取るまでは、契約を解除することができる（587条の2第2項前段）。借主の借りる義務を否定する趣旨である。

　ただし、借主がかかる解除をした場合において、その解除によって貸主が損害を受けたときは、貸主は、借主に対し損害の賠償を請求することができる（587条の2第2項後段）。たとえば、貸し付ける用の金銭を調達するために要し

たコストの賠償を、貸主は借主に対して請求することができるわけである。

また、諾成的消費貸借において、借主が貸主から目的物を受け取る前に、当事者の一方が破産手続開始の決定を受けたときは、諾成的消費貸借は効力を失う（587条の2第3項）。

5　準消費貸借　B

ア　意義

準消費貸借とは、金銭その他の代替物を給付する債務があるときに、その債務を、債権者と債務者の合意によって消費貸借上の債務にする諾成・不要式の契約をいう（588条）。

たとえば、売買代金債務や損害賠償債務を、合意によって消費貸借上の債務にする場合がその例である。既存の消費貸借上の債務を新たな消費貸借上の債務にすることもできる。

この準消費貸借は、既存の利息債権を含む複数の債権をまとめて消費貸借上の1口の債権にする手段として、しばしば利用されている。

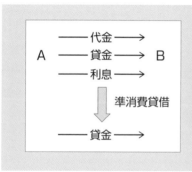

たとえば、BがAに対して100万円の代金債務、50万円の貸金債務、10万円の利息債務を負っている場合に、これらの債務を合計160万円の貸金債務として1本化し、法律関係を簡明にする手段として、準消費貸借が利用されています。

ちなみに、その際には、その160万円の貸金債務を元本とする新たな利息契約を締結することもできます。その結果、債権者にとっては、より多くの利息を取ることができるようになるというメリットもあるわけです。

イ　準消費貸借の効力

準消費貸借が有効に成立すると、旧債務は消滅し、準消費貸借にもとづく新債務が発生する。

もっとも、当事者の合理的意思に照らし、旧債務についての保証債務や担保権は消滅せず、新債務との関係で存続する（保証債務につき最判昭和33・6・24）。

同様の理由から、旧債務に付着していた抗弁権も、新債務との関係で存続する（最判昭和62・2・13）。

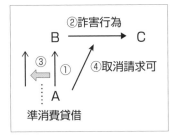

②詐害行為
B ─────→ C
③ ① ④取消請求可
A
準消費貸借

さらに、旧債務を被保全債権とする詐害行為取消請求が認められる場合、詐害行為後の準消費貸借によって発生した新債務を被保全債権とする詐害行為取消請求も認められる（最判昭和50・7・17）。

ただし、新債務の消滅時効については、旧債務ではなく、新債務がその基準となる（大判昭和8・6・13）。

7. 使用貸借

1 意義 B⁺ 改正

使用貸借とは、当事者の一方（貸主）がある物を引き渡すことを約束し、相手方（借主）がその引渡しを受けた物について無償で使用・収益をして契約が終了したときに返還することを約束することによって成立する契約をいう（593条）。

たとえば、友人間で無償で本を貸し借りする場合や、親が子に居住用の建物を無償で貸す場合が、使用貸借の例である。

使用貸借は、諾成・片務・無償契約である。

> **【消費貸借および賃貸借との異同】**
> 　使用貸借は、借りた物を使用・収益したうえで、その物自体を貸主に返す、という契約です。そのため、借主が借りた物を消費したうえで、同種・同等・同量の物を調達して返す、という消費貸借とは異なります。
> 　また、借りたその物自体を返すという点では賃貸借と同様ですが、使用貸借は無償契約であるのに対し、賃貸借は必ず賃借人による賃料の支払を伴う有償契約である点で、両者は根本的に異なります。
> 　ただし、借主が貸主に金銭を支払っているからといって、絶対に使用貸借ではなく賃貸借であるとは限りません。たとえば従業員寮や社宅の貸借では、借主が世間の相場並みの家賃相当額を支払っているなら賃貸借ですが（最判昭和31・11・16）、支払っている金額が通常の家賃に比べて著しく低額で謝礼の意味をもつだけならば、使用貸借にあたります（最判昭和35・4・12）。

2　使用貸借の成立　🅱　改正

使用貸借は諾成契約であり、貸主と借主の合意によって成立する（593条）。

書面によることは要しないが、書面によらない使用貸借の貸主は、借主が目的物を受け取るまでは、契約の解除をすることができる（593条の2）。書面によらずに使用貸借を締結した貸主を保護する趣旨である。

3　使用貸借の効力Ⅰ──貸主の義務　🅱

ア　引渡義務

使用貸借が成立すると、貸主において目的物を借主に引き渡す義務が生じる（593条）。

この貸主の引渡義務の内容については、贈与の規定である551条が準用されている（596条）。

すなわち、①貸主は、目的物を、使用貸借の目的として特定した時の状態で引き渡すことを約束したものと推定される（596条・551条1項）。

また、②負担付使用貸借においては、貸主は、負担の限度において、売主と同じ担保責任を負う（596条・551条2項）。

イ　使用・収益させる義務

貸主は、引き渡した物を借主に使用・収益させる義務を負う。

ただし、この義務は、賃貸借の賃貸人が負うような積極的義務ではなく、借主の使用・収益を妨げないという消極的義務であるにとどまる。使用貸借の貸主は、目的物の修繕義務は負わないわけである（606条1項対照）。

4　使用貸借の効力Ⅱ──借主の義務　🅱⁺

ア　返還義務・善管注意義務

借主は、使用貸借契約の終了によって、目的物たる特定物を返還する義務を負う（593条）。

したがって、返還までの間は、善管注意義務を負う（400条）。

イ　用法遵守義務等

　借主は、①契約または目的物の性質によって定まった用法に従って目的物を使用・収益する義務を負う（594条1項）。たとえば、住宅用の建物を工場用に使用することはできない。

　また、借主は、②貸主の承諾を得た場合を除き、目的物を第三者に使用・収益させてはならない（594条2項）。使用貸借は貸主と借主の人的関係にもとづく契約だからである。

　借主が上記の①または②の義務に違反した場合、貸主は、無催告で契約を解除することができる（594条3項）。また、貸主は、債務不履行による損害賠償を請求することができる（415条1項）。

　ただし、この損害賠償請求は、貸主が目的物の返還を受けた時から1年以内にしなければならない（600条1項）。この期間制限は除斥期間である（通説）。

　他方で、貸主が目的物の返還を受けた時から1年を経過するまでは、損害賠償請求権の消滅時効の完成は猶予される（600条2項）。これは、貸主が借主の義務違反を知ることは困難な場合が多いから、という趣旨である。

ウ　通常の必要費の負担義務

　借主は、目的物の通常の必要費を負担しなければならない（595条1項）。

　たとえば、建物の使用貸借における敷地の地代や建物の固定資産税は、通常の必要費にあたり、借主が負担しなければならない。

　他方で、通常の必要費以外の費用、すなわち特別の必要費や有益費は、貸主の負担となる。借主がこれらの費用を支出したときは、借主は、196条の規定にしたがい、貸主に対してその償還を請求することができる（595条2項・583条2項本文）。

　たとえば、使用貸借の目的物である建物の屋根が台風で壊れたときの修繕費（特別の必要費）や、土地の改良費用（有益費）などを、借主が支出したときは、借主は196条の規定にしたがってその償還を貸主に請求できるわけである。

　ただし、有益費については、裁判所は貸主の請求によって相当の期限を許与することができる（595条2項・583条2項ただし書）。

　以上の各費用の償還の請求は、貸主が返還を受けた時から1年以内にしなければならない（600条1項）。

エ　収去義務・収去権

　借主が目的物に附属させた物がある場合において、使用貸借が終了したときは、借主は、その附属させた物を収去する義務を負う（599条1項本文）。たとえば、使用貸借で借りていた家屋に借主がエアコンを設置していた場合、借主は、家屋を返す際にそのエアコンを収去する義務を負うわけである。

　ただし、目的物から分離することができない物や、分離するのに過分の費用を要する物については、借主は収去する義務を負わない（599条1項ただし書）。

　また、借主は、収去する権利も有する（599条2項）。貸主から「エアコンはそのままにしておいてくれ」といわれても、なお収去することができるわけである。

オ　原状回復義務

　借主は、目的物を受け取った後にこれに生じた損傷がある場合において、使用貸借が終了したときは、その損傷を原状に復する義務を負う（599条3項本文）。エアコンを設置した際に壁に空けた穴を、家屋を返す際に借主は補修しなければならないわけである。

　ただし、その損傷が借主の責めに帰することができない事由によるものであるときは、借主は損傷を原状に復する義務を負わない（599条3項ただし書）。

5　使用貸借の効力Ⅲ──対抗力なし　🅰

　借主が目的物を使用・収益する権利（使用借権）は、債権の一般原則どおり、第三者に対する対抗力を有しない。この点はきわめて重要である。

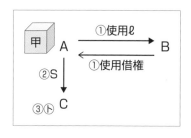

　たとえば、AがBに甲建物を使用貸借で貸しているところ、AがCに対して甲建物を売却してCが登記を備えたとする。この場合、Bは、Cに対して使用借権を対抗することができない。使用借権は債権であり、Bは使用借権を債務者であるAに対してしか主張することができないからである（➡債権総論3ページ**ウ**）。したがって、Cとの関係ではBは無権原の占有者であり、Cからの明渡請求を拒むことができない。しっかりと理解したうえで、

覚えておこう。

6 使用貸借の終了 B⁺ 改正

　使用貸借の終了原因は、大別して、①期間満了・目的達成、②解除、③借主の死亡の3つである。

ア　期間満了・目的達成

　当事者が使用貸借の期間を定めた場合は、使用貸借は、その期間が満了することによって終了する（597条1項）。

　また、当事者が使用貸借の期間を定めなかったものの、使用・収益の目的は定めた場合は、使用貸借は、借主がその目的に従い使用・収益を終えることによって終了する（597条2項）。

イ　解除

　当事者が使用貸借の期間を定めなかったものの、使用・収益の目的は定めた場合において、その目的に従い借主が使用・収益をするのに足りる期間が経過したときは、貸主は契約の解除をすることができる（598条1項）。

　また、当事者が使用貸借の期間も使用・収益の目的もともに定めなかった場合は、貸主はいつでも契約の解除をすることができる（598条2項）。

　さらに、借主はいつでも契約の解除をすることができる（598条3項）。

ウ　借主の死亡

　使用貸借は、借主の死亡によって終了する（597条3項）。賃借権と異なり、使用借権は相続されないわけである。使用貸借は貸主・借主間の特別の人的関係にもとづく契約だから、というのがその理由である。

　他方、貸主の死亡によっては、使用貸借は終了しない。

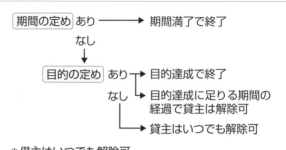

＊借主はいつでも解除可
＊貸主は、①書面によらない使用貸借で受取前、②用
　法遵守義務違反、③無断の第三者使用・収益の場合
　は解除可
＊借主の死亡で終了　cf.貸主の死亡では終了せず

8. 賃貸借Ⅰ——賃貸借の成立・効力・終了

1　意義　🅰

　賃貸借とは、当事者の一方（賃貸人）がある物の使用・収益を相手方（賃借人）にさせることを約束し、相手方がこれに対してその賃料を支払うこと、および引渡しを受けた物を契約が終了したときに返還することを約束することによって成立する契約をいう（601条）。

　賃貸借は、諾成・双務・有償契約である。

2　賃貸借の成立と目的物　🅰⁺

　賃貸借は諾成契約であり、賃貸人と賃借人の合意によって成立する（601条）。

　賃貸借はおよそ「物」（601条）をその目的（対象）とするが、圧倒的に重要なのが土地や建物の賃貸借である。

　土地の賃貸借のうち、建物所有目的以外のもの（たとえば駐車場用の土地の賃貸借）には、通常は民法が適用されるのみである。これに対し、建物の所有を

目的とする土地の賃貸借には、民法に加えて借地借家法が適用される。この建物所有目的の土地賃借権（および建物所有目的の地上権）を、借地権という（借地借家法2条1号）。

また、建物の賃貸借にも、民法に加えて借地借家法が適用される。建物の賃借権を、借家権という。

以下では、まずは民法の規定を中心に説明し、その後に借地借家法の規定を説明する（➡ 123ページ **10.** 以下）。

目的物	使用・収益の目的	民法	借地借家法
動産	—	○	×
土地	建物所有以外	○	×
	建物所有	○	○（借地権）
建物	—	○	○（借家権）

3　賃貸借の存続期間 ） **B** 改正

ア　存続期間の上限

賃貸借の存続期間について、民法はその下限を定めていない一方、その上限を50年としている。契約で50年より長い期間を定めた場合も、期間は50年に縮減される（604条1項）。あまりに長期の賃貸借によって賃貸人に過大な負担が生じることを防止する趣旨である。

賃貸借の存続期間は更新することができるが（➡ 104ページ **7**）、更新後の賃貸借の期間も、更新の時から50年を超えることができない（604条2項）。

なお、借地権や借家権については、存続期間の下限・上限に関する民法の原則が、借地借家法によって修正されている（➡ 123ページ **1**、128ページ **1**）。

イ　短期賃貸借

次の①から④の期間を超えない賃貸借を、短期賃貸借という（602条）。トウゴウサブロク（10、5、3、6）と覚えておこう。

①樹木の栽植・伐採を目的とする山林の賃貸借　10年（1号）

②その他の土地の賃貸借　5年（2号）

③建物の賃貸借　3年（3号）

④動産の賃貸借　6か月（4号）

　かかる短期賃貸借は、「処分の権限を有しない者」も締結することができる。

　「処分の権限を有しない者」とは、不在者の財産管理人（28条）、権限の定めのない代理人（103条）、後見監督人がいる場合の後見人（864条）、相続財産管理人（918条3項、943条2項、950条2項、953条）などのことである。

　賃貸借はいわゆる処分行為ではないため、「処分の権限を有しない者」も本来は賃貸借を締結することができるはずのところ、締結することができる賃貸借の期間を制限して、賃貸借の当事者となる者を保護する趣旨である。

　なお、被保佐人は、保佐人の同意がなくとも短期賃貸借を締結することができる（13条1項9号参照）。

4　賃貸借の効力Ⅰ──賃貸人の義務　　B⁺

ア　使用・収益させる義務

　賃貸人は、賃借人に対し、賃貸物を使用・収益させる義務を負う（601条）。

イ　修繕義務

（ア）賃貸人の修繕義務

　使用・収益させる義務の一内容として、賃貸人は、賃貸物の使用・収益に必要な修繕をする義務を負う（606条1項本文）。

　ただし、賃借人の責めに帰すべき事由によってその修繕が必要となったときは、賃貸人は修繕をする義務を負わない（606条1項ただし書）。

　以上の606条1項は任意規定であり、特約によって排除することができる。

　なお、賃借人には、賃貸人による保存行為の認容義務がある（606条2項 ➡ 100ページ イ）。

（イ）賃借人による修繕　改正

　賃借物の修繕が必要である場合において、次のいずれかに該当するときは、賃借人は自ら修繕をすることができる（607条の2）。

①賃借人が賃貸人に修繕が必要である旨を通知し、または賃貸人がその旨を知ったにもかかわらず、賃貸人が相当の期間内に必要な修繕をしないとき（1号。なお、615条も参照）

②急迫の事情があるとき（2号）

修繕に要した費用は、必要費として、次に述べる費用償還の対象となる。

ウ　費用償還義務

賃貸人は、必要費および有益費の償還義務を負う（608条）。

すなわち、賃借人は、賃借物について賃貸人の負担に属する必要費を支出したときは、賃貸人に対し、直ちにその償還を請求することができる（608条1項）。

また、賃借人が賃借物について有益費を支出したときは、賃貸人は、賃貸借の終了の時に、その価格の増加が現存する場合に限り、賃貸人の選択にしたがい、賃借人が支出した金額または増価額を償還しなければならない。ただし、裁判所は、賃貸人の請求により、その償還について相当の期限を許与することができる（608条2項）。

以上の必要費償還請求権および有益費償還請求権は、賃貸人が賃借物の返還を受けた時から1年以内に行使しなければならない（622条・600条1項）。

また、必要費償還請求権および有益費償還請求権は、消滅時効にかかる。その客観的起算点（166条1項2号）は、必要費償還請求権については費用投下時であり、有益費償還請求権については契約終了時である。

エ　賃貸人の担保責任

賃貸物が契約の内容に適合しない場合、賃貸人は、売主と同様の担保責任を負う（559条・562条以下）。

ただし、修補や賃料減額については賃貸借に固有の規定があるため、それらが適用されることになる（606条から607条の2まで、611条、615条）。したがって、売買の担保責任の規定が準用されることは、実際はほぼない。

5　賃貸借の効力Ⅱ──賃借人の義務　B+

ア　賃料支払義務

賃借人は、賃貸人に対して賃料を支払う義務を負う（601条）。

（ア）賃料の支払時期

賃料の支払時期は、特約によって定められるのが通常である。

特約がない場合は、動産・建物・宅地については毎月末に、その他の土地については毎年末に、支払わなければならない（614条）。つまり、条文上は賃料は後払とされているわけである。

（イ）一部の滅失等による賃料の減額・契約の解除 　改正

賃借物の一部が滅失その他の事由により使用・収益をすることができなくなった場合において、それが賃借人の責めに帰することができない事由によるものであるときは、賃料は、使用・収益をすることができなくなった部分の割合に応じて、当然に減額される（611条1項）。賃借人からの請求は要件とされていない点に注意してほしい。

また、賃借物の一部が滅失その他の事由により使用・収益をすることができなくなった場合において、残存する部分のみでは賃借人が賃借をした目的を達することができないときは、賃借人は、契約の解除をすることができる（611条2項）。

なお、全部の滅失等の場合は、賃貸借が当然に終了する（616条の2）。

イ　保存行為の認容義務

賃貸人が賃貸物の保存に必要な行為をしようとするときは、賃借人はこれを拒むことができない（606条2項）。たとえば、賃借人は修繕のための一時的な明渡しを拒むことができないわけである。

ただし、賃貸人が賃借人の意思に反して保存行為をしようとする場合において、そのために賃借人が賃借をした目的を達することができなくなるときは、賃借人は契約の解除をすることができる（607条）。

ウ　用法遵守義務

賃借人は、契約または目的物の性質によって定まった用法に従って目的物を使用・収益する義務（用法遵守義務）を負う（616条・594条1項）。

賃借人に用法遵守義務の違反があった場合、賃貸人は、債務不履行による損害賠償を請求することができる（415条1項）。また、信頼関係の破壊に至れば、契約を解除することができる（➡103ページエ）。

ただし、損害賠償請求は、賃貸人が目的物の返還を受けた時から1年以内にしなければならない（622条・600条1項）。

　また、賃貸人が目的物の返還を受けた時から1年を経過するまでは、損害賠償請求権の消滅時効の完成は猶予される（622条・600条2項。時効の完成猶予）。これは、賃貸人が賃借人の用法遵守義務違反を知ることは困難な場合が多いから、という趣旨である。

エ　善管注意義務・通知義務

　賃借人は、善管注意義務を負う（400条）。

　この善管注意義務と関連する義務として、賃借物が修繕を要し、または賃借物について権利を主張する者があるときは、賃借人は、賃貸人がすでにこれを知っている場合を除き、遅滞なくその旨を賃貸人に通知しなければならない（615条）。

オ　返還義務　改正

　賃借人は、賃貸借が終了したときには、賃借物を賃貸人に返還しなければならない（601条）。

カ　収去義務等

　賃借人が目的物に附属させた物がある場合において、賃貸借が終了したときは、賃借人は、その附属させた物を収去する義務を負う（622条・599条1項本文）。たとえば、家屋に設置したエアコンを、家屋を返す際に収去する義務を負うわけである。

　ただし、目的物から分離することができない物や、分離するのに過分の費用を要する物については、賃借人は収去する義務を負わない（622条・599条1項ただし書）。

　他方で、賃借人は、収去する権利も有する（622条・599条2項）。賃貸人から「エアコンはそのままにしておいてくれ」といわれても、賃借人はなお収去することができるわけである。

キ　原状回復義務　改正

さらに、賃貸借が終了して賃借人が賃借物を返還する際には、賃借人は、賃借物を受け取った後にこれに生じた損傷を原状に復する義務を負う（621条本文）。

ただし、通常の使用・収益によって生じた賃借物の損耗や、賃借物の経年変化については、賃借人は原状回復義務を負わない（621条本文かっこ書）。使用・収益の対価として賃料を支払っている以上、この規定は当然といえよう。

また、その損傷が賃借人の責めに帰することができない事由によるものである場合も、賃借人は原状回復義務を負わない（621条ただし書）。

6　賃貸借の終了　Ａ

賃貸借は、次の各場合に終了する。

ア　存続期間の満了

まず、賃貸借は、存続期間の満了によって終了する（ただし、更新されうることに注意 ➡ 104ページ **7**）。

イ　賃借物の全部滅失等──当然終了　改正

また、賃借物の全部が滅失その他の事由により使用・収益をすることができなくなった場合は、賃貸借は、これによって当然に──すなわち何らの意思表示を要さずに──終了する（616条の2）。

この規定は重要である。一部の滅失等の場合（➡ 100ページ（**イ**））とセットにして、しっかりと覚えておこう。

ウ　一方当事者からの解約申入れ

存続期間の定めのない賃貸借では、各当事者は、いつでも解約の申入れをすることができる（617条1項柱書前段）。

この解約の申入れがあった場合は、その解約の申入れの日から①土地の賃貸借については1年、②建物の賃貸借については3か月、③動産・貸席の賃貸借については1日の経過により、賃貸借は終了する（617条1項柱書後段、各号）。

また、存続期間の定めがある賃貸借においても、合意によって解約権を留保

している場合には、以上の 617 条が準用される（618 条）。

エ　債務不履行による解除　➡論証 6

（ア）信頼関係破壊の法理

賃借人の債務不履行を理由として、賃貸人は賃貸借を解除することができるかという問題がある。

まず、541 条以下の規定はおよそ契約についての総則規定である以上、賃貸借にも適用されると解される。

もっとも、賃貸借契約は、信頼関係を基礎とする継続的契約である。

そこで、信頼関係が破壊された場合に限って解除が認められ、信頼関係がいまだ破壊されていない場合には解除は認められないと解されている。これを、信頼関係破壊の法理という。

したがって、たとえば 1 度きりの賃料支払の遅滞があっただけでは解除は認められないが、3 か月分程度のまとまった賃料の不払があれば、信頼関係の破壊が認められ、催告による解除（541 条）が認められることが多い。

他方、信頼関係の破壊が著しい場合には、542 条 1 項 5 号によって、無催告解除ができると解してよいであろう。

（イ）解除の効果

賃貸借の解除には遡及効が認められず、将来に向かってのみその効力を有する（620 条前段）。賃貸借は継続的契約であるため、遡及効を認めると法律関係が複雑になりすぎるから、というのがその趣旨である。

なお、解除した場合でも、損害賠償請求は妨げられない（620 条後段）。解除に遡及効がない以上、このことは当然といえよう。

オ　賃借人の死亡

賃借人が死亡した場合でも、賃貸借は終了せず、賃借権は相続人に相続される。

相続人がいない場合には賃貸借は終了するが、建物の賃貸借において相続人でない同居人がいる場合は、その者を保護するため、借家権の承継という制度が定められている（借地借家法 36 条 ➡ 133 ページ**ウ**）。

7 更新 ⓑ

ア 合意による更新

賃貸借の存続期間が定められている場合でも、当事者の合意によって、賃貸借を更新することができる。

イ 黙示の更新の推定

この更新については、民法に推定規定がある。

すなわち、①賃貸借の期間が満了した後、②賃借人が賃借物の使用・収益を継続する場合において、③賃貸人がこれを知りながら異議を述べないときは、前の賃貸借と同一の条件でさらに賃貸借が締結されたものと推定される（619条1項前段）。この制度を、黙示の更新の推定という。

ただし、黙示の更新が認められた場合、各当事者は、617条の規定（➡102ページ**ウ**）により解約の申入れをすることができる（619条1項後段）。

なお、借地借家法には、さらに法定更新の制度がある（➡123ページ**2**、128ページ**2**）。

ウ 更新と従前の担保・敷金

賃貸借の更新がされた場合、前の賃貸借について当事者が差し入れていた担保（物的担保であると人的担保であるとを問わない）は、敷金を除き、当初の賃貸借の期間の満了によって消滅する（619条2項）。敷金関係は更新後も受け継がれることに注意しよう。

この619条2項によれば、従前の賃借人の保証人は、更新後の賃貸借から生ずる賃借人の債務については責任を負わないのが原則である。

ただし、判例は、賃貸借期間の定めのある建物賃貸借の賃借人のために保証契約が締結された事案において、「反対の趣旨をうかがわせるような特段の事情のない限り、保証人が更新後の賃貸借から生ずる賃借人の債務についても保証の責めを負う趣旨で合意がされたものと解するのが相当」であり、「保証人は、賃貸人において保証債務の履行を請求することが信義則に反すると認められる場合を除き、更新後の賃貸借から生ずる賃借人の債務についても保証の責めを免れない」としている（最判平成9・11・13➡債権総論192ページ**イ**）。

8 敷金 B⁺ 改正

ア 意義

賃貸借が締結される際には、賃借人から賃貸人に対して敷金が交付されることが多い。

敷金とは、いかなる名目によるかを問わず、賃料債務その他の賃貸借にもとづいて生ずる賃借人の賃貸人に対する金銭の給付を目的とする債務を担保する目的で、賃借人が賃貸人に交付する金銭をいう（622条の2第1項かっこ書）。

敷金設定契約は、賃貸借契約の従たる契約であり、また、金銭の交付によって成立する要物契約である（通説）。

イ 敷金の返還

賃貸人は、次の場合には、賃借人に対し、受け取った敷金の額から賃貸借にもとづいて生じた賃借人の賃貸人に対する金銭の給付を目的とする債務の額を控除した残額を返還しなければならない（622条の2第1項）。

①賃貸借が終了し、かつ、賃貸物の返還を受けたとき（1号）
②賃借人が適法に賃借権を譲り渡したとき（2号 ➡ 114ページ**イ**および115ページ**ア**参照）

このうち、①については、賃貸借契約終了後の賃貸物返還義務（明渡義務）と敷金返還義務が同時履行の関係に立つかが問題となるが、判例は、同時履行の関係に立たず、明渡義務が先履行義務としている（**最判昭和49・9・2**）。

敷金の目的（➡上記**ア**）や、「賃貸物の返還を受けたとき」という622条の2第1項1号の文理に照らして、判例は妥当である。しっかりと覚えておこう。

ウ 賃借人の債務不履行と敷金からの充当

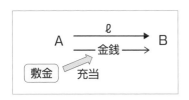

賃貸人は、賃借人が賃貸借にもとづいて生じた金銭の給付を目的とする債務を履行しないときは、敷金をその債務の弁済に充てることができる（622条の2第2項前段）。

他方で、賃借人は、賃貸人に対し、敷金

をその債務の弁済に充てることを請求することができない（622条の2第2項後段）。敷金は賃借人の債務の担保であるところ、賃借人の債務について担保から充当するか否かは、担保権者である賃貸人の判断によるべきだからである。

エ　賃貸人たる地位の移転と敷金関係

賃貸不動産の譲渡や、賃貸人の地位を移転する旨の合意によって、賃貸人たる地位が新賃貸人に移転することがある（605条の2、605条の3 ➡ 109ページ**2**）。

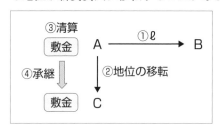

賃貸人たる地位が移転した場合、敷金をめぐる権利義務関係（敷金関係）は、旧賃貸人に対する賃借人の債務があればそれを清算したうえで（最判昭和44・7・17）、新賃貸人に承継される（605条の2第4項、605条の3後段）。つまり、清算後の残額は賃借人に返還されることなく、新賃貸人にとっての担保として承継されるわけである。

これは、主たる契約である賃貸借契約上の賃貸人たる地位が移転した以上、従たる契約である敷金設定契約による敷金関係も移転するのが妥当だから、という趣旨である。

したがって、その後に賃貸借が終了し、明渡しがなされれば、新賃貸人が敷金返還義務を負うことになる。

オ　賃借人の交替と敷金関係

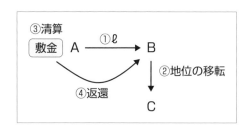

上記**エ**とは逆に、賃借権の適法な譲渡によって賃借人の地位が移転した場合には、賃貸人は、旧賃借人の債務の清算をしたうえで、残金を旧賃借人に返還しなければならない（622条の2第1項2号）。敷金関係は、原則として新賃借人には承継されないわけである。

その趣旨は、次のとおりである。まず、仮に敷金関係の承継を認めると、敷

金交付者（旧賃借人）は予期に反して不利益を受けることになる。他方で、賃貸人は、賃借権の譲渡を承諾（612条1項）する際に、新賃借人と敷金の取決めをすることができるため、敷金関係の承継を否定しても、賃貸人が特に害されるということはない。そのため、原則として敷金関係は新賃借人には承継されないとされているのである。

9. 賃貸借Ⅱ──賃貸借と第三者

1 賃借権の対抗力 A⁺

ア 「売買は賃貸借を破る」の原則

　賃借権は、賃借物の占有を正当化する本権（占有権原）である。したがって、もしも賃貸借の存続期間中に、所有者たる賃貸人が、賃借人に対して所有権にもとづいて返還を請求してきたとしても、賃借人は、賃借権を対抗して賃借物の返還を拒むことができる（占有権原の抗弁）。

　もっとも、賃借権は、相対的な権利である債権であるから、賃借人はその債務者である賃貸人に対してのみ賃借権を対抗することができるにとどまるのが原則である。

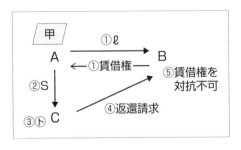

　たとえば、Aが甲土地を駐車場としてBに賃貸していたところ、Aが甲土地をCに譲渡し、Cが所有権移転登記を備えたうえでBに対して所有権にもとづいて甲土地の返還を請求した場合、Bは、原則としてCに対して賃借権を対抗することができない。そのため、BはCからの返還請求を拒むことができない。AC間の売買によって、Bは占有を続けることができなくなるわけである。

　このことを、「売買は賃貸借を破る」の原則という。

イ　不動産賃借権の対抗力

　もっとも、以上の原則には、きわめて重要な例外がある。

　すなわち、賃借権のうち、不動産賃借権については、賃貸借の登記をすることができる（605条）。そして、この登記をした場合は、不動産賃借権に対抗力が生じ、賃借人は賃貸人以外の第三者に対しても不動産賃借権を対抗することができるようになるのである。

　また、不動産賃借権のうち、借地権（➡ 96 ページ **2**）については、借地権自体を登記する必要はない。その土地の上に借地権者が登記されている建物を所有していれば、それだけで、借地権に対抗力が生じるのである（借地借家法 10 条 1 項）。建物の所有権登記の効力が借地権にも及ぶイメージである。

　さらに、借家権（➡ 96 ページ **2**）については、建物の引渡しによって、借家権に対抗力が生じる（借地借家法 31 条）。

　以上 3 つの対抗要件は、しっかりと覚えておこう。

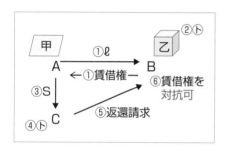

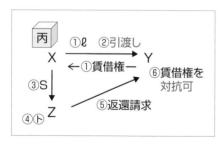

　したがって、たとえば、A が B に宅地として甲土地を賃貸し、B が甲土地の上に乙建物を建てて所有していたところ、A が甲土地を C に譲渡した場合、B が乙建物の所有権登記をしている場合は、賃貸人の地位が C に移転する場合はもとより、C に移転しない場合であっても、B は賃借権という占有権原を C に対抗することができ、甲土地の明渡しを拒むことができる。

　また、たとえば、X が Y に賃貸し引き渡している丙建物が、X から Z に譲渡された場合も、Y は Z に丙建物の賃借権（借家権）を対抗することができ、丙建物の明渡しを拒むことができる。

【賃借権の対抗要件】

賃借権の種類	対抗要件
不動産賃借権	賃貸借の登記（605）
借地権	登記された建物の所有（借10Ⅰ）
借家権	建物の引渡し（借31）

ウ　二重賃貸借の処理

　Aが同一の不動産をBとCに二重に賃貸した場合、BとCは、それぞれ605条の「その他の第三者」にあたる。

　したがって、BとCの優劣は、賃借権の対抗要件（605条、借地借家法10条1項、同法31条）の具備の先後によって決せられる。賃借権の対抗要件を先に備えた者が優先されるわけである。

2　賃貸不動産の譲渡と賃貸人たる地位の移転　A⁺　改正

　賃貸人たる地位を有する者は、賃借人に対して賃貸物を使用・収益させる義務等を負う反面、継続的に発生する賃料債権等を取得する。

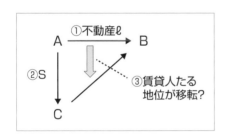

　では、Aが自己所有の不動産をBに賃貸していたところ、Aが当該不動産をCに譲渡した場合、Aが有する賃貸人たる地位は、Cに移転するのだろうか。それとも、Aのもとに留保されるのだろうか。

　この問題は、「賃貸人たる地位の移転」とよばれる超重要基本事項である。場合を分けて説明しよう。

ア　不動産賃貸借が対抗要件を備えている場合──当然移転

　まず、不動産が譲渡された時点において、賃借人が賃貸借の対抗要件を備えている場合は、その不動産の賃貸人たる地位は、当然に譲受人に移転する（605条の2第1項）。

　この場合の賃貸人たる地位の移転には、①賃貸人たる地位を譲受人に移転する旨の譲渡人・譲受人間の合意は不要であり、また、②賃借人の承諾も不要で

ある。

　賃貸人たる地位を譲受人に移転する旨の譲渡人・譲受人間の合意が不要とされているのは（①）、賃貸人たる地位を移転するのが、譲渡人・譲受人の合理的意思に合致するからであると解される。

　すなわち、賃貸不動産を譲渡した譲渡人としては、賃貸借契約から離脱するのがその合理的意思であり、また、譲受人としては、賃借人が賃貸借の対抗要件を備えているため明渡しを請求できない以上、せめて賃貸人たる地位を取得して賃料請求等をするというのがその合理的意思だからである。

　また、賃貸人たる地位の移転は、本来は賃借人の承諾が必要なはずである（539条の2）。にもかかわらず、賃借人の承諾が不要とされているのは（②）、

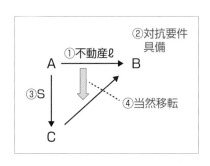

賃貸人の債務は、賃貸不動産の所有者ならば誰でも履行することのできる没個性的な債務だからである。

　上記の例でも、Bが賃貸借の対抗要件（605条、借地借家法10条1項、同法31条）を備えていれば、AC間の合意もBの承諾も要することなく、賃貸人たる地位は当然にAからCに移転する。

イ　当然移転の例外
（ア）賃貸人たる地位の留保および賃貸の合意

　ただし、以上の原則には例外がある。

　すなわち、賃借人が賃貸借の対抗要件を備えている場合であっても、譲渡人・譲受人間で、①当該不動産の賃貸人たる地位を譲渡人に留保することを合意し、かつ②その不動産を譲受人が譲渡人に賃貸することを合意した場合は、賃貸人たる地位を譲渡人に留保することができる（605条の2第2項前段）。①の合意だけでは足りず、②の合意も必要とされていることに注意しよう。

　そして、この②の合意によって、一種の転貸借関係（➡113ページア参照）が形成されることになる。

　たとえば、AがBに甲建物を賃貸しており、かつ甲建物のBへの引渡しは完了していたところ、Aが甲建物をCに譲渡したとする。この場合、賃貸人たる

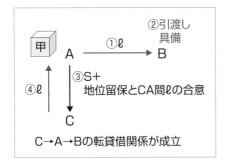

C→A→Bの転貸借関係が成立

地位は当然にCに移転するのが原則である（605条の2第1項）。しかし、AC間で、賃貸人たる地位を譲渡人Aに留保すること、および甲建物を譲受人Cが譲渡人Aに賃貸することを合意すれば、Bに対する賃貸人たる地位はAに留保される（605条の2第2項前段）。そして、この場合には、CAB間で転貸借関係（CA間の賃貸借およびAB間の転貸借という関係）が形成されることになるのである。

（イ）譲受人・譲渡人間の賃貸借が終了した場合

では、その後にCA間の賃貸借が終了した場合、AB間の転貸借はどうなるのだろうか。

本来は、賃貸借が終了すると転貸借も終了する運命にあるが（➡118ページ**6**）、しかし、それではBが害される。

そこで、譲渡人・譲受人（またはその承継人）間の賃貸借が終了したときは、譲渡人に留保されていた賃貸人たる地位は譲受人（またはその承継人）に移転するものとされている（605条の2第2項後段）。

たとえば、上記のCA間の賃貸借（図の④）が、AB間の転貸借（図の①）よりも先に終了した場合、Aに留保されていた賃貸人たる地位（図の①の賃貸人たる地位）がCに移転する。その結果、Bは従前の内容での賃借人としての地位を保持することができるわけである。

ウ　合意による賃貸人たる地位の移転

上記の**ア・イ**では、賃貸借が対抗要件を備えている場合を前提としていた（605条の2第1項、2項参照）。

では、AがBに賃貸している不動産をCに譲渡した事案で、Bが賃貸借の対抗要件を備えていない場合、賃貸人たる地位はCに移転するのだろうか。

この場合、原則として賃貸人たる地位は移転せず、譲渡人のもとにとどまると解される。なぜなら、この場合に賃貸人たる地位の移転を認めると、譲受人の合理的意思に反する結果となるからである。

> Aから不動産を譲り受けたCは、Bが賃貸借の対抗要件を備えていない以上、Bに対して所有権にもとづいて明渡しを請求し、自ら当該不動産を使用・収益することを期待しているはずです（⇒ 107ページア参照。109ページアの譲受人の合理的意思とも対比してみてください）。
>
> ところが、賃貸人たる地位がCに移転してしまうと、Cは、Bから賃借権を対抗されてしまうことになります。なぜなら、賃貸人たる地位が移転する場合は、Cは賃貸借の当事者（使用・収益させる義務の債務者）ということになるからです。その結果、当初の期待に反して、Cは明渡しを請求することができなくなってしまいます。
>
> そこで、Bが賃貸借の対抗要件を備えていない場合には、原則として賃貸人たる地位は移転しないこととするのが、Cの合理的意思の内容ということになるのです。

　もっとも、賃貸借が対抗要件を備えていない場合であっても、譲渡人・譲受人間で賃貸人たる地位を譲受人に移転する旨を合意すれば、なお賃貸人たる地位は譲受人に移転する。この場合も、賃借人の承諾は不要である（605条の3前段）。

エ　賃貸人たる地位を対抗するための要件

　上記の**ア・イ（イ）・ウ**のいずれかによって賃貸不動産の譲受人が賃貸人たる地位を取得した場合において、譲受人が賃貸人たる地位の取得を賃借人に対抗するには、賃貸不動産の所有権移転登記を備えることが必要である（605条の2第3項、605条の3後段）。

　登記を要求することによって、誰が賃貸人であるかを明確にして賃料の二重払いを回避する、というのがその趣旨である。しっかりと覚えておこう。

オ　費用償還義務・敷金返還義務の承継

　また、同じく上記の**ア・イ（イ）・ウ**のいずれかによって賃貸不動産の譲受人が賃貸人たる地位を取得した場合、旧賃貸人が負っていた費用償還義務（608条）は、譲受人（またはその承継人）が承継する（605条の2第4項、605条の3後段）。賃貸人たる地位が移転する以上、これは当然といえよう。

　また、敷金返還義務（622条の2第1項）も、旧賃貸人に対する賃借人の債務があればそれを清算したうえで（最判昭和44・7・17）、新賃貸人に承継される（605条の2第4項、605条の3後段）。この点は、敷金の箇所で説明したとおりである（⇒ 106ページエ）。

【賃貸人たる地位の移転のまとめ】

Ⅰ 賃貸人たる地位の移転の有無
　①賃貸借の対抗要件が具備されている場合
　　　→当然移転。譲渡人・譲受人間の合意や賃借人の承諾は不要（605の2
　　　Ⅰ）
　　　ただし、地位留保および賃貸の合意の例外（605の2Ⅱ）
　　　　　：移転せず、転貸借関係が形成（前段）
　　　　　その後に原賃貸借が終了すれば、転貸借の賃貸人たる地位が譲受人
　　　　　に移転（後段）
　②賃貸借の対抗要件が具備されていない場合
　　　→原則移転せず
　　　ただし、譲渡人・譲受人間の合意の例外。なお、賃借人の承諾は不要
　　　（605の3前段）
Ⅱ 賃貸人たる地位の取得の対抗要件
　　：所有権移転登記（605の2Ⅲ、605の3後段）∵二重払いの回避
Ⅲ 効果
　　：費用償還義務や敷金関係（清算後）も移転（605の2Ⅳ、605の3後段）
　　∵地位の移転

3　賃借権の譲渡・転貸Ⅰ──前提知識　Ａ

　賃借人が、賃借物を転貸したり、賃借権を譲渡したりすることがある。それ
らの場合に、いかなる法律関係が生じるのだろうか。まずは理解のための前提
となる知識から説明しよう。

ア　賃借物の転貸

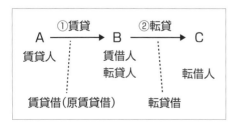

　たとえば、AがBに甲建物を賃
貸しているところ、BがCにその
甲建物をまた貸ししたとする。こ
のBによるまた貸し行為が、賃借
物の転貸である。

　そして、この場合のAB間の契

約を賃貸借（または原賃貸借）、BC 間の契約を転貸借という。また、A を賃貸人、B を賃借人ないし転貸人、C を転借人という。これらの用語は覚えておこう。

　なお、転貸は、有償・無償を問わない。BC 間が使用貸借だった場合も、転貸にあたる。

イ　賃借権の譲渡

　次に、たとえば、A から甲土地を賃借している B が、A に対する甲土地の賃借権を C に譲渡したとする。この B の行為が、賃借権の譲渡である。

　そして、この賃借権の譲渡に関して重要なのが、借地上の建物の譲渡である。

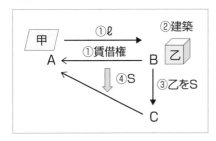

　たとえば、A から甲土地を賃借している B が、甲土地上に乙建物を建てて所有しているところ、その乙建物を C に譲渡したとする。この場合、B は C に対して甲土地の賃借権も譲渡したことになる。甲土地の賃借権は、乙建物の従たる権利であるため、87 条 2項が類推適用されるからである（➡総則［第 2 版］120 ページ **4**）。

　このように、借地上の建物の譲渡は借地権の譲渡にもあたるということを、しっかりと理解して覚えておこう。

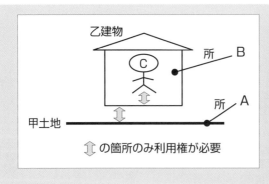

　では、A から甲土地を賃借してその上に乙建物を建てて所有している B が、乙建物を C に賃貸した場合はどうでしょうか。
　この場合、乙建物は賃貸されただけですから、借地権の譲渡にはもちろんあたりません。
　では、87 条 2 項類推によって、甲土地も B から C に賃貸（転貸）されたことになるのでしょうか。

その答えは NO です。C は、乙建物を利用するだけであり、乙建物を所有するわけではありませんから、甲土地の賃借権は一切不要です。甲土地の賃借権が必要なのは、甲土地の上に乙建物を所有している B だけなのです。したがって、C が取得する乙建物の賃借権にとって、甲土地の賃借権は従たる権利にあたりません。そのため、乙建物の賃貸借に際して、87 条 2 項が類推される余地はないのです。

以上のように、**借地上の建物の賃貸は、借地権の譲渡ではなく、借地の転貸でもない**ということを、しっかりと理解しておきましょう。

4 賃借権の譲渡・転貸Ⅱ──無断譲渡・無断転貸 **A⁺**

ア 無断譲渡・無断転貸と契約解除

賃借人は、賃貸人に無断で賃借権の譲渡や賃借物の転貸をすることができない（612 条 1 項）。

賃借人が賃貸人に無断で賃借権を譲渡し、または無断で賃借物を転貸し、かつ、第三者に賃借物を使用・収益させた場合には、賃貸人は契約を解除することができる（612 条 2 項）。無断譲渡・無断転貸に加えて、第三者に実際に使用・収益させたことも解除権発生の要件であることに注意しよう。

かかる場合に賃貸人に契約の解除が認められているのは、賃貸借は個人的信頼関係を基礎とする継続的契約であるところ、賃借人による無断譲渡・無断転貸は、かかる信頼関係を破壊する背信的行為だからである。しっかりと覚えておこう。

ただし、土地の賃借権が借地権にあたる場合には、賃貸人の承諾に代わる裁判所の許可の制度があります（借地借家法 19 条、20 条 ➡ 127 ページ **7**）。
また、地上権（265 条）は譲渡が自由であり、地上権設定者の承諾は不要です。
これらも重要な知識ですから、しっかりと覚えておきましょう。

種類	譲渡・転貸の可否
賃借権	承諾なければ不可（612 Ⅰ） 無断で行い第三者に使用・収益させたら解除権が発生（612 Ⅱ）
借地権	承諾に代わる裁判所の許可あり（借 19、20）
地上権	譲渡自由

イ 612条2項の契約解除の制限 ➡論証7

もっとも、以上の 612 条 2 項の趣旨に照らし、612 条 2 項による契約の解除

は制限される場合がある。

すなわち、612条2項の要件をみたしている場合であっても、無断譲渡・無断転貸が賃貸人に対する背信的行為と認めるに足らない特段の事情がある場合には、例外として612条2項にもとづく契約の解除は認められないと解されているのである（最判昭和28・9・25）。この点もしっかりと覚えておこう。

たとえば、祖父が同居の孫に賃借権を無断で譲渡した場合は、背信的行為と認めるに足らない特段の事情がある場合といえ、契約の解除は認められない（最判昭和39・6・30）。

> この契約解除の制限の論点は、きわめて重要な基本論点ですが、初学者が書き忘れやすい論点でもあります。論点落としをしないように、**612条をみた瞬間に脊髄反射**のように思い出せるようにしておいてください。
> ちなみに、「背信的行為と認められれば解除できる」という書き方をしている答案を時々見かけるのですが、そのような書き方は適切ではありません。612条2項の要件をみたせば解除できるのが原則であり、「背信的行為と認めるに足らない特段の事情がある」がゆえに解除できないというのはあくまでも例外なのですが、「背信的行為と認められれば解除できる」という書き方だと、612条2項の要件をみたしても解除は認められず、背信的行為と認められてはじめて解除ができる、ということになってしまうからです。民事訴訟法で学ぶ証明責任の所在とも関連する重要な点ですので、正確な書き方を心がけましょう。

ウ 所有権にもとづく返還請求

なお、612条2項による解除が認められる場合といえども、賃貸人は、必ず契約を解除しなければならないわけではない。

賃貸人は、契約を解除しなくても、賃借権の譲受人や転借人に対して、所有権にもとづく返還請求をすることができる（最判昭和26・4・27）。このことは短答式試験用に覚えておこう。

5 賃借権の譲渡・転貸III──適法転貸の効果 B+

転貸が、賃貸人の承諾や承諾に代わる裁判所の許可のもとでなされた場合は、その転貸は適法である。また、転貸が背信的行為と認めるに足らない特段の事情がある場合も、転貸は適法と解してよい。

では、そうした適法な転貸がなされた場合の法律関係は、どのようなものとなるのだろうか。

ア　転借人の賃貸人に対する直接履行義務

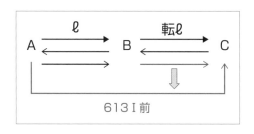

613 I 前

　賃借人が適法に賃借物を転貸したときは、転借人は、賃貸人と賃借人との間の賃貸借にもとづく賃借人の債務の範囲を限度として、賃貸人に対して転貸借にもとづく債務を直接履行する義務を負う（613 条 1 項前段）。これは覚えておこう。

イ　直接履行義務の上限等

　ただし、この転借人の直接履行義務は、①「賃貸人と賃借人との間の賃貸借に基づく賃借人の債務」、および②「転貸借に基づく債務」が、その上限とされている（613 条 1 項前段）。

　たとえば、AB 間で賃料 10 万円の賃貸借が、BC 間で賃料 15 万円の適法な転貸借がそれぞれ締結されている場合、C は、B に対して 15 万円の転貸賃料債務を負うほか、A に対しても 10 万円の限度で転貸賃料債務を負う（①）。BC 間の賃料が 8 万円だった場合は、C は A に対しても 8 万円の転貸賃料債務を負う（②）。

　そして、転借人が賃貸人に対して義務を履行すれば、その限度で転借人は転貸人に対する義務を免れる。これは当然といえよう。

　なお、この 613 条 1 項前段は、転借人の義務を定めるだけであり、権利を定めるものではない。したがって、転借人は、賃貸人に対して賃貸借上の義務の履行（たとえば修繕義務の履行）を請求することはできない。短答式試験で間違えないように注意しよう。

ウ　賃料の前払の対抗不可

　賃貸人からの転貸賃料債務の直接履行請求に対し、転借人は、転貸人への賃料の前払をもって賃貸人に対抗することができない（613 条 1 項後段）。

　たとえば、賃貸人 A からの 8 月分の転貸賃料支払請求（その弁済期は特約により 7 月末日とされているものとする）に対し、転借人 C は、「8 月分の賃料は 7 月 1

日に転貸人Bに前払済みだ」ということを理由として、Aへの支払を拒むことはできない。

　他方で、転借人は、弁済期後の転貸人への賃料の支払をもって賃貸人に対抗することはできる。

　上記のCは、「8月分の賃料は7月31日にBに支払済みだ」ということを理由として、Aへの支払を拒むことができる。

6　賃借権の譲渡・転貸Ⅳ──賃貸借の終了と適法転貸借の帰すう　B⁺

　転貸借は、賃貸人・賃借人間の賃貸借（原賃貸借）とは別個の契約である。したがって、たとえば賃貸人が転借人を相続した場合であっても、転貸借が混同によって終了することはない（最判昭和35・6・23）。

　しかし、転貸借は賃貸借の上に成立しているため、賃貸借が終了すれば、転貸借はその適法性の基礎を失うことになる。

　以下、賃貸借の終了原因ごとに、賃貸借の終了後の転貸借の帰すうを説明しよう。

ア　賃貸借の期間満了の場合

　まず、賃貸借が期間満了によって終了した場合、賃貸人は期間満了による賃貸借の終了を転借人に対抗することができ、転借人は、賃貸人に対して転借権を対抗することができなくなる（大判昭和10・9・30）。

　ただし、信義則上、賃貸人が転借人に対して期間満了による賃貸借の終了を対抗することができない場合もありうる。その場合は、転借人は、目的物の使用・収益を継続することができる。

　判例も、賃貸借においてもともと転貸借および再転貸借が予定されており、かつ、賃貸人が、再転貸借を承諾したにとどまらず、再転貸借の締結に加功し、再転借人による目的物の占有の原因を作出したという事案において、賃貸人は信義則上賃貸借の期間満了による終了を再転借人に対抗することができないとしている（最判平成14・3・28）。

イ　賃貸借が債務不履行解除された場合

　次に、賃貸借が賃借人の債務不履行によって解除された場合も、賃貸人は解

除による賃貸借の終了を転借人に対抗することができ、転借人は、賃貸人に対して転借権を対抗することができなくなる（最判昭和36・12・21）。

（ア）転借人への催告の要否

　この点に関連して問題となるのが、賃借人の債務不履行を理由として賃貸人が賃貸借を催告解除する場合（541条）、賃借人に対する催告に加えて、転借人への催告も必要か否かである。

　学説では、転借人の保護の見地から、転借人に第三者弁済（474条1項）の機会を与える必要があるとして、転借人への催告も必要とする見解が有力である。

　しかし、転借人への催告も必要と解すると、何ら非のない賃貸人の解除権が不当に制限されることとなりかねない。転借人への催告は不要と解するのが妥当であろう。

　判例も、転借人への催告を不要としている（最判平成6・7・18）。

（イ）転貸借の終了時期

　また、賃貸借が債務不履行によって解除された場合に、転貸借がいつ終了するのかという問題もある。

　まず、賃貸借と転貸借は別個の契約であるから、賃貸借が解除されても、それだけで転貸借が終了することはないと解される。

　しかし、賃貸人が賃貸借を解除したうえで、転借人に対して目的物の返還を請求した場合は、その時点で転借物の全部が使用・収益できなくなったといえ、転貸借は終了することとなろう（616条の2）。

　判例も、賃貸人が転借人に対して目的物の返還を請求した時点で転貸借は終了するとしている（最判平成9・2・25）。

ウ　賃貸借が合意解除された場合　改正

　以上に対し、賃貸人と賃借人によって賃貸借が合意解除された場合、賃貸人は、転借人に対してかかる合意解除を対抗することはできないのが原則である（613条3項本文）。

　これは、正当に成立した転借人の権利を、他人である賃貸人と賃借人の合意によって奪うことは許されない、という趣旨である（398条参照）。

　ただし、合意解除の当時、賃貸人が賃借人の債務不履行による解除権を有し

ていた場合は、賃貸人は転借人に対して合意解除を対抗することができる（613
条3項ただし書）。

　この場合は、実質的には債務不履行による解除と同視することができるから
である。

　以上の内容は、短答式試験用にしっかりと覚えておこう。

7　第三者による賃借権侵害　**A**　改正　→論証8

　第三者が賃貸不動産の占有を妨害していたり、第三者が賃貸不動産を占有し
ている場合、賃借人はいかなる手段をとることができるのだろうか。

ア　賃貸人への請求

　まず、賃貸人に対して、賃貸不動産を使用・収益させるよう請求することが
できる（601条）。

　「不法占有者がいて使用・収益ができないからどうにかしてくれ」と請求す
る（使用・収益させる義務の履行を請求する）わけである。

イ　占有の訴え（占有訴権）

　次に、賃借人が賃貸不動産を占有している場合は、第三者に対して占有の訴
え（占有訴権）を行使することができる（198条以下）。

ウ　物権的請求権の代位行使

　また、不動産賃借権を被保全債権として、賃貸人の有する所有権にもとづく
妨害排除請求権・返還請求権を代位行使することができる（423条の転用）。

エ　対抗要件具備による妨害停止請求・返還請求

　さらに、不動産賃借権の対抗要件を備えている場合は、次の2つの請求が認
められる。

　①不動産の占有を妨害している第三者に対する妨害停止請求（605条の4第1
　　号）
　②不動産を占有している第三者に対する返還請求（605条の4第2号）

①の妨害停止請求は物権的妨害排除請求に、②の返還請求は物権的返還請求に、それぞれ相当する。

これらの請求が債権である不動産賃借権に認められているのは、物権と債権の最も根本的な差異は排他性の有無にあるところ、対抗要件を備えた不動産賃借権はその排他性を有するに至り、物権ときわめて類似するに至るからであると解される。

> ただし、対抗要件を備えた不動産賃借権も、債権であることに変わりはありません。そのため、物権的妨害予防請求権に対応する請求権までは認められていません。

8 他人物賃貸借の法律関係 　B+ →論証9

ア 効力

他人の所有物を目的とする賃貸借を、他人物賃貸借という。

かかる他人物賃貸借も、完全に有効である（559条・561条）。

したがって、他人物の賃貸人は賃借人に対して賃貸物を使用・収益させる義務を負い、賃借人は賃貸人に対して賃料支払義務を負う。

ただし、賃借人が有する他人物賃借権は、単なる債権であるから、賃借権の対抗要件を具備しているか否かを問わず、賃借人は、他人物賃借権を契約当事者ではない所有者に対抗することはできない。債権の原則どおり、他人物賃借権には対抗力がないわけである（➡債権総論3ページ ウ 参照）。

したがって、賃借人は、所有者からの所有権にもとづく返還請求を拒むことができない。

なお、所有者からの返還請求によって賃借物の使用・収益ができなくなったときは、賃借人は、賃貸人に対して損害賠償を請求することができる（415条1項）。また、賃借物の全部の使用・収益ができなくなったときは、賃貸借は当然に終了する（616条の2）。

イ 所有者・賃貸人間の不当利得

所有者は、他人物の賃貸人が賃借人から受け取った賃料の返還を、賃貸人に対して請求することができるか。

この問題は、賃貸人の主観に応じて、189条1項または190条の適用によっ

て決せられる。

　すなわち、賃貸人が自らに使用収益権限があると誤信していた場合は、賃貸人は善意の占有者として果実収取権を有する（189条1項）。したがって、所有者は、賃貸人が賃借人から受け取った賃料の返還を賃貸人に対して請求することはできない。

　これに対し、賃貸人がかかる誤信をしていなかった場合は、賃貸人は悪意の占有者にあたる。したがって、所有者は、賃貸人が賃借人から受け取った賃料の返還を賃貸人に対して請求することができる（190条）。

> では、悪意の賃貸人が受け取っていた賃料額が相場よりもだいぶ安かった場合はどうでしょうか。そのような場合には、190条の類推適用によって、賃借物の客観的利用価値（平均的賃料相当額）の返還を請求することができると解していいでしょう（有力説）。

ウ　所有者・賃借人間の不当利得

　また、所有者が賃借人に対して客観的利用価値（平均的賃料相当額）の返還を請求できるか否かも、賃借人の主観に応じて、189条1項または190条1項の類推適用によって決せられる。

　なお、賃借人が賃貸人に対して賃料を支払済みであっても、そのことは所有者との関係では考慮されず、所有者は悪意の賃借人に対して客観的利用価値の全額の返還を請求することができる（多数説）。賃料をすでに支払ったということにともなう最終的リスクは賃貸人と賃借人の間で処理されるべきであって、かかるリスクは所有者の負担とされるべきではないからである。

> 他人物賃貸借の賃借人が賃貸人にすでに賃料を支払っているからといって、そのために所有者が不利益を受けなければならないという理由はありません。そこで、多数説は、賃貸人への賃料の支払の有無を問わず、所有者から賃借人への返還請求を認めたうえで、支払い済みの賃料については、賃借人から賃貸人への不当利得返還請求ないし不法行為による損害賠償請求によって処理するべきだと考えていくのです。

10. 賃貸借Ⅲ——借地関係

　借地権とは、建物の所有を目的とする地上権または建物の所有を目的とする土地の賃借権をいう（借地借家法2条1号）。

　住居を建築して所有する目的で土地の賃貸借を締結した場合の土地の賃借権が、借地権の典型である。これに対し、駐車場として用いる目的で土地の賃貸借を締結した場合の土地の賃借権は、借地権にあたらない。

　借地権には、借地借家法の借地権に関する規定が適用される。かかる規定によって、借地権ないし借地権者は、きわめて手厚く保護されている。

　以下、借地借家法の借地権に関する規定の内容を、試験に必要な限度で説明する。

1　存続期間　B⁺

　借地権の最初の存続期間は30年である（借地借家法3条本文）。これより短い期間を定めたとしても、期間は30年とされる（その例外として借地借家法23条2項、25条）。

　また、更新後の借地権の存続期間は、最初の更新の場合は20年、2回目以降の更新の場合は10年である（借地借家法4条本文）。

　ただし、契約でこれらの期間よりも長い存続期間を定めたときは、その契約が優先される（借地借家法3条ただし書、4条ただし書）。最長存続期間についての制限はないわけである。

　なお、128ページの表も参照してほしい。

2　法定更新と正当事由　B⁺

ア　意義

　借地権の存続期間が満了した場合であっても、法定された要件をみたせば、従前の契約と同一の条件で契約を更新したものとみなされる（借地借家法5条）。これを、法定更新という。

　この法定更新の効果は、更新の推定（民法619条1項参照）ではなく、更新の

擬制である。したがって、借地権設定者からの反証は意味をなさない。

イ　法定更新の要件

次の2つの場合には、借地上に建物がある限り、原則として法定更新が生じる。

①借地権の存続期間が満了する場合において、借地権者が契約の更新を請求したとき（借地借家法5条1項本文）
②借地権の存続期間が満了した後、借地権者が土地の使用を継続するとき（借地借家法5条2項）

ウ　遅滞なき異議と正当事由

ただし、その例外として、借地権設定者が遅滞なく異議を述べたときは、法定更新は生じない（借地借家法5条1項ただし書、2項）。

もっとも、借地権設定者がこの異議を述べるには、「正当の事由」が必要である（借地借家法6条）。このことはしっかりと覚えておこう。

「正当の事由」の有無は、次の各要素を考慮して判断される（借地借家法6条）。

①借地権設定者および借地権者（転借地権者を含む）が土地の使用を必要とする事情
②借地に関する従前の経過（借地期間の長さ、借地権者の債務の履行状況、借地権設定者の態度、敷金の支払の有無や金額、更新料支払の有無など）
③土地の利用状況（借地上の建物の規模・構造・状況、借地の利用形態など）
④借地権設定者が土地の明渡しの条件として、または土地の明渡しと引換えに、借地権者に対して財産上の給付をする旨の申出をした場合におけるその申出（いわゆる立退料の申出）

なお、131ページの表も参照してほしい。

エ　強行規定

以上の法定更新に関する規定に反する特約で借地権者に不利なものは、無効である（借地借家法9条）。

3 定期借地権 B−

定期借地権とは、広義では、約定の期間が経過すれば必ず土地の返還がされる借地権をいう。つまり、更新がされない借地権を、定期借地権というわけである。

この定期借地権は、借地借家法の22条から24条に定められている。時間のあるときに条文を一読しておくとよいだろう。

4 建物買取請求権 A

ア 更新がされない場合の建物買取請求権

借地権の存続期間が満了し、かつ更新がされなかった場合は、借地権者は、借地権設定者に対し、建物その他借地権者が権原により土地に附属させた物を時価で買い取るべきことを請求することができる（借地借家法13条1項）。

この建物買取請求権は形成権であり、借地権者の一方的意思表示によって行使されれば、それだけで建物の売買契約が成立したのと同一の効果が生じる。

しかも、建物買取請求権を定めた借地借家法13条は強行規定であり、特約によってこれを排除することはできない（借地借家法16条）。

なお、建物買取請求権が行使された場合に、同時履行の抗弁権が認められる範囲については27ページ（エ）を、留置権にもとづき留置することができる物の範囲については物権法・担保物権法147ページイを、それぞれ参照してほしい。

イ 第三者の建物買取請求権

第三者が賃借権の目的である土地の上の建物その他借地権者が権原によって土地に附属させた物を取得した場合において、借地権設定者が賃借権の譲渡または転貸を承諾しないときは、その第三者にも、建物買取請求権が認められる（借地借家法14条。なお、114ページイ参照）。

更新がされない場合の建物買取請求権と同じく、この第三者の建物買取請求権も形成権である。特約によってこれを排除することができない点も同様である（借地借家法16条）。

5 一時使用目的の借地権　B

　一時使用のために借地権を設定したことが明らかな場合には、借地権の存続期間（➡ 123 ページ **1**）、法定更新（➡ 123 ページ **2**）、更新されない場合の建物買取請求権（➡ 125 ページ**ア**）などの規定は、適用されない（借地借家法 25 条）。

　たとえば、1 か月間だけ開催される万国博覧会用の仮設の建築物（いわゆるパビリオン）を設置するために設定された借地権が、一時使用目的の借地権の例である。

6 借地権の対抗力　A⁺

ア 借地上の建物の登記

　およそ不動産の賃借権は、賃貸借の登記をすれば対抗力を有するに至る（民法 605 条）。

　これに加えて、借地権は、土地の上に借地権者が登記されている建物を所有するときは、これをもって第三者に対抗することができる（借地借家法 10 条 1 項）。建物所有権登記の効力が、借地権にも及ぶイメージである。

イ 他人名義の登記の対抗力　➡論証 10

　この点に関して、借地上の建物の登記が、借地人自身の名義でなく他人の名義でなされている場合に、借地権に対抗力が生じるか否か——いいかえれば、他人名義の登記が借地借家法 10 条 1 項の「登記」といえるか否か——という問題がある。

　学説では、他人名義（特に同居の家族名義）の建物登記によっても借地権に対抗力が生じるとする見解が有力である。土地所有者以外の名義で登記された建物が土地上にあれば、第三者からみて借地権の存在は十分に公示されているといえるから、というのがその主たる理由である。

　しかし、他人名義の建物登記があっても、自己の建物所有権すら第三者に対抗できないのであるから、まして借地権も第三者に対抗できないと解するのが妥当である。判例も、他人名義の建物登記による借地権の対抗力を否定している（最大判昭和 41・4・27）。

　ただし、特に同居の家族名義で建物登記がなされている場合については、土

地の譲受人による明渡請求は、権利の濫用または信義則違反を理由として否定されることが多いであろう。

7 土地の賃借権の譲渡・転貸の許可 B+

すでに学んだとおり、賃借人は、賃貸人に無断で賃借権の譲渡や賃借物の転貸をすることができない（民法612条1項）。賃貸人に無断で賃借権を譲渡し、または無断で賃借物を転貸し、かつ、第三者に賃借物を使用・収益させた場合には、賃貸人は原則として契約を解除することができる（同2項）。

ただし、土地の賃借権が借地権である場合については、裁判所による借地権設定者の承諾に代わる許可の制度が導入されている（借地借家法19条）。

この許可があった場合は、借地権設定者（土地の賃貸人）の承諾がなくとも、借地権者（土地の賃借人）は適法に借地権の譲渡・転貸をすることができるわけである。

8 地代等増減額請求権 B

地上権における地代や土地の賃貸借における土地の借賃（以下、両者をあわせて「地代等」という）が、①土地に対する租税その他の公課の増減や、②土地の価格の上昇・低下その他の経済事情の変動によって、または③近傍類似の土地の地代等に比較して、不相当となったときは、当事者は、将来に向かって地代等の額の増減を請求することができる（借地借家法11条1項本文）。

ただし、一定の期間は地代等を増額しない旨の特約がある場合は、その特約が優先される（借地借家法11条1項ただし書）。かかる特約は、借地権者にとって有利だからである。

他方で、借地権者にとって不利な特約、すなわち一定の期間は地代等を減額しない旨の特約や、土地に対する租税の増額などの際に地代等を自動的に増額する旨の特約は、無効と解されている。

11. 賃貸借Ⅳ——借家関係

およそ建物の賃貸借には、原則として借地借家法の借家関係に関する規定が適用される。

建物の賃借権は、一般に借家権とよばれている。

以下、建物の賃貸借ないし借家権に関する借地借家法の規定の内容を、試験に必要な限度で説明する。

1 存続期間) B⁺

建物の賃貸借について、借地借家法は、①期間の定めのある場合と②期間の定めのない場合の2種類を想定している。

そして、①の期間の定めのある建物の賃貸借のうち、期間が1年未満のものについては、②の期間の定めのない建物の賃貸借とみなしている（借地借家法29条1項）。その方が、借家人の保護につながるからである（➡次ページ（イ）参照）。

また、建物の賃貸借については、賃貸借の期間の上限を50年とする民法604条は適用されない（借地借家法29条2項）。つまり、最長存続期間についての制限はないわけである。

賃貸借の存続期間を次の表にまとめておくので、短答式試験用にしっかりと確認しておこう。

	最短期間	最長期間
民法の原則	制限なし	50年（604Ⅰ）
借地権	30年（借3）	制限なし（借3）
借家権	1年未満は期間の定めのない賃貸借とみなす（借29Ⅰ）	制限なし（借29Ⅱ）

2 法定更新と正当事由) B⁺

借地権と同様に、建物の賃貸借においても、法定の要件をみたせば、従前の契約と同一の条件で契約を更新したものとみなす法定更新の制度が導入されている。

ア　法定更新の要件

　建物の賃貸借における法定更新の要件は、建物の賃貸借に期間の定めがあるか否かによって異なる。

（ア）期間の定めがある場合

　まず、建物の賃貸借に期間の定めがある場合において、次の2つのうちのいずれかにあたるときは、期間が満了したとしても、法定更新が生じる。

①当事者が、期間の満了の1年前から6か月前までの間に、相手方に対して更新をしない旨の通知または条件を変更しなければ更新をしない旨の通知をしなかったとき（借地借家法26条1項本文）

②かかる通知をしたが、建物の賃貸借期間が満了した後に建物の賃借人が使用を継続しており、かつ、建物の賃貸人が遅滞なく異議を述べなかったとき（借地借家法26条2項）

　しかも、賃貸人が①の更新をしない旨の通知をするには、「正当の事由」が必要である（借地借家法28条）。逆に、賃借人が①の通知をするには、「正当の事由」は不要である。これらはしっかりと覚えておこう。

　「正当の事由」の有無は、次の要素を考慮して判断される（借地借家法28条）。

ⓐ建物の賃貸人および賃借人（転借人を含む）が建物の使用を必要とする事情

ⓑ建物の賃貸借に関する従前の経過

ⓒ建物の利用状況および建物の現況

ⓓ建物の賃貸人が建物の明渡しの条件としてまたは建物の明渡しと引換えに建物の賃借人に対して財産上の給付をする旨の申出をした場合におけるその申出

（イ）期間の定めがない場合

　次に、建物の賃貸借に期間の定めがない場合についてである。

　この場合、賃貸人が賃貸借の解約の申入れをすれば、その解約の申入れの日から6か月を経過した時点で、建物の賃貸借は終了する（借地借家法27条1項）。

　ただし、賃貸人が賃貸借の解約を申し入れるためには、「正当の事由」が必要である（借地借家法28条）。しっかりと覚えておこう。

そして、かかる賃貸人からの解約の申入れがなされた場合であっても、解約の申入れの日から6か月を経過した後、建物の賃借人が使用を継続しており、かつ、建物の賃貸人が遅滞なく異議を述べなかったときは、法定更新が生じる（借地借家法27条2項・26条2項）。

> では、存続期間の定めがない建物の賃貸借において、逆に賃借人が解約の申入れをする場合はどうなるのでしょうか。
> 賃借人からの解約の申入れについては、借地借家法に規定がありません。したがって、民法の規定が適用されるにとどまります。
> すなわち、賃借人による解約の申入れの日から3か月を経過した時点で、建物の賃貸借は終了します（617条1項2号）。解約を申し入れるためには正当の事由は不要ですし（617条1項柱書前段参照）、法定更新の制度もありません。

イ　法定更新の効果

法定更新の要件をみたすと、従前の契約と同一の条件で契約を更新したものとみなされる（借地借家法26条1項本文後段、2項、27条2項）。

ただし、法定更新後の建物の賃貸借は、期間の定めがないものとされる（借地借家法26条1項ただし書、2項、27条2項）。

黙示の更新の推定も含めて、ポイントを次ページの表にまとめておくので、確認しておこう。

3　定期建物賃貸借（定期借家権）　B

およそ更新がない建物賃貸借として、定期建物賃貸借（定期借家権）がある。

定期建物賃貸借の要件は、①建物の賃貸借について一定の期間を定めること、②契約の更新がないとの特約をすること、③契約を公正証書などの書面ですること（以上、借地借家法38条1項）、④契約前に賃貸人が契約の更新がないことを記した書面を建物の賃借人に対して交付して説明すること（同2項）の4つである。

その他の内容については、時間のあるときに、借地借家法38条3項以下を一読しておけば足りる。

4　造作買取請求権　B+

建物の賃借人は、賃貸人の同意を得て建物に付加した畳、建具その他の造作

		要件	効果	正当の事由
民法		使用収益＋知りながら異議を述べない（民619 I）	黙示の更新の推定（ただし期間の定めなし）	——
借地権		更新を請求＋遅滞なく異議を述べない（借5 I）	法定更新	異議につき必要（借6）
		使用継続＋遅滞なく異議を述べない（借5 II）	法定更新	異議につき必要（借6）
借家権	期間の定めあり	満了の1年前〜6月前までに更新拒絶の通知なし（借26 I）	法定更新（ただし期間の定めなし）	賃貸人からの通知につき必要（借28）
		同通知をしたが使用継続＋遅滞なく異議を述べない（借26 II）	法定更新（ただし期間の定めなし）	賃貸人からの通知につき必要（借28）
	期間の定めなし	賃貸人からの解約申入れ＋6月経過（借27 I）	賃貸借終了	解約申入れにつき必要（借28）
		賃貸人からの解約申入れから6月経過したが、使用継続＋遅滞なく異議を述べない（借27 II）	法定更新（ただし期間の定めなし）	解約申入れにつき必要（借28）

について、建物の賃貸借が期間の満了または解約の申入れによって終了するときに、建物の賃貸人に対し、その造作を時価で買い取るべきことを請求することができる（借地借家法33条1項前段）。これを、造作買取請求権という。

たとえば、賃貸人の同意を得て設置したエアコンを、賃貸借が終了する際に、賃借人は賃貸人に買い取るよう請求することができるわけである。

その要件として、造作の付加について、賃貸人の同意を得ていたことが必要である点に注意しよう。同意なく付加した造作は、この造作買取請求権の対象外となる。

造作買取請求権は形成権であり、賃借人の一方的意思表示によって行使されれば、それだけで造作の売買契約が成立したのと同一の効果が生じる。

なお、造作買取請求権を定めた借地借家法33条は、任意規定であり、特約によってこれを排除することができる（借地借家法37条参照）。建物買取請求権との違いに注意しよう。

造作買取請求権が行使された場合に、同時履行の抗弁権が認められる範囲については27ページ（オ）を、留置権にもとづき留置することができる物の範

囲については物権法・担保物権法149ページ**ウ**を、それぞれ参照してほしい。

5 建物賃借権の対抗力) **A+**

建物の賃貸借は、その登記（民法605条）がなくても、建物の引渡しがあったときは、その後その建物について物権を取得した者に対し、その効力を生ずる（借地借家法31条）。

建物の引渡しさえ受けていれば、建物の賃借人は賃借権を第三者にも対抗することができるわけである。これはしっかりと覚えておこう。

6 借賃増減額請求権) **B**

建物の借賃（賃料）が、①土地や建物に対する租税その他の公課の増減や、②土地や建物の価格の上昇・低下その他の経済事情の変動によって、または③近傍同種の建物の借賃に比較して、不相当となったときは、当事者は、将来に向かって建物の借賃の額の増減を請求することができる（借地借家法32条1項本文）。

ただし、一定の期間は建物の借賃を増額しない旨の特約がある場合は、その特約が優先される（借地借家法32条1項ただし書）。かかる特約は、賃借人にとって有利だからである。

他方で、賃借人にとって不利な特約、すなわち一定の期間は建物の借賃を減額しない旨の特約や、土地や建物に対する租税の増額などの際に建物の借賃を自動的に増額する旨の特約は、無効と解されている（最判昭和31・5・15、最判昭和56・4・20、最判平成15・10・21）。

7 建物賃借人の死亡と相続人でない同居人の保護) **B** 論証11

ある建物に賃借人と同居人が居住していたところ、賃借人が死亡したとする。

この場合、賃借人が有した賃借権は、その相続人に相続される。したがって、残された同居人が賃借人の相続人である場合は、同居人は、相続した賃借権にもとづき当該建物に居住し続けることができる。

問題となるのは、残された同居人が、賃借人の内縁配偶者や事実上の養子などのような相続権を有しない者だった場合である。かかる相続権を有しない同

居人は、賃貸人や相続人からの明渡請求に応じなければならないのだろうか。

ア　賃貸人からの明渡請求への対処

　まず、賃貸人からの明渡請求があった場合、相続権を有しない同居人は、相続人が相続した賃借権を援用して明渡しを拒むことができる（事実上の養子につき最判昭和37・12・25、内縁の妻につき最判昭和42・2・21、内縁の夫につき最判昭和42・4・28）。

イ　相続人からの明渡請求への対処

　では、相続人からの明渡請求があった場合はどうか。

　この場合は、相続人が相続した賃借権を援用する、という法律構成をとることはできない。

　そこで、かかる明渡請求は権利の濫用（民法1条3項）にあたると解し、同居人を保護するのが妥当である（内縁の妻につき最判昭和39・10・13）。

ウ　相続人が存在しない場合──借家権の承継

　以上に加えて、借地借家法では、相続人が存在しない場合の借家権の承継という制度が定められている。

　すなわち、居住の用に供する建物の賃借人が相続人なしに死亡した場合において、建物の賃借人と事実上の夫婦または養親子と同様の関係にあった同居者は、相続人なしに死亡したことを知った後1か月以内に建物の賃貸人に反対の意思を表示したときを除き、建物の賃借人の権利義務を承継する（借地借家法36条1項）。

8　一時使用目的の建物の賃貸借への適用除外　Ｂ

　以上で述べた建物の賃貸借に関する借地借家法の各規定は、一時使用のために建物の賃貸借をしたことが明らかな場合には、適用されない（借地借家法40条）。

　一時使用目的の借地権は、借地権に関する規定が一部だけ適用除外となるのに対し（➡126ページ **5**）、一時使用目的の建物賃貸借については、建物の賃貸借に関する全部の規定が適用除外となる点に注意しよう。

以上で、長々と説明してきた賃貸借もようやく終わりなのですが、最後に、**不動産賃借権の物権化傾向**という点について説明しておきます。

　不動産賃借権は、あくまでも債権です。しかし、対抗要件（605条、借地借家法10条1項、同法31条1項）を備えれば、第三者に対する対抗力が生じ、排他性が生じます。最も根本的な点で、物権と同様となるのです。

　そのため、対抗要件を備えた不動産賃借権には、物権的返還請求権や物権的妨害排除請求権と同様の請求権が認められています（605条の4）。

　また、土地の賃借権が借地権である場合は、借地権の譲渡や借地の転貸について、借地権設定者の承諾に代わる裁判所の許可の制度が導入されています（借地借家法19条）。この制度によって、土地の賃借権は、譲渡が自由な地上権に近づいているといえます。

　以上のように、不動産賃借権――とりわけ借地権――は、物権化傾向にあるといえるのです。

12. 雇用

1 意義 B

　雇用とは、当事者の一方（労働者）が相手方（使用者）に対して労働に従事することを約束し、相手方がこれに対してその報酬を与えることを約束することによって成立する契約をいう（623条）。

　雇用契約は、諾成・双務・有償契約である。

　雇用は賃貸借と同様に継続的契約である。そのため、雇用の解除の効力は将来に向かってのみ生じる（630条・620条）。

2 請負・委任との違い B⁺

　雇用は、請負・委任・寄託とともに、労務提供型の契約である。ここでは、雇用と請負・委任との違いを説明しておく。

　まず、雇用における労働者は、使用者に従属する地位にある。つまり、いわれたことをいわれたままにやる、というのが雇用における労働者の地位なのである。これに対し、委任における受任者や、請負における請負人は、ある程度独立した地位が認められる。

また、雇用における労働者は、委任における受任者と同様に、労務の提供を
その債務の目的（内容）としている。全力を尽くせば、使用者や委任者が望ん
でいた結果が出なくても、債務の履行は完了する。これに対し、請負における
請負人は、仕事の完成をその債務の目的としている。

	労務提供者の地位	債務の目的（内容）
雇用	従属	労務の提供（全力を尽くせばOK）
委任	ある程度独立	
請負		仕事の完成（結果がすべて）

3　雇用の規律) B

　雇用については、労働者の保護のため、労働契約法などの特別法が定められ
ている。その内容は、労働法という科目で学ぶ。
　そのため、民法における雇用の規定の重要性は低い。本書での説明は省略す
る。

13. 請負

1　意義) B⁺

　請負とは、当事者の一方（請負人）がある仕事を完成することを約束し、相
手方（注文者）がその仕事の結果に対してその報酬を支払うことを約束するこ
とによって成立する契約をいう（632条）。
　たとえば、大工が建物を建築する旨の契約が、請負の典型である。また、ク
リーニング屋がクリーニングする旨の契約や、学者が講演する旨の契約、美容
師が理髪する旨の契約なども、請負にあたる。
　請負は、諾成・双務・有償契約である。
　雇用や委任などと同じく、請負も労務提供型の契約であるが、労務の提供自
体を目的とするのではなく、その先にある仕事の完成そのものを目的とする点

が、請負の最大の特徴である。

2 製作物供給契約) B

請負と類似する契約として、製作物供給契約がある。

製作物供給契約とは、当事者の一方が相手方の注文に応じて、もっぱらあるいは主として自己の所有に属する材料を用いて物を製作し、その物を供給することを約束し、相手方がこれに対して報酬を支払うことを約束する契約をいう。

たとえば、テーラーにオーダーメイドのスーツを注文する契約は、通常は、テーラーが所有している生地などを用いてスーツを製作し、完成したスーツを注文者に供給し、注文者が代金を支払うことを約束する契約であるから、製作物供給契約にあたる。

この製作物供給契約は、請負と売買の混合契約である（通説）。したがって、物の製作の点では請負の規定が適用され、物の供給の点では売買の規定が適用される。

> 製作物供給契約では、物の製作に用いる材料が、もっぱらあるいは主として製作者の所有に属しているため、物の製作を請け負うという面に加えて、完成した物の売買という面をも有しています。そのため、請負と売買の混合契約とされているのです。
> したがって、たとえば注文者が自らテーラーに生地を持ち込んでスーツの製作を注文する場合は、売買という面がないため、製作物供給契約ではなく、純粋な請負にあたります。
> ちなみに、大工さんが建物を建築するという契約は、例外なく請負にあたるといわれています。しかし、建物の建築は、通常は大工さんが所有する材料を用いて行われます。したがって、請負ではなく、製作物供給契約なのではないか、と疑問に思うかもしれません。
> 私自身も受験生時代にずっと疑問に思っていたのですが、この点については、建物の建築の主たる材料は、木や鉄筋などのいわゆる建材ではなく、土地であると考えることによって解決できます。土地という主たる材料は、大工さんの所有物ではありませんから、たとえ建材を大工さんが提供している場合であっても、建物の建築はなお製作物供給契約ではなく請負と考えることが可能となるのです（少々苦しい理屈ではありますが）。

3 請負人の義務) B⁺

請負人は、仕事を完成する義務を負う（632条）。

完成するべき「仕事」の具体的な内容は、請負の目的たる仕事の内容によって異なる。

たとえば、講演の請負であれば、定められた日時・場所で講演を最後まで行うことが「仕事」の内容である。

これに対し、請負の目的たる仕事が有形的なものである場合は、完成した物を注文者に引き渡すことが「仕事」の内容となる。

　たとえば、建物の建築の請負では、①建物を完成させたうえで、②その完成した建物を注文者に引き渡すことまでが、「仕事」の内容である。したがって、たとえ建物を完成させたとしても、その建物を注文者に引き渡していないのならば、「仕事」を完成したとはいえない。このことはしっかりと覚えておこう。

> 　建物の建築の請負において、仕事の完成と建物の完成を混同してはいけません。建物の完成というのは、仕事の完成の1要件であり、それだけでは仕事の完成は認められません。仕事の完成と建物の完成の違いは、報酬の支払の時期（➡下記ア）や注文者の任意解除権（➡139ページ5）にも関連する重要なポイントです。しっかりと区別して、押さえておきましょう。

　請負人は、仕事を完成する義務を負うが、自ら労務を提供する義務は負わない。したがって、講演などのように請負人の個性が問題となる場合を除き、原則として自由に履行補助者や下請負人を使用することができる。

　たとえば、注文者Aから建物の建築を請け負った請負人Bが、Cとの間でかかる建物の建築をCが請け負う旨の契約を締結することがある。この場合のAB間の契約を元請負契約、BC間の契約を下請負契約といい、Bを元請負人、Cを下請負人という。これらの用語は覚えておこう。

　請負人Bは、AB間の特約で禁止されていない限り、このような下請負契約も自由に行うことができるわけである。

4　注文者の義務　　B⁺

　注文者は、請負人の仕事の結果に対して報酬を支払う義務を負う（632条）。この報酬は、報酬代金ともよばれる。

ア　報酬の支払時期

　報酬の支払時期は、請負人の仕事の内容によって異なる。

　講演の請負などのように、請負人による物の引渡しが「仕事」の内容になっ

ていない場合は、仕事の完成が先履行義務であり、報酬の支払は後履行義務である（633条ただし書・624条1項）。

これに対し、物の引渡しが「仕事」の内容になっている場合は、物の引渡しと報酬の支払は同時履行となる（633条本文）。

たとえば、建物の建築の請負の場合、建物の完成は先履行義務であるが、その後の建物の引渡しと報酬の支払は同時履行となる。これはしっかりと覚えておこう。

イ　割合的報酬請求権　改正

次のいずれかの場合において、請負人がすでにした仕事の結果のうち可分な部分の給付によって注文者が利益を受けるときは、その部分については仕事の完成があったものとみなされる（634条柱書前段）。

①注文者の責めに帰することができない事由によって仕事を完成することができなくなったとき（1号）
②請負が仕事の完成前に解除されたとき（2号）

この場合、請負人は、注文者が受ける利益の割合に応じて報酬を請求することができる（634条柱書後段）。

なお、①と異なり、注文者の責めに帰すべき事由によって仕事の完成が不能となった場合は、536条2項の法意に照らし、請負人は注文者に対して報酬の全額を請求することができると解されている。

> 最後の点について、なぜ「法意に照らし」なのか、536条2項の直接適用でいいのではなのか、と疑問に思うかもしれません。
> 「法意に照らし」としている理由は、536条2項は双務契約上の対立する債務が発生していることを前提として、そのうちの一方を履行することができなくなった場合に他方の履行を拒絶することができるかどうかという問題であるところ（➡29ページ1）、請負契約においては仕事が完成しない限り請負人の報酬請求権は発生しないと解されているため、仕事の完成が不能となった場合は536条2項を直接適用すべき場面とはいえないからです。ただし、非常に細かい点であり、かつ結論に違いもありませんので、直接適用と書いてしまっても合否への影響は全くないでしょう。

5 仕事完成前の注文者の任意解除権　B

ア　意義

　請負人が仕事を完成しない間は、注文者は、いつでも損害を賠償して契約の解除をすることができる（641条）。

　これは、注文者がすでに必要としなくなった仕事を強いて完成させることは、注文者にとっても社会的にも無意味であることから、請負人に損失を被らせないことを条件として、注文者による任意の解除を認めたものである。

イ　目的物完成後・引渡前の任意解除の可否

　この注文者の任意解除権は、請負人が仕事を完成した後は認められない。

　この点に関して問題となるのが、建物の建築などのように請負人が目的物を製作したうえで注文者に目的物を引き渡すタイプの請負において、目的物は完成したものの引渡しが未了の場合、注文者に任意解除権（641条）が認められるか否かである。

　目的物の引渡しは、請負の目的からみれば従たる債務であり、そのために要する費用も僅少であるから、解除を認めても注文者にとっての利益はほとんどない。

　そこで、引渡しが未了であっても641条との関係では仕事が完成したものとみて、任意解除権を否定するのが通説である。

6 目的物の所有権の帰属　B⁺　➡論証12

　建物の建築などのように、請負人が目的物を製作したうえで注文者に目的物を引き渡すタイプの請負においては、請負人が製作した目的物の所有権が誰に帰属するか、という問題も生じる。

ア　特約がない場合

　この問題については、当事者間に特約があればそれによるが（➡下記イ）、特約がない場合は、誰が材料を供給したかによって、次のように区別していくことになる。

①注文者が材料の全部または主要部分を提供した場合は、目的物の所有権は注文者が原始取得する（大判昭和7・5・9）。

②請負人が材料の全部または主要部分を提供した場合は、目的物の所有権は請負人がいったん原始取得し、引渡しによって注文者が承継取得する（大判明治37・6・22、大判大正3・12・26）。

ただし、注文者が報酬の全額または大半を支払っていた場合は、完成と同時に注文者が目的物の所有権を原始取得するとの合意（特約）があったものと認めるべきである（大判昭和18・7・20、最判昭和44・9・12）。

> ①や②で「材料」といっているのは、136ページのコラムにおける「材料」とは異なり、ごく普通の意味での材料のことです。たとえば、建物の建築の場合であれば、建材のことをいっています。土地のことではありませんので、混乱しないように注意してください。

なお、②の場合に、請負人が目的物の所有権を原始取得すると解されているのは、それによって請負人の報酬請求権の回収可能性を上げるためである。

しかし、そもそも建物の建築の請負人には敷地の利用権がない。そのため、建物の所有権を有していても、敷地の無権原占有を理由として建物の収去を求められてしまう運命にあることから、実は請負人に建物の所有権を認めても意味はない。

また、仮に注文者が目的物の所有権を原始取得すると解したとしても、請負人は同時履行の抗弁権（533条）や留置権（295条）あるいは不動産工事の先取特権（327条・338条）などによって報酬請求権の回収可能性を上げることができるため、特に不都合はない。

そこで、学説では、②の場合も注文者が原始取得するとする見解が有力である。

イ　特約がある場合

特約がある場合は、その特約によって所有権の帰属が決まる。

では、注文者と元請負人の間で、建物の所有権が注文者に帰属する旨の特約がある場合、その特約は、自ら材料を提供した下請負人との関係でも有効なのだろうか。

下請負人は、注文者との関係では、元請負人の履行補助者的立場にある。そ

こで、注文者と下請負人との間に格別の合意があるなど特段の事情のない限り、かかる特約は下請負人との関係でも有効と解するのが妥当であろう。

判例も、注文者と元請負人との間で、請負が中途で解除された際の出来形部分の所有権は注文者に帰属する旨の特約がある場合には、元請負人から一括して当該工事を請け負った下請負人が自ら材料を提供して出来形部分を築造したとしても、注文者と下請負人との間に格別の合意があるなど特段の事情がない限り、右契約が中途で解除された際の出来形部分の所有権は注文者に帰属するものとしている（最判平成5・10・19）。

7　請負人の担保責任　B　改正

請負は有償契約である。

したがって、引き渡された仕事の目的物が種類・品質に関して契約の内容に適合しない場合（引渡しを要しない場合については、仕事が終了した時に仕事の目的物が種類・品質に関して契約の内容に適用しない場合）は、売買における引き渡された目的物の契約不適合に関する規定が準用される（559条）。

ただし、次の3つの点に注意を要する。

ア　追完請求権の不能

第1に、注文者の追完請求権（559条・562条）について、①契約不適合が重要でなく、かつ②追完に過分の費用を要する場合は、追完は不能と解し、412条の2第1項によって追完請求権を否定するのが妥当である（平成29年改正前民法634条1項ただし書参照）。

イ　注文者の提供した材料や注文者の指図による契約不適合

第2に、仕事の目的物の種類・品質に関する契約不適合が、注文者によって提供された材料の性質または注文者の指図によって生じた場合は、注文者は、請負人の担保責任を追及することができない（636条本文）。

たとえば、注文者から与えられた設計書に誤りがあったため、請負人の製作した目的物に欠陥が生じた場合がその例である。

ただし、請負人がその材料または指図が不適当であることを知りながら告げなかった場合は、注文者は、なお請負人の担保責任を追及することができる

（636 条ただし書）。

　以上の内容は、短答式試験用に覚えておこう。

ウ　期間制限

　第 3 に、注文者が目的物の種類・品質に関する契約不適合を知った時から 1 年以内にその旨を請負人に通知しないときは、注文者は、その契約不適合を理由として、請負人の担保責任を追及することができなくなる（637 条 1 項。通知の懈怠による失権）。

　ただし、請負人が仕事の目的物を注文者に引き渡した時（引渡しを要しない場合にあっては、仕事が終了した時）において、請負人が目的物の種類・品質に関する契約不適合について悪意・重過失だった場合は、かかる通知の懈怠による失権は生じない（637 条 2 項）。

　以上の 637 条の内容は、売買における失権（566 条）と同じ内容であるが、請負では引渡しを要しない場合があることから、別途規定されたものである。

8　目的物の滅失・損傷 ）B- 改正

　仕事の目的物が滅失・損傷した場合の法律関係は、いかなるものとなるのだろうか。

ア　目的物の引渡前の滅失・損傷

　まず、請負の目的物が注文者への引渡前に滅失・損傷した場合の法律関係についてである。

　文献上はっきりとしない箇所もあるが、私見を含めて簡単に検討しておこう。

（ア）仕事の完成が可能な場合　➡論証 13

　請負の目的物が注文者への引渡前に滅失・損傷した場合であっても、仕事の完成が可能である限り、請負人は仕事完成義務を負い、注文者は請負人に対して仕事の完成を請求することができる（632 条）。

　仕事の完成のために生じた追加費用を誰が負担するかについては、次のように場合を分けて考えることになる。

① 請負人の責めに帰すべき事由による場合

　請負人が追加費用を負担する（仕事完成義務の一内容・632 条）。

さらに、請負人は、完成が遅延したことによる損害の賠償責任を負う（415条）。

② 注文者の責めに帰すべき事由による場合

請負人に生じた損害の賠償というかたちで、注文者が追加費用を負担する（請負人の仕事を妨げない義務の債務不履行・415条）。

③ 当事者双方の責めに帰することのできない事由による場合

特約があればそれによるが、特約がない場合は、請負人が追加費用を負担する（仕事完成義務の一内容・632条）。

（イ）仕事の完成が不能な場合

以上に対し、仕事の完成が不能であれば、注文者は仕事の完成を請求することができない（412条の2第1項）。

請負人の報酬請求、注文者の損害賠償請求や契約の解除の可否については、次のとおりである。

① 請負人の責めに帰すべき事由による場合

仕事の完成前であるから、報酬債権は発生していない。したがって、請負人は、報酬を請求することができない（632条［私見］）。ただし、割合的報酬請求権は認められうる（634条1号［私見］）。

注文者は、損害の賠償を請求することができ（415条）、さらに契約を解除することができる（542条1項1号、3号）。

② 注文者の責めに帰すべき事由による場合

請負人は、報酬を請求することができる（536条2項前段の法意［私見］）。ただし、請負人は、債務を免れたことで得られた利益（たとえば工事の中止によって免れることができた費用）を償還しなければならない（536条2項後段の法意［私見］）。

なお、536条2項が直接適用されないと解している点については、138ページのコラムを参照してほしい。

注文者は、損害の賠償を請求することはできず（415条1項ただし書）、契約を解除することもできない（543条）。

③ 当事者双方の責めに帰することができない事由による場合

請負人は、報酬を請求することができない（632条および536条1項の法意［私見］）。ただし、割合的報酬請求権は認められうる（634条1号［私見］）。

注文者は、損害の賠償は請求できないが（415条1項ただし書）、契約を解除す

ることはできる（542条1項1号、3号）。

イ　目的物の引渡後または注文者の受領遅滞後の滅失・損傷と危険の移転

　引渡後の滅失・損傷については、危険の移転を定めた559条・567条1項が適用される。

　すなわち、目的物が注文者に引き渡された後に、目的物が当事者双方の責めに帰することができない事由によって滅失・損傷した場合は、注文者は請負人の担保責任を追及することができず、また、請負人への報酬の支払を拒むことができない（559条・567条1項）。

　では、注文者の受領遅滞があった場合——すなわち請負人が契約の内容に適合した仕事の目的物を引き渡すべく注文者に提供したところ、注文者が受領を拒絶し、または受領することができなかった場合——において、その履行の提供があった時以降に目的物が当事者双方の責めに帰することができない事由によって滅失・損傷したときはどうか。

　この場合は、未だ引渡しがないため、567条1項は適用されない。しかし、公平の観点から、この場合も、注文者は請負人の担保責任を追及することができず、また、請負人への報酬の支払を拒むことができないものとされている（559条・567条2項）。

14. 委任

1　意義　B⁺

ア　委任の意義

　委任とは、当事者の一方が法律行為をすることを相手方に委託し、相手方がこれを承諾することによって成立する契約をいう（643条）。

　法律行為をすることを委託する人を委任者といい、これを承諾する人を受任者という。これはしっかりと覚えておこう。

たとえば、代理人に土地の売却を依頼する場合や、弁護士に事件処理を依頼する場合が、委任の例である。株式会社と取締役・監査役などの役員との関係も、委任である（会社法330条）。

イ　準委任の意義

以上に対し、法律行為でない事務の委託を、準委任という。

たとえば、医師と患者の間で締結される医療契約は、医療行為という法律行為でない事務を委託する契約であるから、準委任にあたる。

ただし、この準委任にも、委任の規定が準用される（656条）。したがって、委任と準委任を区別する実益はない。

ウ　性質

委任は、諾成契約である。

また、報酬の支払の約束はその要件とされていない（643条参照）。したがって、委任は、原則として片務・無償契約である。

ただし、委任者が受任者に報酬を支払う旨の特約は、もちろん有効である。かかる特約がある場合は、委任は双務・有償契約となる。

以上の内容は、しっかりと覚えておこう。

2　受任者の義務　B⁺

ア　善管注意義務

受任者は、委任の本旨に従い、善良な管理者の注意をもって委任事務を処理する義務——すなわち善管注意義務——を負う（644条）。

この善管注意義務は、委任の有償・無償を問わない。

委任者が特別な信頼にもとづき受任者に事務の処理を依頼し、受任者がこれを承諾した以上、受任者は有償・無償を問わず善良な管理者の注意を尽くすべきだから、というのがその趣旨である。しっかりと理解したうえで、結論を覚えておこう。

イ　自己執行義務と復受任者　改正

委任は、委任者と受任者の特別の信頼関係を基礎とする契約であるから、受

任者は、原則として自ら事務を処理する義務を負う。

　ただし、①委任者の許諾を得たとき、または②やむをえない事由があるときは、受任者は復受任者を選任することができる（644条の2第1項）。

　また、受任者が委任者から代理権を付与されている場合において、受任者が代理権を有する復受任者（復代理人）を選任したときは、復受任者は、委任者に対して、その権限の範囲内において、受任者と同一の権利を有し、義務を負う（644条の2第2項）。これは、復代理に関する106条2項と同趣旨の規定である（➡総則［第2版］211ページ**3**）。

ウ　報告義務

　受任者は、委任者の請求があるときは、いつでも委任事務の処理の状況を報告し、委任が終了した後は、遅滞なくその経過および結果を報告しなければならない（645条）。

> 弁護士業務との関係でも、この委任者への報告義務は重要です。今からしっかりと覚えておきましょう。

エ　受領物等の引渡義務・取得した権利の移転義務

　受任者は、委任事務を処理するにあたって受け取った金銭その他の物がある場合は、その物を委任者に引き渡さなければならない。収取した果実がある場合も同様である（646条1項）。

　たとえば、債権者から債権の回収を受任した弁護士が、債務者から弁済として金銭を受け取った場合は、その金銭を委任者に引き渡さなければならないわけである。

　同様に、受任者は、委任者のために自己の名で取得した権利がある場合は、その権利を委任者に移転しなければならない（646条2項）。

オ　金銭を消費した場合の責任

　受任者は、委任者に引き渡すべき金額または委任者の利益のために用いるべき金額を自己のために消費したときは、その消費した日以後の利息を支払わなければならない（647条前段）。

この場合において、なお損害があるときは、その賠償をしなければならない（647条後段）。

これらの責任は当然といえよう。

3　委任者の義務　B

ア　報酬支払義務

報酬を支払う旨の特約がある場合には、委任者は、受任者に対して報酬を支払う義務を負う（648条1項）。

（ア）報酬後払の原則

この報酬の支払時期については、支払時期についての特約があればそれによるが、支払時期についての特約がなければ、原則として委任事務の処理が先履行義務であり、報酬の支払が後履行義務である（648条2項本文）。この後払の原則は覚えておこう。

（イ）割合的報酬請求権　改正

受任者は、次に掲げる場合には、すでにした履行の割合に応じて報酬を請求することができる（648条3項）。

①委任者の責めに帰することができない事由によって委任事務の履行が不能
となったとき（1号）
②委任が履行の中途で終了（➡ 149ページ **4**）したとき（2号）

なお、①と異なり、委任者の責めに帰すべき事由によって委任事務の履行が不能となったときは、受任者は、報酬の全額を請求することができる（536条2項）。

（ウ）成果完成型の委任の場合　改正

委任の中には、委任事務の履行によって得られる成果に対して報酬を支払うというタイプの委任（成果完成型の委任）もある。すなわち、成果が得られなければ、たとえ委任事務を履行したとしても報酬を支払わない旨の合意がなされることがあるわけである。

このような成果完成型の委任は、請負に類似する。そのため、その報酬請求権については、次のように特則が定められている。

a 成果の引渡しと報酬の支払の同時履行

まず、委任事務の履行により得られる成果が引渡しを要するときは、成果の引渡しと報酬の支払は同時履行となる（648条の2第1項）。

これは、請負における633条本文と同内容の規定である。

b 割合的報酬請求権

また、割合的報酬請求権については、請負の割合的報酬請求権の規定が準用されている。

すなわち、次の①と②のいずれかの場合において、受任者がすでにした委任事務の結果が可分であり、その部分によって委任者が利益を受けるときは、その部分については成果があったものとみなされ、受任者は、委任者が受ける利益の割合に応じて報酬を請求することができる（648条の2第2項・634条）。

①成果が得られる前に委任者の責めに帰することができない事由によって委任事務の履行をして成果を得ることが不能となったとき（1号）
②成果が得られる前に委任が解除されたとき（2号）

なお、委任者の責めに帰すべき事由によって委任事務の履行が不能となったときは、受任者は、報酬の全額を請求することができる（536条2項）。

【委任事務の履行が不能となった場合の報酬請求の可否】

	委任者の責めに帰すべき事由による	委任者の責めに帰することのできない事由による
通常の委任	全額請求可（536Ⅱ）	割合報酬の請求可（648Ⅲ）
成果完成型の委任	全額請求可（536Ⅱ）	結果が可分で、委任者が利益を受けるときは、割合報酬の請求可（648の2Ⅱ・634）

イ 費用の前払義務

委任事務を処理するについて費用を要するときは、委任者は、受任者の請求により、委任事務を処理するについて要する費用を前払しなければならない（649条）。受任者は費用前払請求権を有するわけである。

委託を受けた保証人が主たる債務者に対して有する事前求償権（460条）の法的性質は、この受任者の費用前払請求権である（➡債権総論180ページイ）。

ウ 費用等の償還義務

受任者は、委任事務を処理するのに必要と認められる費用を支出したときは、委任者に対し、その費用および支出の日以後におけるその利息の償還を請求することができる（650条1項）。

かかる請求によって、委任者は受任者の支出した費用等を償還する義務を負うわけである。

エ 代弁済義務・担保提供義務

受任者は、委任事務を処理するのに必要と認められる債務を負担したときは、委任者に対し、自己に代わってその弁済をすることを請求することができる（650条2項前段）。委任者は受任者が負担した債務の代弁済義務を負うわけである。

受任者の負担した債務が弁済期にないときは、受任者は、委任者に対し、相当の担保を提供させることができる（650条2項後段）。

オ 損害賠償義務

受任者は、委任事務を処理するため自己に過失なく損害を受けたときは、委任者に対し、その賠償を請求することができる（650条3項）。委任者は、受任者に対して損害賠償義務を負うわけである。

この委任者の損害賠償義務は、無過失責任である。すなわち、たとえ損害の発生が委任者の責めに帰することのできない事由による場合であっても、損害の発生について受任者に過失がない限り、委任者は損害賠償義務を負うわけである（415条1項ただし書対照）。この点はしっかりと覚えておこう。

4 委任の終了 B

委任は、事務の終了や、委任期間の終期の到来、債務不履行による解除などによって終了するが、それらに加えて委任特有の終了原因もある。以下、委任特有の終了原因を中心に説明する。

ア 任意解除 改正

委任は、各当事者がいつでもその解除をすることができる（651条1項）。各

当事者は、委任の任意解除権を有しているわけである。

　委任は信頼関係を基礎とする契約である以上、嫌になった者を無理につなぎとめておくべきではないから、というのが任意解除権の趣旨である。

　ただし、任意解除権を行使した当事者は、次の①または②の場合は、やむを得ない事由があったときを除き、相手方の損害を賠償しなければならない（651条2項）。

①相手方に不利な時期に解除した場合（1号）
②委任者が受任者の利益（専ら報酬を得ることによるものを除く）をも目的とする委任を解除した場合（2号）

　①の例としては、受任者が委任事務をやりかけた時に委任者が委任を解除した場合や、委任者が他人に事務処理をさせることが困難な状態にある時に受任者が委任を解除した場合などがある。

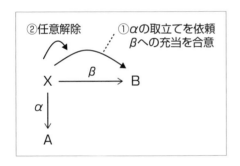

　②の例としては、XがAに対してα債権を、Bに対してβ債権を有しているところ、XがBにα債権の取立てを委任し、その取り立てた債権額の全部または一部をβ債権の弁済に充当する旨合意していたところ、委任者であるXが委任を任意解除した場合がある。この場合のBは、委任事務を遂行することにより、自己が負担するβ債務から全部または一部解放されるという利益を受けるはずだったことから、②の場合にあたる。

　これに対し、たとえば税理士との顧問契約を依頼者が任意解除した場合は、②の場合にあたらない。かかる顧問契約によって税理士が得る利益は、「専ら報酬［顧問料］を得ることによるもの」だからである。したがって、かかる顧問契約を任意解除した依頼者は、651条2項2号にもとづいて損害賠償義務を負うことはない（最判昭和58・9・20参照）。

　なお、委任が任意解除された場合、解除の効果は遡及しない（652条・620条）。債務不履行による解除の場合も同様である。

イ　その他の終了原因

委任は、次の事由によっても終了する（653条）。

①委任者または受任者の死亡（1号）
②委任者または受任者が破産手続開始の決定を受けたこと（2号）
③受任者が後見開始の審判を受けたこと（3号）

ウ　委任の終了の対抗要件

委任の終了事由は、これを相手方に通知したとき、または相手方がこれを知っていたときでなければ、これをもってその相手方に対抗することができない（655条）。

15. 寄託

1　意義　B　改正

寄託とは、当事者の一方がある物を保管することを相手方に委託し、相手方がこれを承諾することによって成立する契約をいう（657条）。

物を預ける人を寄託者といい、預かる人を受寄者という。これはしっかりと覚えておこう。

たとえば、ホテルのクロークに物を預ける場合が、寄託の例である。

寄託は、物を保管する（預かる）という労務を受寄者が寄託者に提供するという労務提供型の契約である。したがって、もっぱら保管するための場所を提供するだけであって、労務は提供しない場合——たとえば貸し金庫やトランクルームの提供など——は、寄託ではなく、場所の賃貸借にあたる。

寄託は、原則として無報酬であり、諾成・片務・無償契約であるが、報酬を支払う旨の特約がある場合は、諾成・双務・有償契約となる。

2 受寄者の義務) Ｂ

ア 使用の禁止と再寄託の禁止 改正

受寄者は、寄託者の承諾を得なければ、寄託物を使用することができない（658条1項）。

また、受寄者は、寄託者の承諾を得たとき、またはやむをえない事由があるときを除き、寄託物を第三者に保管させることができない（658条2項）。

イ 注意義務

受寄者が負う寄託物に対する注意義務は、寄託が無償か有償かで異なる。

まず、無償寄託の受寄者は、自己の財産に対するのと同一の注意をもって、寄託物を保管する義務を負う（659条）。これは、本来受寄者は善管注意義務を負うはずのところ（400条）、無償寄託の受寄者についてかかる義務を軽減したものである。

これに対し、有償寄託の受寄者は、一般原則どおり、善管注意義務を負う（400条）。

なお、いかなる者が善管注意義務を負い、いかなる者が自己の財産に対するのと同一の注意義務を負うにとどまるのかについては、172ページの表を参照してほしい。

ウ その他の義務

（ア）通知義務 改正

受寄者は、寄託物について権利を主張する第三者が受寄者に対して訴えを提起し、または差押え・仮差押え・仮処分をしたときは、寄託者がその事実を知っているときを除き、遅滞なくその事実を寄託者に通知しなければならない（660条1項。なお、同2項、3項については ➡ 156ページエ）。

（イ）受領物・取得した権利の移転義務

受寄者は、寄託物を保管するにあたって受け取った金銭その他を、寄託者に引き渡す義務を負う。寄託物から収取した果実についても同様である（665条・646条1項）。

同様に、受寄者は、寄託者のために自己の名で取得した権利を寄託者に移転

しなければならない（665条・646条2項）。

3 寄託者の義務) B

ア 損害賠償義務

寄託者は、寄託物の性質や瑕疵によって生じた損害を、受寄者に賠償する義務を負う（661条本文）。

ただし、①その寄託物の性質や瑕疵を寄託者が過失なく知らなかったとき、または②寄託物の性質や瑕疵を受寄者が知っていたときは、寄託者はかかる損害賠償義務を負わない。（661条ただし書）

イ 報酬支払義務

有償寄託の場合は、寄託者は、受寄者に対して報酬を支払う義務を負う。

この報酬支払義務については、委任の規定（➡147ページア）が準用される（665条・648条）。したがって、たとえば割合的報酬請求も認められうる（665条・648条3項）。

ウ 費用の前払義務・費用等の償還義務・代弁済義務等

寄託者は、委任における委任者と同様に、費用の前払義務、費用等の償還義務、代弁済義務、担保供与義務を負う（665条・649条、650条1項、2項）。

4 寄託物を受け取る前の解除権) B 改正

寄託は諾成契約であるから、寄託物の授受を要することなく成立する。

もっとも、受寄者が寄託物を受け取るまでは、次のとおり、寄託者や受寄者に解除権が認められることがある。

ア 寄託者の解除権

まず、寄託が有償であると無償であるとを問わず、およそ寄託者は、受寄者が寄託物を受け取るまで、寄託を任意に解除することができる（657条の2第1項前段）。これは最低限の知識として覚えておこう。

寄託者にかかる任意解除権が認められているのは、寄託が主として寄託者の利益のために締結される契約だからである。

ただし、寄託者による解除によって、受寄者に損害が生じる場合がありう
る。その場合には、受寄者は、寄託者に対してその損害の賠償を請求すること
ができる（657条の2第1項後段）。

イ　受寄者の解除権Ⅰ──無償寄託の場合

　次に、無償寄託の受寄者の解除権は、寄託が書面によるか否かによって異な
る。

（ア）書面によらない無償寄託の受寄者

　まず、書面によらない無償寄託の受寄者は、寄託者と同様に、寄託物を受け
取るまで、寄託を任意に解除することができる（657条の2第2項本文）。

　これは、無償寄託は寄託者だけが利益を受ける契約であるところ、かかる契
約を口約束で軽率に締結してしまった受寄者を保護する趣旨である。

（イ）書面による無償寄託の受寄者

　これに対し、書面による無償寄託の受寄者には、かかる解除権は認められな
い（657条の2第2項ただし書）。

　ただし、寄託物を受け取るべき時期を経過したにもかかわらず、寄託者が寄
託物を引き渡さない場合において、受寄者が相当の期間を定めてその引渡しの
催告をし、その期間内に引渡しがないときは、受寄者は契約の解除をすること
ができる（657条の2第3項）。

ウ　受寄者の解除権Ⅱ──有償寄託の場合

　有償寄託の受寄者には、寄託者や書面によらない無償寄託の受寄者のような
解除権は認められない。

　ただし、書面による無償寄託の受寄者と同様の解除権は認められる。すなわ
ち、寄託物を受け取るべき時期を経過したにもかかわらず、寄託者が寄託物を
引き渡さない場合において、受寄者が相当の期間を定めてその引渡しの催告を
し、その期間内に引渡しがないときは、受寄者は契約の解除をすることができ
る（657条の2第3項）。

5 寄託物の返還 B

ア 寄託者による返還請求 改正

寄託者は、返還の時期の定めがない場合はもとより、返還の時期の定めがある場合であっても、いつでも寄託物の返還を請求することができる（662条1項）。これは覚えておこう。

寄託者にかかる請求権が認められているのは、寄託が主として寄託者の利益のために締結される契約だからである。

ただし、返還の時期の定めがある場合において、寄託者がその時期よりも前に返還を請求したことによって受寄者が損害を受けたときは、受寄者は、寄託者に対し、その賠償を請求することができる（662条2項）。

イ 受寄者による返還

受寄者が寄託物を返還することができる時期は、返還の時期の定めの有無によって異なる。

まず、返還の時期の定めがない場合は、受寄者は、いつでも寄託物を返還することができる（663条1項）。

これに対し、返還の時期の定めがある場合は、受寄者は、原則として期限前に寄託物を返還することはできない。ただし、やむをえない事由があれば、期限前に寄託物を返還することができる（663条2項）。

なお、預貯金の返還については、例外規定がある（666条3項 ➡157ページ**イ**）。

	受寄者の受取前	受寄者の受取後	
		返還時期の定めなし	返還時期の定めあり
寄託者が	・任意に解除可（657の2 I 前） ・ただし損賠（同後）	・いつでも返還請求可 （662 I）	・いつでも返還請求可 （662 I） ・ただし損賠（同Ⅱ）
受寄者が	・書面によらない無償寄託は任意解除可（657の2 Ⅱ） ・書面による無償寄託 or 有償寄託は催告解除可（同Ⅲ）	・いつでも返還可（663 I）	・やむを得ない事由がある場合のみ期限前の返還可（663 Ⅱ） ・預貯金はいつでも返還可（666 Ⅲ・591 Ⅱ）

ウ　返還の場所

　寄託物の返還は、その保管をすべき場所でしなければならない。ただし、受寄者が正当な事由によってその物を保管する場所を変更したときは、その現在の場所で返還をすることができる（664条）。

エ　第三者による権利主張と寄託物の返還　改正

　第三者が寄託物について権利を主張する場合であっても、受寄者は、寄託者の指図がない限り、寄託者に対して寄託物を返還しなければならない（660条2項本文）。

　ただし、この原則には例外がある。

　前提として、寄託物について権利を主張する第三者が、受寄者に対して訴えを提起したり、差押えや仮差押え、仮処分をしたときは、受寄者は、寄託者がすでにその事実を知っている場合を除き、遅滞なくその事実を寄託者に通知しなければならない（660条1項）。

　そして、受寄者がかかる通知をした場合、または寄託者がすでにその事実を知っているため通知を要しない場合において、その寄託物をその第三者に引き渡すべき旨を命ずる確定判決（裁判上の和解など、確定判決と同一の効力を有するものを含む）があり、受寄者がその第三者に寄託物を引き渡したときは、受寄者は、寄託者に対して、返還義務の不履行を理由とする責任を負わない（660条2項ただし書）。

　なお、受寄者が660条2項本文の原則どおり寄託者にその寄託物を引き渡した場合、それゆえに第三者に損害が生じたとしても、受寄者はその賠償の責任を負わない（660条3項）。

6　寄託物の一部滅失または損傷の場合等の期間制限　B-　改正

　①寄託物の一部滅失または損傷によって生じた損害の賠償の請求や、②受寄者が支出した費用の償還の請求（➡153ページ**ウ**）は、寄託者が返還を受けた時から1年以内にしなければならない（664条の2第1項）。この期間は除斥期間である。

　このうち、①の損害賠償請求権については、寄託者が返還を受けた時から1年を経過するまでの間は、消滅時効の完成が猶予される（664条の2第2項）。

返還を受けるまでは寄託者は寄託物の状態を把握するのは困難だから、という趣旨である。

7 特殊の寄託 B

ア 混合寄託 改正

受寄者が複数の寄託者から同一の種類・品質の寄託物の保管を引き受けた場合において、各寄託者の承諾があるときには、受寄者はこれらを混合して保管することができる（665条の2第1項）。このような形態の寄託を、混合寄託という。

この混合寄託の寄託者は、自らの寄託物それ自体ではなく、寄託した物と同じ数量の物の返還を請求することができる（665条の2第2項）。寄託物はもともと同一の種類・品質の物であるため、返還される物について寄託者が所有権を有する物か否かは不問とされているわけである。

また、混合寄託の寄託物の一部が滅失したときは、寄託者は、混合して保管されている総寄託物に対するその寄託した物の割合に応じた数量の物の返還を請求することができる（665条の2第3項前段）。この場合において、各寄託者は、受寄者に対し、債務不履行による損害賠償請求をすることができる（415条1項、665条の2第3項後段）。

イ 消費寄託 改正

消費寄託とは、寄託のうち、受寄者が契約により寄託物を消費することができるものをいう。

この消費寄託の受寄者は、寄託された物と同じ種類・品質・数量の物を、寄託者に返還することになる（666条1項）。

たとえば、銀行と顧客が締結する預貯金契約は、消費寄託の典型である。銀行は預貯金者から預かった金銭を運用したり、他の預貯金者に払い戻したりして、消費することができる。その後に預貯金者が返還を請求した場合、銀行は、預かった金銭自体を返還する必要はなく、同じ金額の金銭を返還すればよいわけである。

消費寄託も寄託の一種であるから、寄託の規定が適用される。ただし、消費貸借にも類似することから、消費貸借における貸主の引渡義務に関する規定

（590 条）と、借主の価額償還義務に関する規定（592 条）が、消費寄託に準用される（666 条 2 項）。

　また、消費寄託のうち、預貯金契約による金銭の寄託については特則がある。すなわち、受寄者が寄託物を返還することのできる時期についての原則（663 条 2 項 ➡ 155 ページ**イ**）を修正し、返還の時期の定めがある場合であっても、預貯金契約の受寄者（金融機関）はいつでも預貯金を返還することができる（666 条 3 項・591 条 2 項）。これは覚えておこう。

　預貯金契約は受寄者である金融機関にとっても利益が生じる契約であるところ、金融機関が自らの利益を放棄することを禁ずる理由はないから、というのがその趣旨である。

　ただし、期限前の返還によって寄託者（預貯金者）に損害が生じた場合は、寄託者は、受寄者（金融機関）に対してその損害の賠償を請求することができる（666 条 3 項・591 条 3 項）。

16. 組合契約

1　意義　Ｂ

　組合契約とは、2 人以上の者がそれぞれ出資（労務の出資を含む）をして共同の事業を営むことを約束することによって成立する、諾成・双務・有償契約をいう（667 条）。

　また、かかる組合契約によって形成される共同事業体を、組合という。

　たとえば、数人の弁護士がそれぞれ出資して法律事務所（法人でないもの）を共同経営する旨を合意した場合、その合意が組合契約であり、その組合契約によって形成される法律事務所が組合である。

　また、大規模な建築事業について、複数の企業が協力して工事をする旨を企業間で合意した場合、その合意が組合契約であり、その組合契約によって形成される共同企業体（ジョイント・ベンチャー）が組合である。

2 契約総則等の規定の不適用) **B** 改正

ア 同時履行の抗弁権・危険負担の規定の不適用

組合契約には、同時履行の抗弁権の規定（533条）や危険負担の規定（536条）は適用されない（667条の2第1項）。

したがって、組合員は、他の組合員による出資債務との同時履行を主張して自らの出資債務の履行を拒むことはできず、また、他の組合員の出資債務の履行不能を理由として、自らの出資債務の履行を拒むこともできない。

組合活動のためには、組合員間の公平よりも組合財産の確保を優先するべきだから、というのがその趣旨である。

イ 債務不履行による解除の不適用

組合員は、他の組合員の債務不履行を理由として、組合契約を解除することができない（667条の2第2項）。

できるだけ団体としての活動を継続させるべきだから、というのがその趣旨である。

ウ 意思表示の無効等の場合

組合員の1人について意思表示の無効や取消しの原因があった場合、当該組合員は、組合契約の無効や取消しを主張することができる。

もっとも、他の組合員の間では組合契約は有効に存続する（667条の3）。

これも、できるだけ団体としての活動を継続させるべきだから、という趣旨からの規定である。

3 組合の内部関係──業務の決定と執行の方法) **B** 改正

組合の業務に関する意思決定（業務の決定）や、その意思決定の実行（業務の執行）は、どのように行われるのだろうか。

ア 業務執行者が指定されていない場合

まず、業務執行者（➡下記**イ**）が指定されていない場合は、組合の業務は、①組合員の過半数で決定し、②その決定を各組合員が執行する（670条1項）。

ただし、組合の常務（日常の軽微な事務）については、その完了前に他の組合員が異議を述べないかぎり、各組合員が単独で行うことができる（670条5項）。

> たとえば、ABCの3名が共同で経営している法律事務所内の会議室の使い方に関するルールは、ABCの過半数で決定し、ABCそれぞれがその決定を執行（実行）します。また、たとえば事務所内の掃除のような些細な事務は、他の組合員から異議が述べられない限り、ABCがそれぞれ単独で行うことができます。

イ 業務執行者が指定されている場合

組合の業務の決定および執行は、組合契約の定めるところにより、1人または数人の組合員または第三者に委任することができる（670条2項）。

この委任を受けた組合員または第三者を、業務執行者という。

業務執行者が1人の場合は、その業務執行者が単独で組合の業務を決定し、これを執行する（670条3項前段）。

業務執行者が複数いる場合は、業務執行者の過半数で組合の業務を決定し、各業務執行者がこれを執行する（670条3項後段）。ただし、組合の常務は、その完了前に他の業務執行者が異議を述べない限り、各業務執行者が単独で行うことができる（670条5項）。

なお、業務執行者がいる場合であっても、総組合員の同意によって組合の業務を決定し、総組合員がこれを執行することは許される（670条4項）。

4 組合の対外的関係——組合代理) B 改正

組合には、法人格がない。したがって、第三者と契約する場合などのように、組合として対外的な法律行為をする場合は、組合員全員がその当事者となる。

しかし、組合員全員が実際に意思表示をするのは煩雑であることから、代理人によって法律行為が行われることが多い。これを、組合代理という。

組合代理の要件は、業務執行者（➡上記イ）の指定の有無によって異なる。

ア 業務執行者が指定されていない場合

まず、業務執行者が指定されていない場合において、各組合員が他の組合員を代理して組合の業務を執行するためには、組合員の過半数の同意を得ること

が必要である（670条の2第1項）。かかる同意がない限り、組合代理は認められないわけである。

ただし、組合の常務については、各組合員が単独で他の組合員を代理することができる（670条の2第3項）。

イ　業務執行者が指定されている場合

次に、業務執行者が指定されている場合は、業務執行者だけが組合員を代理することができる（670条の2第2項前段）。業務執行者でない組合員には、およそ代理権は認められないわけである。

業務執行者が1人の場合は、その業務執行者が単独で組合員を代理することができる。

これに対し、業務執行者が複数いる場合は、各業務執行者が組合員を代理して組合の業務を執行するためには、業務執行者の過半数の同意を得ることが必要である（670条の2第2項後段）。ただし、組合の常務については、各業務執行者が単独で組合員を代理することができる（670条の2第3項）。

5　組合の財産関係　B⁺　改正

ア　組合財産の合有

組合は、法人格を有しない。そのため、形式的には、組合は組合財産の帰属主体ではありえない。では、組合財産は、誰に、どのように帰属しているのだろうか。

この点について、組合財産は、組合員全員の「共有」に属すると定められている（668条）。

ただし、組合財産は、組合の目的を遂行するための経済的手段であることから、次に述べるとおり、通常の共有（➡物権法・担保物権法116ページ）とは異なる扱いが定められている。そのため、組合財産の「共有」は、通常の共有と区別して「合有」とよばれている。組合財産は、組合員全員の合有に属するわけである。

（ア）持分の処分の制限

では、具体的に何が違うのだろうか。

まず、通常の共有では、共有者は自らの持分については自由に処分すること

ができる（➡物権法・担保物権法 116 ページ **2**）。たとえば、持分の譲渡や、持分上への質権や抵当権の設定などを、自由にすることができるわけである。

これに対し、組合員による持分の処分は制限されている。

すなわち、組合員は、組合財産についてその持分を処分した場合でも、その処分を組合および組合と取引をした第三者に対抗することができない（676 条 1 項）。

（イ）分割請求の禁止

次に、通常の共有では、共有者はいつでも共有物の分割を請求することができる（256 条 1 項本文 ➡物権法・担保物権法 121 ページ **1**）。

これに対し、組合員は、清算（➡ 165 ページ **8**）の前は、組合財産の分割を請求することができない（676 条 3 項）。

イ　組合債権の合有的帰属

組合が実質的に有する債権（組合債権）も、組合員全員に合有的に帰属する。

したがって、組合員は、組合債権について、その持分についての権利を単独で行使することができない（676 条 2 項）。

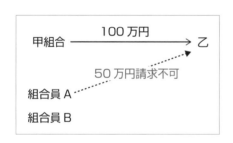

たとえば、AB の 2 名で構成される甲組合が、乙に対して 100 万円の組合債権を実質的に有している場合、A が単独で乙に対して 50 万円を請求することはできない。あくまでも、AB が共同して行使すること（または一方が他方を代理すること）が必要である。

ウ　組合債務の合有的帰属と各組合員に対する権利行使

組合が第三者に対して実質的に負担している債務（組合債務）も、組合員全員に合有的に帰属する。

したがって、組合の債権者は、組合財産（組合員全員の合有財産）に対して権利を行使することができる（675 条 1 項）。組合の債権者は、組合財産から債権を回収することができるわけである。これは当然である。

しかし、これに加えて、組合の債権者は、その選択に従い、損失分担の割合（➡164ページ**6**）または等しい割合で、各組合員に対して権利を行使することができる（675条2項本文）。ただし、組合の債権者がその債権の発生の時に各組合員の損失分担の割合を知っていたときは、その割合による（同ただし書）。

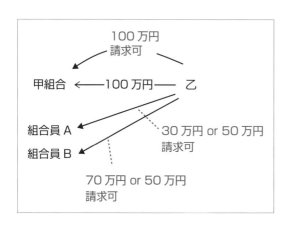

たとえば、ABが、損失分担の割合についてAが3割、Bが7割と定めて、共同で甲法律事務所を経営しているとする。この場合、甲法律事務所に用いられている建物をABに賃貸している乙は、賃料100万円を、甲法律事務所の財産（ABの合有財産）から回収することもできるし、①A個人の固有財産から30万円、B個人の固有財産から70万円を、または②ABそれぞれの固有財産から50万円ずつ、回収することもできる。

乙がABの損失分担の割合を知っていた場合は、甲法律事務所の合有財産から回収するか、A個人の固有財産から30万円、B個人の固有財産から70万円を回収することになる。

> イとウのポイントをまとめれば、組合債権という**プラスの財産**はあくまでも組合員全員の合有であって**組合員個人には帰属しない**のに対し、組合債務という**マイナスの財産**は組合員全員の合有であるのに加えて、一定の割合で**組合員個人にも帰属する**、ということになります。短答式試験用にしっかりと覚えておきましょう。

エ　組合員の債務

組合員の債権者は、組合財産に対して権利を行使することができない（677条）。組合員の債務は、組合には帰属しないわけである。

したがってまた、組合員の債権者は、組合員に対する債権と、組合に対して負っている自己の債務（組合債権）とを相殺することはできない。仮にかかる相

殺を認めると、組合員の債権者が、組合財産から組合員に対する債権を回収したのと同じことになるからである。

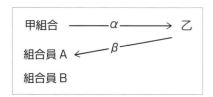

たとえば、ABの2名によって構成されている甲組合が乙に対してα債権（組合債権）を実質的に有し、乙がAに対してβ債権を有している場合、乙は甲組合の組合財産からβ債権を回収することはできない。また、乙は、α債権とβ債権とを相殺することもできない。

6 組合における損益分配 B⁻

　組合の事業によって生じた利益や損失は、各組合員に分配される。

　利益や損失の分配（両者をあわせて「損益分配」という）の割合は、当事者がそれを定めた場合は、その定めによって決まる。

　また、当事者が利益と損失の一方についてのみ分配の割合を定めたときは、その割合は、利益および損失に共通であるものと推定される（674条2項）。

　当事者が損益分配の割合を定めなかったときは、各組合員の出資の価額に応じて損益分配の割合が決まる（674条1項）。

7 組合員の変動 B 改正

ア 組合員の加入

　組合員は、その全員の同意によって、または組合契約の定めるところにより、新たに組合員を加入させることができる（677条の2第1項）。

　新たに加入した組合員は、その加入前に生じた組合債務については、自己の固有財産で弁済する責任を負わない（677条の2第2項。持分会社についての会社法605条と対照）。

イ 組合員の脱退

（ア）脱退の種類

　組合からの組合員の脱退には、①組合員の意思にもとづく任意脱退（678条）と、②組合員の意思にもとづかない非任意脱退（679条、680条）とがある。時

間のあるときに、条文を一読しておこう。

（イ）持分の払戻し

組合員の脱退が生じると、脱退した組合員に対して、その持分の払戻しが行われる。

この持分の払戻しは、脱退した組合員がかつてした出資の種類を問わず、金銭で行うことができる（681条2項）。

（ウ）脱退前に生じた組合債務の弁済責任

脱退した組合員は、その脱退前に生じた組合債務について、従前の責任の範囲内でこれを弁済する責任を負う（680条の2第1項前段）。

ただし、債権者が全部の弁済を受けない間は、脱退した組合員は、組合に担保を供させ、または組合に対して自己に免責を得させることを請求することができる（680条の2第1項後段）。また、脱退した組合員が従前の責任の範囲内で脱退前に生じた組合債務を弁済したときは、組合に対して求償権を取得する（同2項）。

なぜなら、脱退した組合員への持分の払戻しの際には、脱退前に生じた組合債務をマイナスの資産として計上して払戻額が計算されるのが通常であるため（681条1項参照）、脱退した組合員による組合債務の弁済は他人の債務の弁済にあたることとなるからである。

8 組合の消滅 ── 解散と清算 　C　改正

組合は、解散によって将来に向かって消滅する（684条・620条前段）。

組合の解散事由は、682条各号に定められている。また、やむをえない事由があるときは、各組合員は、組合の解散を請求することができる（683条）。

解散がされると、清算人のもとで組合財産の清算が行われる（685条から688条1項、2項）。組合債務の弁済などが行われるわけである。そのうえで、なおプラスの残余財産があれば、その残余財産は出資の価額に応じて各組合員に分配される（688条3項）。

17. 終身定期金契約　C

　終身定期金契約とは、当事者の一方が、自己、相手方または第三者の死亡に至るまで、定期に金銭その他の物を相手方または第三者に給付することを約束することによって成立する契約である（689条）。

　たとえば、相手方が死亡するまで、毎月10万円を給付するという合意が、終身定期金契約の例である。

　試験との関係では重要でないため、これ以上の説明は省略する。

18. 和解

1　意義　B⁺

　和解とは、当事者が互いに譲歩をして、当事者間に存する争いをやめることを約束することによって成立する契約をいう（695条）。

　和解の成立には、「互いに譲歩」すること（互譲）が必要である。したがって、当事者の一方のみが譲歩し、他方は一切譲歩しない場合は、いわゆる示談にはあたるが、和解にはあたらない。

　和解は、諾成契約である。また、互譲が必要であることから、双務・有償契約である。

2　効果　B⁺

ア　和解の確定力

　当事者の互譲にもとづき和解が成立すると、その和解の内容にしたがって当事者間の権利が確定する。これを、和解の確定力ないし確定効という。

　したがって、和解が成立すれば、たとえその後に和解の内容と異なる権利に

ついての確証が得られたとしても、その確証された権利は、和解によってその当事者の一方に移転し、または消滅したものとされる（696条）。和解の当事者は、和解の成立後に確証された権利を主張することはできないわけである。

たとえば、AがBに対して100万円の債権があると主張し、BはAに対して全く債務を負っていないと主張していたところ、BがAに50万円を支払う旨の和解が成立したとする。その後に、実はAがBに対して100万円の債権を有することを示す確証や、BがAに対して全く債務を負っていないことを示す確証、またはAがBに70万円の債権を有する旨の確証が出てきたとしても、AがBに対して50万円の債権を有するということで権利は確定したままとされる。

和解の成立後に確証された権利の主張を認めると、和解によって紛争を解決した意味がなくなってしまうから、というのがその趣旨である。

イ　和解と錯誤

和解に錯誤がある場合、当事者は錯誤取消し（95条）を主張することができるのだろうか。

上記**ア**で述べた和解の確定力により、当事者は、和解の錯誤取消しを主張することはできないのが原則である。

ただし、和解の確定力は、「争い」があり互譲の対象となった部分についてのみ生じる。

したがって、和解の前提として争わなかった事項に錯誤がある場合は、当事者は錯誤取消しを主張することができると解されている。これは覚えておこう。

たとえば、①当事者間で債務の存在自体については争いがなく、その債務の弁済方法についてだけ争いがあり、その点について和解が成立したところ、その後に実は債務が存在しないことが判明した場合、債務者とされた当事者は、和解の錯誤取消しを主張することができる。

また、②債務者が代物弁済としてイチゴジャムを債権者に譲渡する旨の和解が成立した事案で、いずれの当事者も、そのイチゴジャムが粗悪品だとは考えていなかったが、そのイチゴジャムが実は粗悪品だった場合、債権者は、和解の錯誤取消しを主張することができる（最判昭和33・6・14）。そのイチゴジャムの品質については、「争い」や互譲の対象とはなっていなかったからである。

第 3 章

事務管理

　ここからは、契約以外の3つの債権発生原因、すなわち事務管理、不当利得、不法行為について、順に説明する。

　これらの原因によって発生する債権は、当事者の合意によらずに、法律の規定によって発生する債権であることから、法定債権とよばれている。

　まずは、事務管理について説明しよう。

1. 意義 　　　　　　　　　　　　　　　B

　事務管理とは、義務がないにもかかわらず、他人のために他人の事務を管理することをいう（697条1項）。

　たとえば、隣家の屋根が壊れていることを発見したAが、海外旅行中の隣人のために、親切心から隣家の屋根を勝手に修理する行為が、事務管理の例である。

　このような行為は、他人の生活領域や自己決定権に対する侵害にあたり、許されないのが原則である。

　しかし、常に違法とするのも、相互扶助の精神に照らして妥当でない。

　そこで、民法は、一定の要件をみたした場合には、事務管理の違法性を阻却し、さらに管理者に一定の義務や権利が発生することなどを定めている。

2. 要件

事務管理の成立要件は、次の4つである。

①他人（＝本人）の事務の管理
②他人の事務を管理する義務の不存在
③他人のためにする意思（以上、697条1項）
④本人の意思および利益に反することが明らかでないこと（700条ただし書参照）

以下、個別に説明する。

1 他人の事務の管理) B

「他人」（697条1項。以下同じ）、すなわち事務管理における本人は、自然人でも法人でもよい。

「事務」は、全ての事務を含む。法律行為でも、屋根の修理のような事実行為でもよい。

「管理」は、保存行為や管理行為に限らず、処分行為も含む。たとえば、もうすぐくさってしまう物を売る行為も、「管理」にあたる。

ただし、管理者には代理権がないことから、処分行為が本人について効力を生ずるには、本人の追認（116条）が必要である（大判大正7・7・10 ➡ 174ページ **4**）。

2 他人の事務を管理する義務の不存在) B

他人の事務の管理は、「義務なく」行われたものでなければならない（697条1項）。

管理者に他人の事務を管理する義務がある場合には、事務管理は成立しない。

3　他人のためにする意思　B⁺

　管理者には、「他人のために」する意思があることが必要である（697条1項）。

　したがって、もっぱら自己のためにする意思だった場合は、事務管理は成立しない。この場合には、後に述べる準事務管理の問題となる（➡174ページ**4.**）。

　他方で、他人のためにする意思と自己のためにする意思を併有していた場合は、事務管理が成立する（大判大正8・6・26）。たとえば、隣地のがけ崩れを防止する工事をした場合、それが自己の土地への崩落防止をも目的としていたのであっても、事務管理が成立するわけである。これは覚えておこう。

4　本人の意思や利益に反することが明らかでないこと　B⁺

　697条では明示されていないものの、事務管理が成立するためには、事務の管理が、他人（＝本人）の意思や利益に反することが明らかでないことが必要である（通説）。

　したがって、本人の意思に反することが明らかな場合や、本人の利益に反することが明らかな場合は、事務管理は成立しない。

　他方で、実は本人の意思または利益に反する場合であったとしても、事務の管理を始めた時点ではそのことが明らかでなかったのであれば、事務管理は成立する。

　ただし、本人の意思または利益に反することが明らかになった時点で、管理者に事務管理の中止義務が生じることになる（700条ただし書）。

3. 効果

1　違法性の阻却　B⁻

　事務管理が成立すると、管理行為の違法性が阻却される。管理者の不法行為責任が否定されるわけである。

2 本人の義務 B+

ア 費用償還義務

事務管理が成立すると、本人は、管理者の支出した有益な費用を償還する義務を負う（702条1項）。ここでいう「有益な費用」には、有益費のほか、必要費も含まれる。

ただし、事務管理が本人の意思に反していた場合は、本人は、現に利益を受けている限度においてのみ、管理者の支出した有益な費用を償還する義務を負うにとどまる（702条3項）。

> 事務管理が結果的に本人の意思に反していたとしても、本人の意思に反することが明らかでなかったのならば、なお事務管理は成立します（➡前ページ**4**）。もっとも、その場合には、事務管理者は、本人に対して現存利益の返還を請求することができるとどまるわけです（702条3項）。

イ 代弁済義務・担保提供義務

管理者が本人のために有益な債務を負担した場合には、管理者は、本人に対し、自己に代わってその弁済をすることを請求することができる（702条2項・650条2項前段）。本人は管理者が負担した債務の代弁済義務を負うわけである。

管理者の負担した債務が弁済期にないときは、管理者は、本人に対し、相当の担保を提供させることができる（702条2項・650条2項後段）。

ウ 損害賠償義務の有無 ➡論証14

事務の管理によって管理者に損害が生じた場合、管理者は、本人に対して損害の賠償を請求することができるのだろうか。

まず、管理者から本人への損害賠償請求権を定めた規定はない。したがって、損害賠償請求自体はできないと解するべきである。

ただし、当該事務の管理にあたって当然予期される損害は、702条1項の「費用」として請求できると解してよい（通説）。

したがって、たとえば溺れている人を助けるために水中に飛び込んだ場合、洋服の損傷の修繕費や当然予期されるけがの治療費は、702条1項の「費用」として請求できる。

エ　報酬支払義務の有無

　管理者は、本人に対して事務管理の報酬を請求することはできるのだろうか。

　この点についても、明文規定がない以上、報酬自体を請求することはできないと解される。

　ただし、たとえば医師が行き倒れの人を病院に運んで治療した場合などのように、営業上の行為が事務管理として行われた場合には、定型化された「費用」(702条1項) として、通常の報酬に相当する額を請求することができると解するのが妥当であろう。

3　管理者の義務　B+

ア　善管注意義務

　管理者は、原則として善良な管理者の注意をもって事務を管理する義務を負う (698条反対解釈)。これはしっかりと覚えておこう。

　管理者がこの善管注意義務に違反した場合は、債務不履行による損害賠償責任を負う。

　ただし、本人の身体、名誉または財産に対する急迫の危害を免れさせるために事務管理をしたとき (緊急事務管理) は、悪意または重大な過失がある場合に限り、事務管理によって生じた損害を賠償する責任を負う (698条)。

　ここで、善管注意義務を負う者と、自己の財産に対するのと同一の注意義務を負う者をまとめておくので、短答式試験用にしっかりと確認しておこう。

善管注意義務	自己の財産に対するのと同一の注意義務
・特定物の引渡義務者 (400)	・受領遅滞後の特定物の引渡義務者 (413 I) ・無償の受寄者 (659)
・留置権者 (298 I) ・質権者 (350・298 I) ・受任者 (644) ・他人の事務の管理者 (698反対解釈)	
・後見人 (869) ・後見監督人 (852) ・遺言執行者 (1012 Ⅲ)	・親権者 (827) ・限定承認した者 (926) ・相続を放棄した者 (940)

また、管理者は、その事務の性質にしたがい、最も本人の利益に適合する方法によって事務管理をしなければならない（697条1項）。

　本人の意思を知っているとき、または本人の意思を推知することができるときは、その意思にしたがって事務管理をしなければならない（697条2項）。

イ　通知義務

　管理者は、本人がすでに知っている場合を除き、事務管理を始めたことを遅滞なく本人に通知しなければならない（699条）。

ウ　管理継続義務・中止義務

　管理者は、本人またはその相続人もしくは法定代理人が管理をすることができるに至るまで、事務管理を継続しなければならない（700条本文）。

　ただし、「事務管理の継続が本人の意思に反し、又は本人に不利であることが明らかであるときは、この限りでない」（700条ただし書）。

　このただし書は、「本人の意思または利益に反する場合であったとしても、事務の管理を始めた時点ではそのことが明らかでなかったのであれば、事務管理が成立する」ということを前提として、本人の意思または利益に反することが明らかになった時点で、管理者に事務管理の中止義務が生じるという趣旨であると解されている（通説）。

エ　委任の規定の準用による義務

　以上に加えて、管理者には、受任者の義務の規定が一部準用されている。

　すなわち、管理者は、次の各義務を負う（701条・645条から647条）。

①事務管理の状況を本人に報告する義務
②事務管理終了の後に事務管理の経過および結果を本人に報告する義務
③事務管理にあたって受け取った金銭その他の物を本人に引き渡す義務
④事務管理にあたって自己の名で取得した権利を本人に移転する義務
⑤本人に引き渡すべき金額を自己のために消費した場合に消費した日以後の利息を本人に支払いかつ損害を賠償する義務

　管理者が、事務管理として本人を代理して法律行為をしたとする。この場合に、その法律行為の効果は、本人の追認なくして本人に帰属するのだろうか。いいかえれば、事務管理の成立によって、管理者に本人を代理する権限（代理権）が発生するのだろうか。

　事務管理は、本人・管理者間の対内関係の問題であるにとどまり、対外関係の問題ではない。

　そこで、事務管理が成立する場合でも、管理者に本人の代理権は認められないと解するのが通説である。

　したがって、たとえば留守中の A 宅の屋根を修理するために、X が A の代理人として職人 B と契約し、B が屋根を修理した場合、X による代理行為は無権代理にあたる。よって、A の追認がない限り、原則として B は A に対して修理代金の支払を請求することはできない（113 条 1 項）。

　判例も、管理者が本人の代理人として行った法律行為の効果は、本人の追認がない限り本人に帰属しないものとしている（大判大正 7・7・10、最判昭和 36・11・30）。

4. 準事務管理 ➡論証 16

　事務管理の最後に、準事務管理とよばれる問題を検討する。

　たとえば、A の書いた小説を B が勝手に映画化し、B が莫大な利益を得たとする。

　この場合、A は、B に対し、不当利得の返還（703 条、704 条）や不法行為による損害賠償（709 条）を請求することができる。しかし、これらの法律構成では、せいぜい通常の報酬や使用料に相当する金銭しか請求することができな

い。

そこで、事務管理の規定——具体的には 646 条を準用する 701 条——にもとづき、AはBに対して全利益の返還を請求することができないかが問題となる。

確かに、B は、他人たる A の事務を管理しているものの、それはもっぱら自己のためにする意思で行ったのであるから、「他人のために」（697 条 1 項）事務を管理したとはいえない。よって、事務管理の規定を直接適用することはできない。

しかし、事務管理に準ずる場合として、事務管理の規定を類推適用することができるのではないか。これが、準事務管理とよばれる問題である。

2 検討 B+

この問題については、もっぱら自己のためにする意思で他人の事務を管理する場合にも、事務管理の規定を類推適用することができるとする見解がある。この見解からは、646 条を準用する 701 条の類推適用により、A は B に対して B が得た全利益の引渡しを請求できることとなろう。

しかし、他人の権利の無断使用による莫大な利益は、その無断使用者の能力や才能にかかるところが大きい。そうであるにもかかわらず、得た利益を全て本人に帰属させるのは、かえって不公平というべきである。

そこで、事務管理の規定の類推適用は否定するのが通説である。

したがって、A は B に対し、不当利得や不法行為の限度で請求できるにとどまる。

第 4 章

不当利得

1. 不当利得総論

1 意義) A

　不当利得とは、法律上の原因なく他人の財産または労務によって利益を受け、そのために他人に損失を及ぼした者（受益者）に、その利益を返還する義務を負わせる制度をいう。

　また、受益者が得た法律上の原因のない利益を指して、不当利得という場合もある。

2 不当利得制度の本質) B⁺

　不当利得制度の本質をめぐっては、大別して2つの見解が対立している。

ア　衡平説

　まず、およそ不当利得制度を受益者・損失者間の衡平（公平）を実現するための制度として統一的にとらえ、全ての不当利得の要件・効果を衡平の理念のもとで統一的に理解していく見解がある。この見解は、衡平説とよばれる。

　この衡平説はかつての通説であり、判例もこの衡平説を採用している（たとえば**最判昭和49・9・26**）。

イ　類型論

　以上の衡平説と対立するもう1つの見解が、類型論である。

類型論は、不当利得制度の統一的理解を放棄し、衡平の理念を強調することも否定する。

　そのうえで、受益者による利得の保持が法的に正当化されない理由（受益に法律上の原因がないことの理由）ごとに不当利得を類型化し、その類型ごとに要件・効果を設定していく。

　学説では、現在はこの類型論が通説となっている。

ウ　本書の立場

　本書は、現在の通説である類型論を基本としつつ、実務との親和性や試験対策を重視する観点から、適宜、判例の衡平説を採用することとする。

3　不当利得の類型と適用条文) Ａ

　不当利得の類型は、①侵害不当利得、②給付不当利得、③支出不当利得の3つに区別する見解が一般的である。

　以下、それぞれを説明する。

ア　侵害不当利得

　侵害不当利得とは、財産的価値の移動が、利得者の権原のない侵害行為によるものである場合をいう。侵害利得ともよばれる。

　たとえば、AがBの土地を勝手に駐車場として利用している場合は、侵害不当利得の問題となる。また、Xが自らをYと偽って、YのZに対する債権を行使し、Zから弁済を受けた場合も、侵害不当利得の問題となる。

　類型論によれば、民法典の「不当利得」の章の冒頭に定められた703条および704条は、この侵害不当利得についての一般的規定である。

　また、他人の物の占有者による果実の返還などについて定めた189条および190条は、他人の物の占有による侵害不当利得についての特則と解されている。

イ　給付不当利得

　給付不当利得とは、財産的価値の移動が、損失者の意思にもとづく給付行為によるものである場合をいう。いいかえれば、表見的には存在した債権関係の履行を目的としてなされた給付によって利益が生じている場合を、給付不当利

得というわけである。この給付不当利得は、給付利得ともよばれる。

たとえば、AB 間の売買契約にもとづいて、買主 B が売主 A に代金を支払ったところ、その売買契約が無効だった場合は、給付不当利得の問題となる。AB 間の売買契約が取り消された場合や、解除された場合も同様である。

類型論によれば、この給付不当利得には 703 条や 704 条は適用されず、121 条の 2 や 545 条が適用される。

また、民法典の「不当利得」の章に定められた 705 条から 708 条までの規定は、給付利得についての 121 条の 2 や 545 条の特則とする見解が有力である。

【不当利得の条文構造（類型論）】

	原則	特則
侵害不当利得	703、704	189、190
給付不当利得	121の2、545	705〜708

ウ　支出不当利得

以上の 2 つの類型が重要であるが、類型論は、さらに支出不当利得（支出利得）という類型を設定している。

この支出不当利得は、費用不当利得と求償不当利得に分かれる。

（ア）費用不当利得

費用不当利得とは、ある者の財産または労働が他人の財産に投下されたことによって、その他人（受益者）の財産が増加した場合をいう。費用利得ともよばれる。

たとえば、A の所有する甲土地を自己の所有地と信じた B が、100 万円の費用をかけて甲土地の土壌を改良した場合は、費用不当利得の問題となる。

この費用不当利得については、民法典の各所で個別的な規定がおかれているため、それらの規定によって処理される。

たとえば、他人の物の占有者については 196 条、留置権者については 299 条、使用貸借の借主については 595 条、賃貸借の賃借人については 608 条、委任の受任者については 650 条、事務管理の管理者については 702 条によって、それぞれの費用償還請求権が処理されることになる。

（イ）求償不当利得

求償不当利得とは、ある者が自己の支出において他人（受益者）の債務を弁

済したため、その他人が債務からの解放という利益を得ている場合をいう。求償利得ともよばれる。

たとえば、AのBに対する300万円の債務を第三者Cが弁済した場合は、求償不当利得の問題となる。

この求償不当利得についても、やはり各所で個別的な規定がおかれており、それらの規定によって処理されることになる。

たとえば、連帯債務者間については442条以下、保証人から主債務者については459条以下、事務管理の管理者から本人については702条などの規定によって、それぞれの求償関係が処理されることになる。

4 他の請求権との関係 B

ア 物権的返還請求権との関係

不当利得返還請求権の要件とともに、物権的返還請求権の要件も充足している場合、両請求権の関係をいかに解するべきだろうか。

（ア）侵害不当利得の場合

まず、侵害不当利得と物権的返還請求権の関係については、物権的返還請求権が優先するとの見解が有力である。

物権的返還請求権という強力な手段が認められている以上、物権的返還請求権の要件を充足している場合は、債権的な不当利得返還請求権を認める余地はない、と考えていくわけである。

（イ）給付不当利得の場合

次に、給付不当利得と物権的返還請求権の関係については、給付不当利得の返還請求権のみが認められるとする見解もある。契約関係の清算が問題となる以上、物権的返還請求権ではなく給付不当利得の返還請求権によって処理されるべきである、と考えていくわけである。

しかし、債権である給付不当利得の返還請求権は、消滅時効にかかる点や、受益者が破産手続開始の決定を受けた場合に破産債権としての位置づけしか与えられない点で、物権的返還請求権よりも弱い権利である。そうであるにもかかわらず、給付不当利得の返還請求権のみが認められると解するのは、妥当でない。

そこで、給付不当利得の返還請求権と物権的返還請求権の競合を認め、権

利者はいずれかを任意に選択して行使することができるとする見解が妥当である。

イ　不法行為による損害賠償請求権との関係

不当利得返還請求権と不法行為による損害賠償請求権の各要件がみたされている場合は、両請求権は競合し、権利者はいずれかを任意に選択して行使することができる（通説）。

2. 侵害不当利得 I ──要件

ここからは、侵害不当利得と給付不当利得について説明する。まずは、侵害不当利得の要件についてである。

侵害不当利得の要件は、①受益、②損失、③受益と損失の間の因果関係、④法律上の原因がないこと、の4つである（703条）。

1　受益・損失　B

まず、「他人の財産又は労務によって利益を受け」たこと（受益）という要件は、財産が積極的に増加した場合のほか、本来生ずるはずだった財産の減少を免れた場合にも認められる。

また、他人の「損失」は、受益と表裏をなす要件であり、財産が積極的に減少した場合のほか、本来生ずるはずだった財産の増加がない場合にも認められる。

2　受益と損失の間の因果関係　B⁺

受益と損失の間には、因果関係が認められることが必要である（「そのために」703条）。

この因果関係が認められるためには、あれなければこれなしという条件関係は不要であり、受益と損失の間に社会通念上の因果関係があれば足りると解さ

れている（最判昭和49・9・26）。

この点については、騙取金による弁済や転用物訴権の箇所で再度説明する（➡194ページ**1**以下）。

3　法律上の原因がないこと　Ａ

最後に、「法律上の原因なく」とは、公平の理念からみて、財産的価値の移動をその当事者間において正当なものとするだけの実質的・相対的な理由がない、という意味と解するのが従来の通説である。

この見解は衡平説を前提としているが、後に学ぶ判例の立場とも整合的であるため、試験対策としてはこの見解を知っておけば十分である。

この「法律上の原因なく」という要件についても、騙取金による弁済や転用物訴権の箇所で再度説明する（➡194ページ**1**以下）。

3. 侵害不当利得Ⅱ──効果

侵害不当利得の要件がみたされると、損失者のもとに不当利得返還請求権が発生する（703条、704条）。逆にいえば、受益者は不当利得返還義務を負うわけである。

では、受益者は、具体的にいかなる利得の返還義務を負うのだろうか。

1　返還されるべき利得Ⅰ──原物返還の原則　Ａ

まず、受益者の手元に原物が存在している場合には、受益者は、原則としてその原物を返還する義務を負う（原物返還の原則。大判昭和8・3・3）。

たとえば、ＢがＡの所有する甲土地を無権原で占有している場合、不当利得にもとづき、ＢはＡに対して甲土地を返還する義務を負うのが原則である。

> 侵害不当利得と物権的返還請求権の関係について、後者が優先するという有力説（➡179ページ（ア））に立った場合は、上記のＡは、不当利得返還請求権によってではなく、

物権的返還請求権によって甲土地の返還を請求することになります。この場合には、不当利得返還請求権の出番はありません。

　もっとも、この有力説を前提としても、甲土地という原物の返還が不能な場合には、Aは甲土地の価値相当額の金員の返還を請求することになります（➡下記**2**）。原物の返還が不能な場合には、有力説からも不当利得返還請求権が用いられることになるのです。

2　返還されるべき利得Ⅱ──価格相当額の金員　) 🅰

　次に、原物の返還が不能な場合は、受益者は、その物の価格相当額の金員を返還する義務を負うと解されている。

　たとえば、上記のBが甲土地を善意のCに売却し、Cが甲土地の所有権を取得した場合、BはAに対して甲土地の価格相当額の金員を返還しなければならない。

ア　返還義務の範囲──善意と悪意

　ただし、この価格相当額の金員の返還義務の範囲は、受益者の主観によって異なる。この点はきわめて重要である。

（ア）善意の受益者

　まず、703条は、受益者は「利益の存する限度」（現存利益）の返還義務を負うと定めている。この703条は、次の704条が悪意の受益者について定めていることから、善意の受益者についての規定であることがわかる。

　つまり、善意の受益者は、「利益の存する限度」（現存利益）の返還義務を負うにとどまる（703条）。これはしっかりと覚えておこう。

　現存利益の有無の判断については、121条の2第2項の場合（➡総則［第2版］258ページ**ウ**）と同様である。

　すなわち、①受益者が受領した金銭をギャンブルなどのために浪費した場合は、現存利益は否定される。②生活費や債務の弁済などの有益な支出にあてた場合は、本来その有益な支出にあてられるはずだった別の財産が現に残っていると評価できることから、現存利益は肯定される。

（イ）悪意の受益者

　以上に対し、悪意の受益者は、「受けた利益」に「利息」を付して返還しなければならない（704条前段）。

また、かかる返還をしてもなお損失者に損害があるときは、悪意の受益者は損害賠償責任を負う（704条後段）。ただし、この規定は、悪意の受益者が不法行為責任を負うことを注意的に規定したものにすぎず、悪意の受益者に対して不法行為責任とは異なる特別の責任を負わせたものではない（最判平成21・11・9）。

　善意の受益者が不当利得返還請求訴訟を提起され、敗訴したときは、その訴え提起の時から悪意の受益者だったものとみなされる（189条2項類推。通説）。

（ウ）善意から悪意に変わった場合

　当初は善意だったが、その後に悪意となった場合は、悪意となった時以後は悪意の受益者として扱われる。

　したがって、悪意となった後の利益の消滅（現存利益の消滅）は、返還義務の範囲を減少させる理由とはならない（最判平成3・11・19）。

イ　代替性のある物が売却された場合　➡論証17前半

　以上のように、原物の返還が不能な場合は、受益者は、その物の価格相当額の金員の返還義務を負う。

　では、受益者が法律上の原因なく代替性のある物（たとえば株式）を利得し、その後にこれを第三者に売却した場合も、①原物の返還が不能であるとして、受益者はその物の価格相当額の金員の返還義務を負うにとどまるのか。それとも、②同種・同等・同量の他の物を調達して、その物を原物として損失者に返還する義務を負うのだろうか。

　仮に、同種・同等・同量の物の返還義務を認めると、受益者にかかる物の調達義務を課すことになり、受益者に受益の返還以上の負担を課すことになる。

　そこで、代替性のある物が売却された場合であっても、受益者は、価格相当額の金員の返還義務を負うにとどまると解するのが通説である。

ウ　価格相当額の基準時　➡論証17後半

　物の価格相当額の金員の返還義務を負う場合において、その物の価格が変動しているときには、どの時点における価格を基準とした返還義務を負うのかという問題が生じる。

　仮に、不当利得返還請求訴訟の事実審の口頭弁論終結時における価格相当

額の返還義務を負うと解すると、受益者は、①売却後に価格が下落している場合には返還義務を一部免れることになり、また、②売却後に価格が高騰している場合には得た利益を超える返還義務を負うことになるが、これらの結論はともに公平の見地から妥当でない。

そこで、受益者は、原則として、売却代金相当額の金員の不当利得返還義務を負うと解するべきである。

判例も、代替性のある物（具体的には株式）が受益者によって売却された事案において、同様の見解に立っている（**最判平成 19・3・8**）。

3　返還されるべき利得Ⅲ──果実・使用利益　B⁺

以上の原物または価格相当額の金員に加えて、受益者は、果実と使用利益も返還しなければならないのが原則である。

ア　物の果実の特則

このうち、物の果実──たとえば他人の土地を賃貸した場合の賃料──については、189 条と 190 条が適用される。これらの規定は、侵害不当利得の特則と解されている。

すなわち、①善意の占有者は、占有物によって生じる果実を返還する義務を負わない（189 条 1 項。なお、2 項の悪意擬制に注意）。

他方、②悪意の占有者および暴行・強迫や隠匿による占有者は、果実を返還し、かつ、すでに消費し、過失によって損傷し、または収取を怠った果実の代価を償還する義務を負う（190 条 1 項、2 項）。

イ　使用利益への類推適用

以上の 189 条と 190 条は、物の使用利益──たとえば他人の土地を受益者自身が利用した場合の平均的賃料相当額──についても類推適用される（大判大正 14・1・20）。

【侵害不当利得の返還義務の内容】

```
原物 ┬ 返還可能 ── 原物返還
     └ 返還不能 ── 価格相当額の金員の返還
                  ├ 善意者：現存利益のみ（703）
                  └ 悪意者：全額＋利息＋損賠（704）

果実・使用利益 ┬ 善意者：返還不要（189 I）
              └ 悪意者：要返還（190）
```

以上に加えて、事案によっては191条や196条（➡物権法・担保物権法94ページ **3.**、**4.**）も適用されます。論文試験の事案を処理する際には、これらの規定にも注意してください。

4 履行遅滞となる時期 B⁺

以上で述べた、侵害不当利得の返還義務（703条・704条等）は法定債務であり、期限の定めのない債務である。

したがって、債務者が債権者から請求（催告）を受けたときから履行遅滞となる（412条3項）。

4. 給付不当利得 I ── 要件・効果

1 要件 A

給付不当利得の要件は、①契約にもとづいて給付がなされたことと、②その給付について法律上の原因がなかったことである。

②の要件は、給付の法律上の原因である契約が無効の場合や、取り消された場合、解除された場合に充足される。

2 効果　A

ア　原状回復義務の発生　改正

給付不当利得については、703条や704条は適用されない（通説）。給付不当利得は、表見的に存在した法律関係（たとえば無効な契約）を清算して原状を回復することを目的とするものである以上、受益者の善意・悪意を基準として返還義務の範囲を区別することは妥当でないからである。

契約が無効の場合や取り消された場合については121条の2が、契約が解除された場合については545条1項が、それぞれ適用される。その結果、給付不当利得の受益者は、その主観を問わず「原状に復させる義務」（原状回復義務）を負うことになる。

では、この原状回復義務は、いかなる内容の義務なのだろうか。すでに民法総則や解除の箇所で説明したが、ここで再度概説しよう。

イ　原物返還と価格相当額の金員の返還

まず、受益者は、原状回復義務として、①原則として原物を返還する義務を負い、②それが不能の場合には価格相当額の金員を返還する義務を負う。

そして、侵害不当利得とは異なり、②の価格相当額の金員の返還義務は、たとえ受益者が善意であっても、全額を返還しなければならないのが原則である（703条の不適用）。

ただし、その例外として、次の3つの場合には、明文で現存利益の返還で足りるとされている。

i 　無効な無償行為（たとえば無効な贈与）にもとづく債務の履行として給付を受けた者が、給付を受けた当時その行為が無効であることを知らなかったとき（121条の2第2項）

ii 　給付の後にその給付の原因である無償行為が取り消されたが、給付を受けた者が、給付を受けた当時その行為が取り消すことができるものであることを知らなかったとき（121条の2第2項かっこ書）

iii 　給付を受けた者が行為の時に意思無能力者または制限行為能力者であったとき（121条の2第3項）

また、

iv　原物の返還不能の原因となった目的物の滅失や損傷が、返還請求権者の責めに帰すべき事由によるとき

については、548条（➡40ページ（イ））の趣旨に照らして、返還義務者は価格相当額の金員を返還する義務を負わないとする見解が有力である。

ウ　果実・使用利益の返還

　給付不当利得の受益者は、原状回復義務として、果実や使用利益も返還しなければならない。

　この果実や使用利益の返還義務については、189条や190条は適用されない（通説）。

エ　相互の返還義務の関係

　相互に給付不当利得の返還義務を負う場合、それらは同時履行の関係に立つ（解除による場合については546条。双務契約が無効または取り消された場合については533条類推 ➡26ページ（ア））。

5. 給付不当利得Ⅱ──特殊の給付不当利得

　給付不当利得については、705条から708条に特則が定められている。個別に説明しよう。

1　債務の不存在を知ってした弁済（狭義の非債弁済）　　B

ア　意義

　給付時に債務が存在しないにもかかわらず弁済がなされた場合を、広義の非債弁済という。

　かかる広義の非債弁済は、法律上の原因がない弁済である。したがって、弁

済者は、弁済受領者に対して、給付したものの返還を請求することができるのが原則である（給付不当利得）。

しかし、弁済者が給付をした時に債務が存在しないことを知っていた場合は、その返還を請求することができないとされている（705条）。この場合を、狭義の非債弁済という。

禁反言の法理に照らし、かかる給付をした者は保護に値しない、というのがその趣旨である。

イ　要件

狭義の非債弁済を定めた705条が適用されるためには、①弁済時に債務が存在しないこと、②債務の不存在を弁済者が知っていたことに加えて、705条の趣旨から、③弁済が任意になされたことが必要と解されている。これらの要件は覚えておこう。

したがって、強制執行を避けるためなど、やむをえずに弁済した場合は、弁済が任意になされたとはいえず、705条は適用されない（大判大正6・12・11）。

また、たとえば、賃料の支払義務のない者が、所有者から賃料支払の催告を受けたため、「賃料を支払うべき筋合はないが賃料不払等とこじつけて家屋明渡訴訟を提起された場合の防禦方法として支払う」旨を表示したうえで請求額を支払った場合などのように、債務の不存在を知って弁済をしたことも無理からぬような客観的事情がある場合には、705条は適用されない（最判昭和40・12・21）。この場合も、弁済が任意になされたとはいえないからである。

2　期限前の弁済　B

債務者は、弁済期にない債務の弁済として給付をしたときは、その給付したものの返還を請求することができない（706条本文）。

705条の場合とは異なり、債務は存在しているため、たとえ弁済期前の弁済であっても弁済者による返還請求を否定するのが妥当だから、という趣旨である。

ただし、債務者に「錯誤」があった場合、すなわち弁済期前であることを知らないで債務者が弁済した場合は、債務者は、債権者が得た利益（中間利息）の返還を請求することはできる（706条ただし書）。もっとも、この場合も給付し

たもの自体の返還請求は認められないので注意しよう。

3　他人の債務の弁済　B

　債務者でない者が錯誤によって自己の債務と誤信して他人の債務を弁済した場合は、弁済者はその返還を請求できるのが原則である。

> 　「他人の債務」を「他人の債務」として弁済した場合は、「第三者による弁済」（➡債権総論106ページ**3**）として弁済は有効となり、弁済者は債権者に対してその返還を請求できないのが原則です（474条1項）。
> 　これに対し、**「他人の債務」**を**「自己の債務」**と誤信して弁済した場合は、「第三者による弁済」にはあたりません。この場合には、原則として弁済者に返還請求権が認められることになるのです。

　しかし、債権者が善意で証書を滅失・損傷し、担保を放棄し、または時効によってその債権を失ったときは、錯誤による他人の債務の弁済者は、返還を請求することができない（707条1項）。

　第三者の給付によって債権が消滅したと信頼して一定の挙動をとった債権者を保護するという趣旨である。

　ただし、かかる場合には、弁済者は、債務者に対して求償権を行使することができる（707条2項）。求償不当利得の返還を請求することができるわけである。これは当然といえよう。

	債務の不存在を知ってした弁済（705）	期限前の弁済（706）	他人の債務の弁済（707）
要件	①債務の不存在を ②知って ③任意に弁済	①期限前に ②弁済	①錯誤で（cf. 第三者による弁済） ②他人の債務を弁済 ③債権者が善意で証書滅失・損傷、担保放棄、時効で債権喪失
効果	返還請求不可 　∵禁反言	返還請求不可 　∵債務あり ただし、錯誤による場合は利益（中間利息）の返還請求は可	返還請求不可 　∵債権者保護の必要 ただし、債務者に対して求償可

4　不法原因給付 Ⓐ

ア　意義

たとえば、AがBに毎月一定額の金員を支払うという約定で、AB間で愛人契約が締結され、AがBに金員を支払ったとする。

この愛人契約は、公序良俗に反するため、無効である（90条）。したがって、AはBに支払った金員の返還を請求することができそうである（121条の2第1項）。

しかし、そのような返還請求を認めてしまうと、公序良俗に違反する行為をした者に法の保護を与える結果となってしまい、妥当でない。

そこで、民法は、「不法な原因のために給付をした者は、その給付したものの返還を請求することができない」（708条本文）と定め、不法原因給付の不当利得返還請求権を否定している。

その趣旨は、「汚れた手を有する者は、法の助力を求めることはできない」というクリーンハンズの原則にある（最判昭和37・3・8）。しっかりと覚えておこう。

イ　要件

不法原因給付によって不当利得返還請求権が否定されるための積極的要件は、①不法な原因のために、②給付をしたことである（708条本文）。

また、消極的要件として、③不法な原因が受益者についてのみ存する場合は、不法原因給付は成立しない（708条ただし書）。

以下、個別に説明する。

（ア）不法な原因

①の「不法」とは、公序良俗に違反し（90条）、道徳的に醜悪な行為をいう（大判明治41・5・9、最判昭和37・3・8）。しっかりと覚えておこう。

> この「不法」という要件を通じて、708条は90条とリンクしています。
> たとえば、AB間の愛人契約は、公序良俗に反するため90条によって無効です。AはBに対して金員を支払う債務はなく、また、BはAに対して愛人として振る舞う債務もありません。
> しかし、そうした愛人契約にもとづいて実際にAがBに金員を支払ってしまった場合は、708条本文によって、Aはもはやその返還を請求することはできなくなります。
> このように、民法は、90条によって「不法」な法律行為の実現を禁止しつつ、それでも

　この「不法」という要件に関しては、動機の不法とよばれる論点がある。

　たとえば、賭博の資金に使う目的で A が B から金銭を借りた場合のように、法律行為自体は公序良俗に反していないものの、その行為の動機が公序良俗に反する場合に、708 条本文が適用されるのだろうか。

　いくつかの見解が対立しているが、取引安全の見地から、不法な動機が表示された場合、または相手方が不法な動機を知っていた場合にのみ、708 条本文が適用されると解するのが妥当であろう（➡総則［第 2 版］129 ページ**ウ**参照）。

（イ）給付

　②の「給付」とは、相手方に終局的な利益を与えることをいう。この点もしっかりと覚えておこう。

　したがって、未登記の建物を引き渡した場合は「給付」にあたるが（最大判昭和 45・10・21）、既登記の建物については、それを引き渡しただけでは「給付」にあたらず、さらに所有権移転登記をしてはじめて「給付」にあたる（最判昭和 46・10・28）。

　また、不動産に抵当権を設定しただけでは、「給付」にあたらない（最判昭和 40・12・17）。抵当権の実行があって、はじめて「給付」にあたる。

　このように、「給付」は終局的な利益を与えることと厳格に解していくのですが、それはなぜなのでしょうか。具体例で説明してみましょう。
　たとえば、愛人契約にもとづき、A が B に既登記のマンションを引き渡したものの、所有権登記はいまだ A のもとにあるとします。
　この場合に、仮に A から B への引渡しだけで「給付」を認めてしまうと、どうなるでしょうか。不法原因給付の効果の箇所で学ぶとおり、A は B にマンションの返還を請求することができなくなり、さらにその反射的効果として、B がマンションの所有権を取得することになります（➡ 192 ページ（イ））。そのため、B が A を被告として所有権移転登記を請求する訴訟を提起すれば、裁判所は B の請求を認容せざるをえなくなるのです。
　しかし、それでは国家が不法な給付の実現を助力することになってしまい、妥当ではありません。
　そこで、国家が不法な給付の実現を助力しなくてすむように、最終的な給付まで当事者が行った場合にのみ「給付」を認め、708 条本文を適用しようと解されているのです。

（ウ）不法な原因が受益者についてのみ存するものでないこと

　以上の要件をみたしても、③不法な原因が受益者についてのみ存する場合は、不法原因給付は成立せず、給付者は受益者に対して不当利得の返還を請求することができる（708条ただし書）。

　また、給付者と受益者の双方に不法性が認められる場合であっても、給付者の不法性が受益者の不法性と比べてきわめて微弱な場合には、不法原因給付は成立せず、給付者は受益者に対して不当利得の返還を請求することができると解されている（最判昭和29・8・31）。

ウ　効果

（ア）不当利得返還請求権の否定

　不法原因給付が成立すると、不当利得返還請求権が否定される（708条本文）。

　ただし、不法原因給付が成立した後に、当事者間でその返還を合意した場合は、その合意は有効である（最判昭和28・1・22など）。

（イ）物権的返還請求権への類推適用と所有権の移転　➡論証18

　さらに、708条は、物権的返還請求権にも類推適用される（最大判昭和45・10・21）。不法な原因によって物を給付した者は、不当利得にもとづく返還請求をすることができなくなるだけでなく、所有権にもとづく物権的返還請求もすることができなくなるわけである。そのように解しないと、不当利得返還請求権を否定した趣旨が没却されてしまうからである。

　そして、その反射的効果として、不法原因給付をした者が有した所有権は受益者に移転することになる（最大判昭和45・10・21）。

　たとえば、Aが愛人契約にもとづいてBにA所有のマンションを引き渡し、所有権移転登記を経由した場合であっても、愛人契約は無効であるから（90条）、かかる契約にもとづく所有権の移転は生ぜず、所有権はAのもとに残っているはずである。しかし、Aによる不当利得返還請求が708条本文の直接適用によって否定されるのはもとより、所有権にもとづく返還請求も、708条本文の類推適用によって否定される。Aは、不当利得にもとづいても、所有権にもとづいても、Bに対してマンションの返還を請求することができないわけである。そして、その反射的効果として、愛人契約は無効であるにもかかわらず、マンションの所有権はBに移転することになるのである。

この反射的効果はきわめて重要である。しっかりと覚えておこう。

（ウ）不法行為による損害賠償請求権への類推適用

また、708 条は、不法行為による損害賠償請求権にも類推適用される。

上記の A は、B に対して不法行為による損害賠償を請求することもできないわけである。

エ　不法行為による損害賠償請求における損益相殺への類推適用

さらに、708 条は、不法行為による損害賠償請求（709 条）における損益相殺（➡ 224 ページ **4**）にも類推適用される。

すなわち、不法行為による損害賠償請求訴訟において、被害者が加害者からの不法原因給付によって利益を得ていた場合であっても、その利益を損益相殺ないし損益相殺的な調整の対象として被害額から控除することは、708 条の趣旨に反するものとして許されない（最判平成 20・6・24）。

このことを、具体例で説明してみよう。

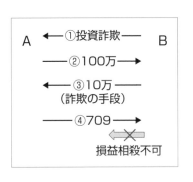

たとえば、詐欺師の B が A に虚偽の投資話を持ち掛け、A から 100 万円の出資を得た後に、A を信じ込ませるために A に対して 10 万円を配当したとする。この 10 万円の配当は不法原因給付にあたり、B は A に対してその返還を請求することができない（708 条本文）。10 万円の利益は A に帰属することになる。そして、その後に A が B に対して不法行為による損害賠償を請求した場合、A の 10 万円の利得は、708 条本文の類推適用によって損益相殺ないし損益相殺的な調整の対象からは除外される。10 万円の利得は、損害額から控除されないわけである。

【不法原因給付（708）のまとめ】

- ・給付不当利得の特則
- ・趣旨：クリーンハンズの原則
- ・要件

    ① 「不法」＝公序良俗違反（90）かつ道徳的に醜悪な行為

    ② 「給付」＝終局的な給付

    ：未登記不動産は引渡し

      既登記不動産は引渡し＋登記

      抵当権の設定はあたらない

    ③不法の原因が受益者についてのみ存する場合は not 該当（708 ただし書）

    ：双方に不法性があるが、給付者の不法性が受益者の不法性と比べてきわ

      めて微弱な場合も not 該当

- ・効果

    ①返還請求不可（708 本文）

      ただし、任意に返還する特約は有効

    ②物権的返還請求も不可（類推）

      →その反射的効果として、受益者に所有権が移転

    ③不法行為による損害賠償請求も不可（類推）

- ・不法原因給付にかかる損益相殺も不可（類推）

6. 多数当事者間の不当利得

　不当利得の最後に、多数当事者間の不当利得が問題となる場合について検討する。

1　騙取金による弁済　A　➡論証 19

　債務者が、第三者からだまし取ってきた金銭（騙取金）で債務を弁済したと

する。この場合、被害者たる第三者は、その弁済を受けた債権者に対して不当利得返還請求をすることができるのだろうか。この問題は、騙取金による弁済とよばれる重要基本論点である。

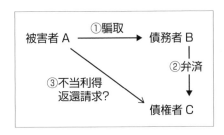

被害者A ①騙取→ 債務者B
②弁済
③不当利得
返還請求?
債権者C

たとえば、BがAから騙取した金銭によってBの債権者であるCに弁済した場合、被害者であるAは、弁済受領者Cに対して不当利得返還請求（703条、704条）をすることができるのだろうか。

判例が問題としたのは、①Cの受益とAの損失との間の因果関係の有無、および②Cの受益についての法律上の原因の有無である。

ア　因果関係の有無

まず、Cの受益とAの損失との間に、因果関係が認められるか。

確かに、Bが騙取した金銭は、占有者たるBの所有に属する（→物権法・担保物権法72ページ**イ**）。したがって、Cの受益とAの損失との間には、直接的な因果関係は認められない。

しかし、不当利得における因果関係は、受益と損失との間に社会通念上の因果関係があれば認められると解するのが判例である（→180ページ**2**）。

したがって、社会通念上Aの金銭でCの利益を図ったと認められるだけの連結がある場合には、社会通念上の因果関係が認められ、不当利得における因果関係が認められるといえる。判例も、同様の結論である（**最判昭和49・9・26**）。

イ　法律上の原因の有無

次に、Cの受益が「法律上の原因なく」といえるか。

確かに、CはBに対する債権を有するから、弁済をしたBとの関係では、「法律上の原因」があるといえる。

しかし、公平の見地に照らせば、「法律上の原因なく」とは、受益を正当化する実質的・相対的な理由がないことをいうと解するべきである（→181ページ

3）。

　そして、騙取金による弁済を受けた者が悪意または重過失である場合には、被騙取者との関係では、受益を正当化する実質的・相対的な理由がないといえる。

　したがって、Cが悪意または重過失である場合には、Aとの関係では「法律上の原因なく」といえ、Aは不当利得返還請求をすることができる。前掲の判例も同様の結論である（**最判昭和49・9・26**）。

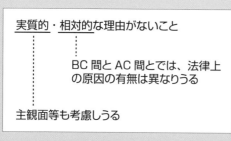

実質的・相対的な理由がないこと

　　　　　BC間とAC間とでは、法律上の原因の有無は異なりうる

主観面等も考慮しうる

「実質的・相対的な理由」という場合の「実質的」とは、受益者の主観などの事情を考慮するという意味であり、「相対的」とは、理由の有無を人ごとにバラバラにして考えるという意味です。そのため、「実質的」にみて受益者Cが悪意・重過失の場合は、「相対的」にみて被害者Aとの関係では、Cの受益は法律上の原因がないと考えていくのです。

　ちなみに、この「法律上の原因」についての解釈は、衡平説を前提としているため、現在の通説である類型論との整合性には大きな疑問があります。また、騙取金による弁済をはじめとする多数当事者間の不当利得は、類型としては給付不当利得にあたるとするのが通説です。したがって、類型論に立つ限り、703条・704条は適用されないはずです。

　しかし、試験との関係では、類型論からの理論的一貫性にこだわる必要はありません。平成29年改正前のものではあれ、それが最高裁の判例である以上、少なくとも多数当事者の不当利得においては衡平説を採用し、かつ703条・704条を適用してしまえばOKです。

2　転用物訴権　B⁺　→論証20

　契約上の給付が契約の相手方でない第三者の利益となった場合に、給付をし

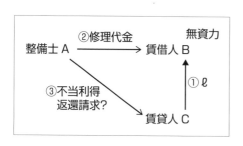

整備士A　②修理代金　→　賃借人B　無資力

③不当利得返還請求？

①ℓ

賃貸人C

た契約当事者が、その第三者に対して不当利得返還請求をすることができるか。この問題は、転用物訴権とよばれる基本論点である。

　たとえば、BがCから自動車を賃借しているところ、賃借人Bの依頼により自動車整備士のAが当

該自動車を修理したとする。ところが、Bは無資力だったとしよう。この場合、CはAの労務によって当該自動車の修理を受けるという利益を得ている。では、Bから修理代金を回収できなかったAは、Cに対して不当利得返還請求（703条、704条）をすることができるのだろうか（最判昭和45・7・16［ブルドーザー事件］をベースとした事案）。

ここで問題となるのは、騙取金による弁済と同じく、①Cの受益とAの損失との間の因果関係の有無、および②Cの受益についての法律上の原因の有無である。

ア　因果関係の有無

まず、不当利得における因果関係は、受益と損失との間に社会通念上の因果関係があれば認められると解するのが判例である（➡180ページ**2**）。

したがって、Cの受益とAの損失との間には、不当利得における因果関係が認められるといえる。

イ　法律上の原因の有無

では、Cの受益が「法律上の原因なく」といえるか。

公平の見地に照らせば、「法律上の原因なく」とは、受益を正当化する実質的・相対的な理由がないことをいうと解される（➡181ページ**3**）。

そして、上記の事案では、B・C間の賃貸借契約を全体としてみてCが対価関係なしに利益を受けたときにかぎり、Cの受益は「法律上の原因なく」といえると解するのが妥当であろう。判例も、同様の結論である（最判平成7・9・19）。

したがって、たとえばBが修理費用を負担するかわりに、Cが賃料を安くしていたような場合には、Cの受益には法律上の原因があるといえ、AはCに対して不当利得返還請求をすることはできない。

3　第三者に対する給付　**B**

AがBと締結した契約にもとづいてCに対して給付をしたところ、AB間の契約が無効または取り消された場合、Aは、誰に対して不当利得の返還を請求するべきか。

確かに、実際に給付を受けたのはCであるから、AはCに対して返還を請求するべきとも思える。

　しかし、AB間の契約が無効または取り消された場合の契約関係の清算は、契約当事者であるAB間（➡35ページ**2**参照）でなされるのが妥当である。

　よって、AはBに対して不当利得の返還を請求するべきと解するのが妥当であろう。

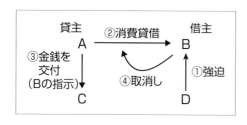

　判例も、Aを貸主、Bを借主とする消費貸借にもとづき、Bの指示によってAがCに金銭を交付した後に、消費貸借が取り消された事案で、一般論としては貸主Aから借主Bに対する不当利得返還請求権を認めている（**最判平成10・5・26**）。

　ただし、この判例の事案では、Bは第三者Dから強迫を受け、Dに指示されるままにAとの消費貸借を締結し、かつ貸付金をCに交付するようAに指示したという特段の事情があったことから、例外的にBには受益がないとされ、結論としてAのBに対する不当利得返還請求は否定された。

第 5 章

不法行為

1. 不法行為総論

1 意義 A

不法行為は、債権発生原因の1つである。すなわち、不法行為の被害者は、一定の要件のもと、不法行為の加害者に対する損害賠償請求権を取得する（709条以下）。

この不法行為は、損害の塡補による被害者の救済を目的とする制度である。

2 類型 A

およそ不法行為は、一般不法行為と特殊の不法行為に大別される。

一般不法行為とは、加害者に故意・過失がある場合にのみ不法行為責任が発生するという過失責任の原則を採用するものをいう。

特殊の不法行為とは、一般不法行為の要件が修正されたものをいう。そこでは、過失責任の原則が修正され、いわゆる中間責任や無過失責任が採用されていることが多い（過失責任、中間責任、無過失責任については ➡ 230ページのコラムと表を参照）。

民法は、709条以下で一般不法行為を定め、次いで714条以下で特殊の不法行為を定めている。

3 債務不履行による損害賠償請求権との関係 B

不法行為による損害賠償請求権の要件と、債務不履行による損害賠償請求権

（415条）の要件をともにみたしている場合、請求権者は、任意にいずれか
を選択して行使することができる（大判明治45・3・23、最判昭和38・11・5な
ど）。

　たとえば、医療過誤事件の被害者は、不法行為による損害賠償請求をするこ
ともできるし、医療契約（準委任契約）上の債務不履行による損害賠償請求をす
ることもできる。

　なお、過失相殺に関する両請求権の差異については221ページ**ア**の表を、消
滅時効に関する両請求権の差異については226ページ**5**の表を、それぞれ参
照してほしい。

2. 一般不法行為Ⅰ──要件

　ここからは、709条以下が定める一般不法行為の要件について説明する。

1　故意・過失　Ⓑ

　一般不法行為が成立するためには、加害者に故意または過失があったことが
必要である（709条。過失責任の原則）。

ア　意義

　故意とは、結果に対する認識・認容をいう。

　過失とは、結果発生の予見可能性がありながら、結果の発生を回避するため
に必要とされる措置（行為）を講じなかったことをいう（通説）。すなわち、予
見可能性を前提とした結果回避義務違反の行為を過失というわけである（➡刑
法総論［第3版］81ページ**2.**参照）。

　故意または過失の証明責任は、民事訴訟法の原則どおり、被害者である原告
が負う。

イ 失火責任法

（ア）意義

故意・過失という要件のうち、過失については、「失火ノ責任ニ関スル法律」（失火責任法）という特別法による修正がある。

失火責任法は、本文で「民法第709条ノ規定ハ失火ノ場合ニハ之ヲ適用セス」とし、ただし書で「但シ失火者ニ重大ナル過失アリタルトキハ此ノ限ニ在ラス」としている。

つまり、失火（過失による出火）の場合における不法行為責任は、重過失がその要件となる。軽過失にとどまる場合は、不法行為責任が発生しないわけである。これはしっかりと覚えておこう。

この失火責任法の趣旨は、日本は木造家屋が多いため、1度失火があると延焼が生じて損害が甚大となってしまう可能性が高いところ、軽過失しかない失火者にその責任を負わせるのはあまりにも酷であるから、という点にある。ただし、耐火建築や火災保険が普及した現代社会においては、失火責任法の正当性は薄れつつあるといわれている（➡ 241 ページ**エ**参照）。

> 失火責任法に関して、故意による出火の場合はどうなるのか、という質問を時々受けるのですが、故意による出火はそもそも「失火」ではありませんから、失火責任法は関係ありません。故意による出火の場合は、当然に不法行為責任が発生します。

（イ）債務不履行による損害賠償請求との関係

失火責任法は不法行為の特則であるから、債務不履行による損害賠償請求には適用されない（最判昭和30・3・25）。このことはしっかりと覚えておこう。

したがって、たとえば建物の賃借人が失火によって当該建物を焼失してしまった場合は、賃借人に軽過失しかないときであっても、賃借人の免責事由（415条1項ただし書）は認められず、賃借人は債務不履行による損害賠償責任を負うことになる。

2 権利または法律上保護される利益の侵害 ▶ B

次に、「他人の権利又は法律上保護される利益」を侵害したことが必要である（709条）。

この文言からも明らかなように、侵害の対象は、必ずしも確立された「権

利」である必要はなく、「法律上保護される利益」であれば足りる。

　では、具体的にいかなる権利・利益を侵害した場合に、不法行為が成立するのだろうか。代表的なものを見ていこう。

ア　物権

　所有権や用益物権が侵害された場合は、不法行為が成立しうる。

　担保物権の侵害については、優先弁済が実現できない場合に限って不法行為が成立しうる（➡物権法・担保物権法227ページ**3**）。

イ　債権

　では、第三者によって債権が侵害された場合、不法行為が成立するのだろうか。

　確かに、債権も権利である以上、不可侵性を有する。よって、債権侵害があった場合も、不法行為が成立しうると解される。

　しかし、債権は排他性がない点で、被侵害利益としては物権よりも弱い。また、自由競争として、債権侵害が許される場合もあるというべきである。

　そこで、第三者に故意が認められる場合は不法行為が成立するが、第三者に故意がない場合は、特段の事情のない限り不法行為は成立しないと解するのが妥当であろう。

ウ　人格的利益Ⅰ──生命・身体

　生命や身体が侵害された場合は、当然ながら、不法行為が成立しうる。

　この点について、判例は、建物の建築に携わる設計者、施工者および工事監理者は「建物の建築に当たり、契約関係にない居住者等に対する関係でも、当該建物に建物としての基本的な安全性が欠けることがないように配慮すべき注意義務を負う」とし、「この義務を怠ったために建築された建物に建物としての基本的な安全性を損なう瑕疵があり、それにより居住者等の生命、身体又は財産が侵害された場合には、……不法行為の成立を主張する者が上記瑕疵の存在を知りながらこれを前提として当該建物を買い受けていたなど特段の事情がない限り、これによって生じた損害について不法行為による賠償責任を負う」としている（**最判平成19・7・6**）。

また、判例は、医師の過失ある医療行為と患者の死亡との間の因果関係の存在が証明されない場合であっても、「医療水準にかなった医療が行われていたならば患者がその死亡の時点においてなお生存していた相当程度の可能性の存在が証明されるときは、医師は、患者に対し、不法行為による損害を賠償する責任を負う」ものとしている（**最判平成 12・9・22**）。

> かなり応用的な話なので、とりあえずはあまり気になくてもいいのですが、上記の平成12年の判例については、①「生命」という被侵害利益とは別に、「生存の相当程度の可能性」という新たな被侵害利益を認めた判例であると解する見解と、②被侵害利益は「生命」としたうえで、事実的因果関係について通常要求される「高度の蓋然性」（➡209ページ**ア**）を軽減し、医療過誤によって患者が死亡した事案については「相当程度の可能性」が認められれば事実的因果関係を肯定してよいとした判例であると解する見解とがあります。これらのうち、現在は①が多数説となっています。
> この①の見解によれば、たとえ医師の行為によって患者の「生命」が侵害されたということが証明できない場合であっても（たとえば患者に既往症があった場合や、末期の状態にあったような場合は、医師の行為によって患者の「生命」が侵害されたということの証明は困難であるのが通常です）、医師の過失によって「患者がその死亡の時点においてなお生存していた相当程度の可能性」が侵害されたといえさえすれば、医師は不法行為責任を負うということになります。

エ　人格的利益II──名誉

名誉が侵害された場合も、不法行為が成立しうる。

この場合、裁判所は、被害者の請求により、損害賠償に代えて、または損害賠償とともに、名誉を回復するのに適当な処分を命ずることができる（723条）。たとえば、謝罪広告の掲載を命ずることができるわけである。

ただし、表現の自由（憲法21条1項）との調整が必要であることから、一定の場合には、不法行為の成立が否定されることがある。場合を分けて説明しよう。

（ア）事実の摘示と違法性阻却

まず、事実の摘示によって名誉が毀損された場合においては、刑法230条の2第1項（➡刑法各論［第3版］70ページ**2**）に準じて、次の3つの要件をみたせば、違法性が阻却される。

①摘示された事実が公共の利害に関する事実であること
②その目的がもっぱら公益を図ることにあったこと
③摘示された事実が真実であることが証明されたこと

また、③の真実性の証明に失敗した場合であっても、そのかわりに、摘示された事実が真実であると信ずるについて相当の理由があるときには、故意・過失が否定され、不法行為の成立は否定される（最判昭和41・6・23）。

（イ）意見・論評の表明と違法性阻却

　次に、ある事実を基礎としてなされた意見や論評の表明によって名誉が毀損された場合においては、次の4つの要件をみたせば、違法性が阻却される。

①摘示された事実が公共の利害に関する事実であること
②その目的がもっぱら公益を図ることにあったこと
③意見ないし論評の前提としている事実が重要な部分について真実であることが証明されたこと
④人身攻撃に及ぶなど意見ないし論評としての域を逸脱したものでないこと

　また、③の真実性の証明に失敗した場合であっても、そのかわりに、前提としている事実を真実と信ずるについて相当の理由があるときには、故意・過失が否定され、不法行為の成立は否定される（最判平成9・9・9）。

オ　人格的利益Ⅲ──プライバシー

　プライバシーが侵害された場合も、不法行為が成立しうる。

　判例によれば、その事実を公表されない法的利益と、これを公表する理由とを比較衡量し、前者が後者に優越する場合に不法行為が成立することになる（最判平成6・2・8）。

カ　景観利益

　判例によれば、良好な景観に近接する地域内に居住し、その恵沢を日常的に享受している者が有する、良好な景観の恵沢を享受する利益（景観利益）も、法律上の保護に値する。

　ただし、ある行為が景観利益に対する違法な侵害に当たるといえるためには、「少なくとも、その侵害行為が刑罰法規や行政法規の規制に違反するものであったり、公序良俗違反や権利の濫用に該当するものであるなど、侵害行為の態様や程度の面において社会的に容認された行為としての相当性を欠くこと」が必要である（最判平成18・3・30）。

キ　身分関係にもとづく利益

夫婦や親子などの身分関係にもとづく利益が侵害された場合も、不法行為が成立しうる。

たとえば、配偶者の一方と不貞行為に及んだ第三者は、他方配偶者の「夫又は妻としての権利」を侵害したものとして、他方配偶者に対して不法行為責任を負うとするのが判例である（最判昭和 54・3・30）。

ただし、その例外として、不貞行為の当時すでに婚姻関係が破綻していたときは、特段の事情のないかぎり、第三者は他方配偶者に対して不法行為責任を負わない（最判平成 8・3・26）。

以上の原則と例外は覚えておこう。

なお、学説では、不貞行為に及んだ配偶者の自己決定権の尊重や、私的な事柄についての法の介入はできるかぎり抑制すべきであるとの観点から、強制性交等の場合を除き、配偶者の一方と不貞行為に及んだ第三者は、他方配偶者に対して不法行為責任を負わないとする見解がきわめて有力である。

3　損害 　A

ア　損害の意義

損害という要件については、そもそも「損害」とは何を指すのかという点をめぐって、見解の対立がある。

（ア）差額説と損害事実説

通説は、不法行為がなければ被害者が有していたであろう財産の額と、不法行為があった結果として被害者が有している財産の額の差額（金銭）が「損害」であると解している。この見解は、差額説とよばれている。

これに対し、不法行為によって被害者に生じた個々の不利益な事実が「損害」であるとする見解もある。この見解は、損害事実説とよばれている。

> たとえば、医師 A と患者 B が医療契約を締結し、A が B を手術したところ、A の手術ミスによって B に重大な後遺症が発生したとします。B は、かかる後遺症のため、しばらく働くことができなくなってしまい、また、後遺症の治療のために追加の治療費の支出を余儀なくされたとしましょう。
>
> この場合、判例・通説である差額説からは、たとえば働くことができればもらえるはずだった給与の額や、支出を余儀なくされた治療費などのような金銭が、B に生じた「損害」ということになります。

これに対し、損害事実説からは、Ｂが重大な傷害を被り働けなくなったという事実や、追加の治療が必要となったという事実が、それぞれ「損害」ということになります。
　ちなみに、損害の賠償は金銭の支払によって行うのが原則です（722条1項・417条）。したがって、損害事実説に立ったとしても、結局は「損害」を金銭的に評価（金額に換算）する作業が必要となります。
　そうすると、両説は実質的には異ならないのではないか、この論点は単なる抽象的な対立にすぎないのではないか、という疑問が生じるかもしれません。しかし、たとえば原告が「損害」として何を主張・立証することになるのかという点は、差額説と損害事実説のどちらに立つかによって変わってきます。差額説からは、原告は「損害」たる差額（具体的な金額）を主張・立証する必要があることになるのに対し、損害事実説からは、事実としての損害（後遺症が発生し働けなくなったことなど）を主張・立証すれば足り、その金銭的な評価（具体的な金額への換算）は裁判官の裁量にゆだねられる（つまり原告が具体的な金額まで主張・立証する必要はない）ということになりえます。
　このように、両説の対立は具体的な結論に差異を生じさせる対立であり、実益のある対立なのです。

（イ）判例

　以上の2つの見解のうち、判例は基本的に差額説を採用している。

　たとえば、交通事故による人身傷害の事案において、「現在又は将来における収入の減少も認められないという場合においては、特段の事情のない限り、労働能力の一部喪失を理由とする財産上の損害を認める余地はない」としている（最判昭和56・12・22）。

　ただし、この判例は、例外の余地を認めている。すなわち、「特段の事情」として、「事故の前後を通じて収入に変更がないことが本人において労働能力低下による収入の減少を回復すべく特別の努力をしているなど事故以外の要因にもとづくものであって、かかる要因がなければ収入の減少を来たしているものと認められる場合とか、労働能力喪失の程度が軽微であっても、本人が現に従事しまたは将来従事すべき職業の性質に照らし、特に昇給、昇任、転職等に際して不利益な取扱を受けるおそれがあるものと認められる場合」をあげ、これらの場合には例外的に財産上の損害があるといえる旨、判示しているのである。

　このことから、判例は、差額説を基本としつつも、差額説を貫いた場合に生じる不都合性を考慮し、これを部分的に修正する立場を採用しているものと解することができる。

イ　損害の種類

損害には様々な分類があるが、ここでは、①財産的損害と非財産的損害の分類、および②積極的損害と消極的損害の分類を説明する。これらはきわめて重要な基礎知識である。

①財産的損害と非財産的損害

まず、財産的損害と非財産的損害の分類についてである。

たとえば、加害者の暴行によって被害者が傷害を負った場合において、支出を余儀なくされた治療費が、財産的損害の典型である。

他方、上記の被害者が負った精神的苦痛を金銭に換算したもの（慰謝料）が、非財産的損害の典型である。

また、法人への名誉毀損があった場合には、当該法人に非財産的損害が生じうる（最判昭和39・1・28）。

不法行為における非財産的損害の賠償については、特に710条が定められている。

ありがちな誤解として、①財産に対して加えられた損害が財産的損害、②財産以外（身体や自由、名誉など）に対して加えられた損害が非財産的損害、という誤解があります。

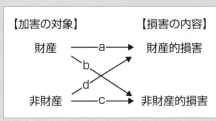

しかし、たとえばAが大切にしている思い出のつまった陶器の壺をBが故意に破壊した場合、加害の対象はAの壺という財産ですが、Aには、財産的損害が生じるのに加えて（図a）、非財産的損害（慰謝料）が生じることがあります（図b）。このことは、710条が「他人の財産権を侵害した場合」についても「財産以外の損害」を賠償する責任を負うとしていることからも明らかです。

また、たとえばXがYに傷害を負わせた場合、加害の対象はYの身体という非財産ですが、Yには、非財産的損害が生じるのに加えて（図c）、財産的損害（たとえば治療費）も生じることがあります（図d）。

つまり、財産的損害と非財産的損害という分類は、加害の対象による分類なのではなく、生じた損害の内容による分類なのです。しっかりと理解しておきましょう。

②積極的損害と消極的損害

以上の損害のうち、財産的損害は、さらに積極的損害と消極的損害に分類される。

積極的損害とは、既存の利益の滅失または減少をいい、消極的損害とは、将

来の利益の獲得を妨げられたことによる損失をいう。消極的損害は、逸失利益ともよばれる。

　つまり、被害者のもとから出て行った金銭等を積極的損害といい、被害者のもとに入ってこなくなった金銭等を消極的損害や逸失利益というわけである。

　たとえば、加害者の暴行によって被害者が傷害を負った場合において、支出を余儀なくされた治療費は積極的損害であり、傷害を負ったために働くことができず、給料をもらえなかった場合の、本来もらえるはずだった給料相当額が消極的損害（逸失利益）である。

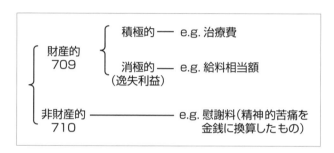

ウ　個別損害項目積上げ方式

　そして、以上の各損害について、判例・通説は、治療費・交通費・修理費用・再調達費用・将来得たであろう収入の減少・介護費用・慰謝料などといった様々な個別の項目（損害項目）を立て、各項目ごとの金額を積算することによって、損害たる差額を算定するという方法を採用している。

　この方法を、個別損害項目積上げ方式（個別積算方式）という。

4　因果関係　B+

　不法行為の第4の要件として、行為と損害の発生との間の因果関係が必要である。このことは、709条の「によって」という文言からも明らかである。

　この因果関係に関しては学説が錯綜しているが、実務では、①行為と損害との間に事実的因果関係があるかという問題と、②損害のどこまでを塡補すべき対象とするかという相当因果関係の問題の2段階で因果関係の有無を判断する見解が有力である。

ア　事実的因果関係

事実的因果関係とは、特定の事実が特定の結果発生を招来した関係をいう。

つまり、あれ（行為）なければこれ（結果）なしという関係（条件関係）を、事実的因果関係というわけである。

そして、事実的因果関係が認められるためには、それを是認しうる「高度の蓋然性」の証明が必要である（**最判昭和 50・10・24**。なお、203 ページのコラムも参照してほしい）。

イ　相当因果関係

以上の事実的因果関係に加えて、判例は、行為と損害との間の相当因果関係を要求する。

すなわち、判例は、416 条 1 項が相当因果関係の原則を定め、2 項が相当因果関係の判断に際して考慮できる事情の範囲を定めた規定であるとの解釈（➡ 債権総論 40 ページ **1**）を前提として、かかる 416 条は不法行為にも類推適用されると解しているのである（大連判大正 15・5・22、最判昭和 48・6・7）。

したがって、相当因果関係が否定される損害については、被害者はその賠償を請求することができない。

> 以上の判例に対し、昭和 46 年に平井宜雄博士が主張された保護範囲説を嚆矢として、学説では 416 条の類推適用を否定する見解が有力となっています。
> 純理論的な面はさておくとしても、確かに、債務者（加害者）の予見可能性によって考慮できる事情の範囲を定める 416 条 2 項を不法行為に類推適用するのは、実際問題として不適切です。なぜなら、「多くの場合全く無関係な者の間で突発する不法行為にあっては、故意による場合はとにかく、過失による場合には、予見可能性ということはほとんど問題となりえない。たとえば、自動車の運転者が運転を誤って人をひき倒した場合に、被害者の収入や家庭の状況などを予見しまたは予見しうべきであったというがごときことは、実際上ありうるはずがない」（最判昭和 48・6・7 の大隅健一郎裁判官反対意見）からです。ちなみに、同裁判官は、「損害賠償制度の基本理念である公平の観念に照らして加害者に賠償させるのが相当と認められる損害については、通常生ずべきものであると特別の事情によって生じたものであると、また予見可能なものであると否とを問わず、全て賠償責任を認めるのが妥当である」との見解を主張されています。
> 令和となった今なお学説は錯綜しているため、試験ではとりあえず判例の立場で書けば OK なのですが、今後の議論の進展には十分注意する必要があるでしょう。

ウ　弁護士費用

被害者が不法行為による損害賠償請求訴訟のために弁護士費用を支出した場

合、かかる弁護士費用は、事案の難易、請求額、認容された額その他諸般の事情を斟酌して相当と認められる額の範囲内のものに限り、不法行為との相当因果関係が認められる（最判昭和44・2・27）。

実務では、認容額の1割程度が、不法行為と相当因果関係のある弁護士費用とされることが多い。

5 不法行為の成立を否定する事由) **B**

以上の要件を充足する場合、原則として不法行為が成立するが、例外的に不法行為の成立が否定される場合がある。

明文があるものに絞って説明しよう。

ア 責任無能力

行為の時点で行為者が責任能力を備えていなかった場合は、例外的に不法行為の責任が否定される。

責任能力とは、自己の行為が違法なものとして法律上非難されるものであることを弁識しうる能力をいう。「自分がやっていることは悪いことだ」とわかる能力を、責任能力というわけである。

民法は、責任無能力の場合を、次の2つの類型に分けて定めている。

（ア）未成年者の場合

まず、未成年者は、自己の行為の責任を弁識するに足りる知能を備えていなかったとき（すなわち責任能力を備えていなかったとき）は、その行為について不法行為責任を負わない（712条）。

未成年者がいつの時点から責任能力を備えるかについては個人差があるが、小学校を卒業する12歳程度が一応の目安となる。これは覚えておこう。

（イ）精神上の障害による場合

次に、未成年者であれ、成年者であれ、精神上の障害により自己の行為の責任を弁識する能力を欠く状態にある間に他人に損害を加えた者は、不法行為責任を負わない（713条本文）。

精神上の障害は、病気のほか、泥酔などの一時的な障害を含む。

ただし、行為者が故意・過失によって一時的に責任無能力の状態を招いた場合は、行為者は不法行為責任を負う（713条ただし書）。刑法における「原因に

おいて自由な行為」の理論に相当する内容が、民法では明文で定められている
わけである。

したがって、たとえば自らの意思で酒を飲み、泥酔して責任無能力の状態で
不法行為に及んだ者は、なお不法行為責任を負うことになる。

イ　正当防衛・緊急避難

正当防衛や緊急避難が成立する場合も、例外的に不法行為の成立が否定さ
れる。

（ア）正当防衛

正当防衛とは、他人の不法行為に対し、自己または第三者の権利または法律
上保護される利益を防衛するため、やむをえず加害行為をした場合をいう（720
条1項本文）。

たとえば、Aに襲われたBがAに反撃する場合のほか、逃げ道を確保する
べく無関係の通行人Cを突きとばしてけがを負わせたような場合も、正当防衛
に該当する（刑法では、Cを突きとばしたBの行為は緊急避難として処理される）。

この場合、被害者Cは、正当防衛が成立しているBに対しては不法行為に
よる損害賠償を請求することができないが、不法行為者であるAに対しては不
法行為による損害賠償を請求することができる（720条1項ただし書）。

（イ）緊急避難

緊急避難とは、他人の物から生じた急迫の危難を避けるためその物を損傷し
た場合をいう（720条2項）。

たとえば、Aの飼い犬に襲われたBが、その犬を殴ってけがを負わせた場合
がその例である。

緊急避難についても、正当防衛の規定が準用される（720条2項）。

3. 一般不法行為Ⅱ──効果

不法行為が成立すると、被害者から加害者に対する損害賠償請求権が発生する（709条、710条）。

1 損害賠償の方法) B

ア 金銭賠償の原則

損害の賠償は、金銭によるのが原則である（722条1項・417条）。

なお、賠償されるべき損害は、現に生じた損害である。したがって、いわゆる懲罰的損害賠償の制度は日本では認められない。

見せしめと制裁のための懲罰的損害賠償を命じた外国判決は、日本の公の秩序に反するため、日本ではその効力を有さず、執行することができない（最判平成9・7・11）。

イ 一時金方式と定期金方式

算定された賠償金の支払方法には、一時金方式と定期金方式とがある。

一時金方式とは、賠償金を1回で給付する場合をいい、定期金方式とは、賠償金を一定期間にわたって定期的に給付する場合をいう。

つまり、一括払が一時金方式、分割払が定期金方式である。

実務では、原告は一時金方式での支払を求めることが多いが、一時金方式による場合は中間利息が控除されうる（➡225ページ**ウ**）。

ウ 名誉毀損における原状回復

金銭賠償の原則の例外として、名誉毀損の場合は、裁判所は、被害者の請求により、損害賠償に代えて、または損害賠償とともに、名誉を回復するのに適当な処分を命ずることができる（723条）。たとえば、謝罪広告や差止めを命ずることができるわけである。

なお、名誉毀損以外の場合にも、原告による差止請求が認められることがある。この点は後述する（➡227ページ**8**）。

2 損害賠償請求権の主体 A

不法行為による損害賠償請求の請求権者は、その不法行為によって損害を被った被害者である。たとえば、AがBを殴った場合のBが、請求権者の典型である。

しかし、実際に誰が被害者ないし請求権者なのかが問題となることもある。以下、類型ごとに説明しよう。

ア 間接被害者
（ア）問題の所在

たとえば、Aが自動車を運転中、あやまってBをはねたため、Bが傷害を負ったとする。この場合に、Bが被害者として、自らが被った損害の賠償をAに対して請求することができるのは当然である。

しかし、Bの請求だけ検討すればそれで足りるとは限らない。不法行為によって間接的に損害を被った者（間接被害者）も、その損害（間接損害）の賠償を請求することができるかが問題となることがあるのである。

この間接被害者の間接損害が問題となる場合としては、①肩代わり損害（反射損害）、②定型的付随損害、③企業損害の3つの類型が考えられる。

たとえば、①上記Bの成人した子であるCが、Bの入院費・治療費を支払った場合、Cはそれらの賠償をAに対して請求することができるのだろうか（肩代わり損害）。

また、②Bの事故の知らせを聞いた子Dが、留学先のオランダから航空機で急遽帰国した場合、Dは航空運賃の賠償をAに対して請求することができるのだろうか（定型的付随損害）。

さらに、③甲社の中心メンバーであるBが入院して甲社を欠勤したため、甲社に営業収入の減少が生じた場合、甲社はAに対してかかる逸失利益の賠償を請求することができるのだろうか（企業損害 ➡ 次ページの図を参照）。

（イ）検討

判例・通説は、これらの間接被害者による間接損害の賠償の可否を、相当因果関係の問題としてとらえている。相当因果関係が認められる間接損害に限り、間接被害者は賠償を請求することができると解するわけである。

以上の類型に即していえば、①の肩代わり損害と②の定型的付随損害については、相当因果関係が認められやすい。

判例でも、事故にあった親の治療費を支出した子による賠償請求を認めたもの（大判昭和12・2・12）や、家族が事故にあったために急遽海外から帰国した近親者による航空運賃相当額の損害賠償請求を認めたもの（最判昭和49・4・25）がある。

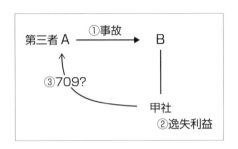

これに対し、③の企業損害については、損害賠償請求を肯定すると、損害賠償の範囲が拡大しすぎる。よって、原則として相当因果関係は否定されるべきである。

ただし、上記の甲社が実質的には法人とは名ばかりのBの個人企業である場合——たとえばBに甲社の機関としての代替性がなく、両者が経済的に一体をなすような事実関係がある場合——は、例外的に、Aの過失行為と甲社の逸失利益との間に相当因果関係が認められ、甲社による損害賠償請求が認められると解するのが妥当であろう。

判例も、同様の結論である（最判昭和43・11・15）。

イ　生命侵害の場合

次に、不法行為によって生命が侵害された場合についてである。この場合の請求権者について、損害の内容ごとに検討する。

（ア）積極的損害

まず、治療費や葬儀費用などの積極的損害については、それを現実に支出した者が請求権者である。

たとえば、Aの不法行為によってBが傷害を負い、治療の甲斐なくBが死亡した事案で、Bの父親CがBの治療費や葬儀費用を支出していた場合は、Cがそれらの費用の賠償請求権者である（肩代わり損害➡上記アの①）。

また、B自身が生前に治療費を支出していた場合は、Bが治療費の賠償請求権者である。そして、Bの損害賠償請求権は、Bの死亡によってその相続人に相続される。

（イ）消極的損害（逸失利益）

問題は、被害者が死亡した場合の逸失利益についてである。

被害者は死亡しているため、加害者に対して逸失利益の賠償を請求するのは被害者の遺族であるが、その遺族が有する逸失利益の賠償請求権の性質については、次の2つの法律構成がありうる。

①相続構成 　➡論証21

まず、被害者が有していた逸失利益の損害賠償請求権を相続したものとする構成（相続構成）である。

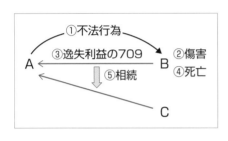

たとえば、Aの不法行為によってBが傷害を負い、その後にBが死亡した場合、傷害によって労働能力を失った時点でBのもとに逸失利益の損害賠償請求権が発生し、その後のBの死亡によって相続人CがBの損害賠償請求権を相続すると解するわけである。

判例は、この相続構成を採用している（大判大正9・4・20）。

ただし、この相続構成からは、被害者が即死した場合の処理がさらに問題となる。

すなわち、被害者が即死した場合は、死亡の瞬間に権利の主体がいないため、そもそも被害者に逸失利益の損害賠償請求権は発生せず、したがってまた、逸失利益の損害賠償請求権が相続されるということもないのではないかという問題が生じるのである。

しかし、一般の死亡（傷害を負った後に死亡）の場合と、即死の場合とで、結論が異なるのは妥当でない。

また、即死の場合にも、観念的には受傷と死亡との間に時間的間隔があるといえる。

そこで、即死の場合でも、被害者のもとで逸失利益の損害賠償請求権が発生し、これが相続人に相続されると解するのが妥当であろう。

判例も、同様の見解である（大判大正15・2・16）。

②固有損害構成

　次に、不法行為によって、死亡した被害者から扶養を受ける利益（扶養利益）が侵害されたとして、遺族に遺族固有の損害賠償請求権が発生したと解する構成（固有損害構成）がある。

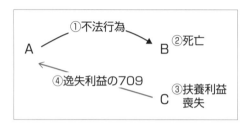

　たとえば、Aの不法行為によってBが死亡した場合、Bから扶養を受けていたCは、Aの不法行為によってBから扶養を受ける利益を侵害された被害者といえる（定型的付随損害の一種 ➡ 213ページ（ア）の②）。そこで、Cのもとにダイレクトに逸失利益の損害賠償請求権が発生すると解するわけである。

　判例も、内縁の妻や、相続を放棄した配偶者および子については、扶養利益の喪失による損害賠償請求を認めている（最判平成5・4・6、最判平成12・9・7）。

③検討

　学説では、相続構成を否定し、固有損害構成のみを認める見解が有力である。

　その主な理由は、相続構成を採用すると、ⓐ笑う相続人の出現を招く、ⓑ子が死亡したとき親が子の逸失利益をも含めて相続するという不合理な逆相続の問題が生じる、という点にある。

しかし、@の笑う相続人の問題は、およそ相続制度に内在する矛盾であり、許容限度内の矛盾というべきである。また、⑥の逆相続の問題については、親に子の逸失利益の賠償請求権を認める方が、日本の国民感情に適合するといえる。

加えて、実務上、扶養料は相当低い額しか認められていない。したがって、固有損害構成よりも相続構成の方が、遺族が請求できる額が多くなる。

そのため、逸失利益の賠償請求については、判例と同様に、原則として相続構成をとり、相続権のない内縁配偶者や事実上の子、相続を放棄した配偶者や子などの場合だけ固有損害構成をとるのが妥当であろう。

（ウ）慰謝料

最後に、被害者が死亡した場合の慰謝料についてである。

①相続構成　➡論証 22

まず、慰謝料請求権についても、相続構成をとることができるのだろうか。

かつての判例は、死亡した被害者が有していた慰謝料請求権は一身専属権であり、原則として相続されないものの、被害者が死亡する前に請求の意思表示をしていた場合は、金銭債権に転化しているため、相続の対象になると解していた（大判昭和 2・5・30 ［残念残念事件］ など）。慰謝料請求権について相続構成をとる要件として、被害者による権利行使の意思表示が必要と解していたわけである。

しかし、そのように解しては、意思表示をした場合としなかった場合とで結論が全く異なることになり、妥当でない。

そこで、現在の判例は、慰謝料請求権も単純な金銭債権であると解し、意思表示を待たないで当然に発生し相続されるとの見解に立っている（最大判昭和 42・11・1）。

したがって、慰謝料請求権についても、被害者による意思表示の有無を問わず、相続構成をとることは可能である。

さらに、被害者が即死した場合も、逸失利益と同様に考えて、慰謝料請求権の相続を肯定してよい。

②固有損害構成—— 711 条

では、固有損害構成はどうか。

実は、被害者が死亡した場合の慰謝料については、711 条が「他人の生命を

侵害した者は、被害者の父母、配偶者及び子に対しては、その財産権が侵害されなかった場合においても、損害の賠償をしなければならない」と定めている。

したがって、父母・配偶者・子については、不法行為の被害者として、711条によって固有の慰謝料請求権が認められる。

また、親代わりに被害者の面倒を見ていた兄弟姉妹や、被害者の内縁配偶者、事実上の親子などのように、711条が列挙する父母・配偶者・子と同視できる者についても、711条の類推適用によって、固有の慰謝料請求権が認められると解するのが妥当であろう（通説）。

では、慰謝料については、相続構成と固有損害構成のどちらによるのが妥当でしょうか。
実務的な感覚としては、ピンポイントの条文として711条がある以上、711条による固有損害構成が魅力的です。また、逸失利益とは異なり、慰謝料の額の決定については、裁判官の裁量に委ねられるところが大きいため（民事訴訟法248条参照）、相続構成をとった方が多くのお金を回収できるというわけではありません。そうすると、慰謝料については、固有損害構成をとるのが妥当だと思います。現在の学説の多くも、慰謝料の相続構成には否定的です。

ウ　傷害を負った場合

次に、不法行為によって被害者が傷害を負った場合の請求権者についてである。

（ア）積極的損害

被害者が傷害を負った場合の積極的損害（治療費など）の請求権者は、それを現実に支出した者であると解してよい。

（イ）消極的損害（逸失利益）　→論証23

被害者が傷害を負った場合の消極的損害（逸失利益）については、生存している被害者が請求権者であると解すれば足りる。

ただし、不法行為によって傷害を負い、労働能力を喪失した後に、不法行為とは全く別の原因で被害者が死亡した場合には、逸失利益の算定においてかかる死亡の事実を考慮するべきか否かという問題が生じてくる。

この点について、判例は、交通事故の被害者が事故に起因する傷害のために身体的機能の一部を喪失し、労働能力の一部を喪失した後、海で貝を採っている際に心臓麻痺を起こして死亡した事案において、「交通事故の時点で、その死亡の原因となる具体的事由が存在し、近い将来における死亡が客観的に予測

されていたなどの特段の事情がない限り……死亡の事実は就労可能期間の認定上考慮すべきものではない」としている（**最判平成8・4・25**）。

その理由としては、①労働能力の一部喪失による損害は、交通事故の時に一定の内容のものとして発生しているのであって、交通事故の後に生じた事由によってその内容に消長をきたすものではないこと、および②交通事故の被害者が事故後にたまたま別の原因で死亡したことにより、賠償義務を負担する者がその義務の全部または一部を免れ、他方被害者ないしその遺族が事故により生じた損害のてん補を受けることができなくなるというのは、衡平の理念に反することがあげられている。

> この判例について、少し補足しておきます。
> 　たとえば、Xが起こした交通事故に巻き込まれて労働能力を失った27歳のAが、その1年後に交通事故とは無関係の心臓麻痺で死亡したとしましょう。この場合、「交通事故に巻き込まれなくてもAはその後の1年間しか給料を得ることができなかった」と考えれば、Aの遺族が請求できる逸失利益は1年分に限定されるということになりそうです。
> 　しかし、Aの逸失利益は、交通事故にあって労働能力を失った時点で、一定の内容のものとして——通常は就労可能期間の原則である67歳までの40年分の逸失利益というかたちで——すでに発生済みであると考えることが可能です。そのように考えれば、その後のAの死亡によって、その内容が影響を受けることはありえません。これが、①の理由の意味です。
> 　また、もしもAの死亡によってXの義務が軽減するということになると、Aの死亡という偶然の事情によってXに棚ぼた的な利益を与えることになる一方、Aの遺族の利益を不当に害することになってしまい、衡平の理念に反します。これが②の理由の意味です。
> 　上記の判例は、これらの理由に照らして、心臓麻痺による死亡の事実を就労可能期間の認定上（いいかえれば逸失利益の算定上）考慮するべきでない、としたのです。

（ウ）慰謝料　➡論証24

傷害を負った被害者は、加害者に対して慰謝料を請求することができる（709条、710条）。

問題は、傷害を負った被害者の父母・配偶者・子が、加害者に対して慰謝料を請求することができるか否かである。

確かに、711条は、生命侵害の場合についてのみ、父母・配偶者・子の慰謝料請求を認めている。このことからすれば、被害者が傷害を負ったにとどまる場合は、父母・配偶者・子の慰謝料請求は認められないとも思える。

しかし、711条は、被害者死亡の場合は近親者が被る精神的苦痛が特に大きいことに照らし、近親者の立証責任を軽減する趣旨の規定なのであって、近親者の慰謝料請求権の発生を被害者死亡の場合に限定する趣旨の規定ではないと

解するのが妥当である。

そこで、父母・配偶者・子が、被害者の死亡したときにも比肩すべき精神上の苦痛を受けた場合には、父母・配偶者・子も、709条、710条にもとづいて慰謝料を請求することができると解するのが妥当である。

判例も、10歳の女児の顔に大きな傷跡が残ったため、女児の母親が加害者に対して慰謝料を請求した事案において、母親が「その子の死亡したときにも比肩しうべき精神上の苦痛を受けたと認められる」として、709条、710条にもとづく母親の慰謝料請求を認めている（最判昭和33・8・5）。

被害者が傷害を負った場合の父母・配偶者・子による慰謝料請求の根拠条文として、判例は、711条類推ではなく709条・710条をあげています。学説では711条類推とする見解も有力なのですが、民事訴訟法で学ぶ証明責任の所在にも影響する可能性があるため、答案では判例の立場で書くことをおすすめします。
　なお、あまり議論されていないようなのですが、内縁配偶者や事実上の親子などによる慰謝料請求も、父母・配偶者・子と同じの要件のもと、709条・710条にもとづいて認めていいでしょう（私見）。

エ　胎児

胎児は、権利能力を有しないのが原則だが（3条1項）、次のとおり、不法行為による損害賠償請求権についてはその主体たりうる。

（ア）固有損害

まず、胎児は、不法行為による損害賠償請求権についてはすでに生まれたものとみなされる（721条）。

したがって、胎児は、固有の損害（胎児自身の損害）についての賠償請求権者となりうる。そして、出生を停止条件として、固有の損害賠償請求権を（通常は法定代理人による代理によって）行使することができる（➡総則［第2版］59ページウ）。

（イ）相続

また、胎児は、相続についてもすでに生まれたものとみなされる（886条1項）。

したがって、胎児は、父または母の取得する損害賠償請求権を相続することができ、出生を停止条件として、相続した損害賠償請求権を（通常は法定代理人による代理によって）行使することができる。

3 過失相殺 Ⓐ

ア 意義

不法行為が成立する場合に、被害者にも過失が認められることがある。その場合、裁判所は、被害者の過失を考慮して、損害賠償の額を定めることができる（722条2項）。必要に応じて、損害賠償の額を減額することができるわけである。この制度を、過失相殺という。

過失相殺の趣旨は、損害の公平な分担にある。この趣旨はしっかりと覚えておこう。

なお、債務不履行による損害賠償請求についても過失相殺の制度があるが（418条）、不法行為においては被害者の保護が重視されることから、722条2項と418条は次の表の点で異なっている。短答式試験用に押さえておこう。

	債務不履行（418）	不法行為（722Ⅱ）
債権者の過失の考慮	必要的 ∵「考慮して……定める」	任意的 ∵「考慮して……定めることができる」
責任の否定	可 ∵「責任及びその額を」 →請求額をゼロにすることもできる	不可 ∵「額を」 →請求額をゼロにすることはできない

イ 「過失」と能力 →論証25

過失相殺における「過失」が被害者に認められるためには、被害者にいかなる能力が備わっていることが必要か。

過失相殺の問題は、不法行為者に対し積極的に損害賠償責任を負わせることができるかという問題ではなく、損害の公平な分担の見地から被害者の不注意をいかに考慮するかの問題にすぎない。

そこで、被害者に責任能力は不要であり、事理弁識能力があれば足りると解するのが妥当である。

判例も、同様の見解である（**最大判昭和39・6・24**）。

> 責任能力とは、いわば「自分がやっていることは悪いことだ」とわかる能力のことです。
> この責任能力は、小学校を卒業する**12歳くらいから**認められます（⇒210ページ（ア））。

これに対し、事理弁識能力とは、いわば「自分がやっていることは危ないことだ」とわかる能力のことです。この能力は、責任能力が備わるよりもだいぶ前から、具体的には小学校に入学する**6歳くらいから**認められます。たとえば自転車の二人乗りが「悪いことだ」とはわからなくとも、「危ないことだ」ということは、6歳程度になればわかるのが通常だからです。

　そして、722条2項の「過失」は、被害者に損害賠償責任を負わせるための要件ではなく、被害者の落ち度を考慮して賠償額を減額するための要件にすぎません。そこで、責任能力がなくとも、事理弁識能力さえあれば、722条2項の「過失」が認められると解していくわけです。

	定義	認められる年齢	欠けた場合の効果
責任能力	自己の行為が違法なものとして法律上非難されるものであることを弁識しうる能力	12歳くらいから （小学校卒業程度）	不法行為責任の不発生
事理弁識能力	事理を弁識するに足る能力	6歳くらいから （小学校入学程度）	過失相殺で「過失」を考慮不可

ウ　被害者側の過失　➡論証26

（ア）問題の所在

　過失相殺については、被害者側の過失を考慮しうるか、という重要な問題がある。

　たとえば、①3歳の子Aを連れた母親Bが、車道に隣接する歩道上でスマートフォンに夢中になりAから目を離していたところ、Aが車道に突然飛び出したため、Cが運転する自動車と接触し、Aが傷害を負ったとする。この場合、被害者である3歳のAには事理弁識能力がないため、裁判所はその過失を考慮することはできない。もっとも、Aの母親Bには過失がある。そこで、裁判所は、母親Bの過失を考慮して、AのCに対する損害賠償請求について過失相殺することはできるのだろうか。

　また、②夫Xの運転する自動車に妻Yが同乗していたところ、Xの運転する自動車と第三者Zの運転する自動車がXZ双方の過失により衝突し、Yが傷害を負ったとする。この場合、被害者であるYには過失はないが、Yの夫であるXには過失がある。そこで、裁判所は、Xの過失を考慮して、YのZに対する損害賠償請求について過失相殺することはできるのだろうか。

（イ）検討

　過失相殺の趣旨は、損害の公平な分担にある。

　そこで、被害者と身分上・生活関係上一体をなす関係にある者の過失は、過失相殺において考慮しうると解するのが判例である（最判昭和42・6・27）。

　上記①の母親Bは、被害者である3歳の子Aと身分上・生活関係上一体をなす関係にある者といえる。したがって、裁判所は、Bの過失を考慮し、過失相殺することができる。

　また、上記②のXは、被害者であるYと夫婦の関係にある。XとYの婚姻関係がすでに破たんに瀕しているなどの特段の事情も認められない。よって、Xは、被害者Yと身分上・生活関係上一体をなす関係にある者といえる。したがって、裁判所は、Xの過失を考慮し、過失相殺することができる（最判昭和51・3・25参照）。

エ　被害者の素因

　被害者が有していた素質が、損害の発生や拡大の原因となることがある。たとえば、交通事故の被害者にもともと頸椎の持病があったため、損害が拡大した場合などがその例である。

　このような、損害の発生や拡大の原因となった被害者の素質のことを、素因という。

　では、被害者からの損害賠償請求に対し、被害者の素因を理由として、賠償額が減額されうるのだろうか。素因の種類ごとに検討しよう。

（ア）心因的素因・疾患

　まず、心因的素因や疾患については、損害の公平な分担の見地から、722条2項が類推適用される。

　判例も、交通事故によるむちうち症について被害者の心因的素因が寄与して10年間もの長期治療がなされた事案（最判昭和63・4・21）や、交通事故の前から被害者が有していた疾患が損害発生の一因となった事案（最判平成4・6・25）において、722条2項の類推適用による賠償額の減額を認めている。

　ただし、過労による労働者の自殺については、被害者の心因的素因による減額は原則として認められない（最判平成12・3・24）。

（イ）身体的特徴

では、被害者が肥満体であるとか、首が平均よりも長いといったような、身体的特徴についてはどうか。

判例は、「被害者が平均的な体格ないし通常の体質と異なる身体的特徴を有していたとしても、それが疾患に当たらない場合には、特段の事情の存しない限り、被害者の右身体的特徴を損害賠償の額を定めるに当たり斟酌することはできない」としている（最判平成8・10・29）。

疾病にあたらない身体的特徴については、722条2項の類推適用を原則として否定したわけである。この結論は覚えておこう。

その理由は、同判例によれば、「人の体格ないし体質は、すべての人が均一同質なものということはできないものであり、極端な肥満など通常人の平均値から著しくかけ離れた身体的特徴を有する者が、転倒などにより重大な傷害を被りかねないことから日常生活において通常人に比べてより慎重な行動をとることが求められるような場合は格別、その程度に至らない身体的特徴は、個々人の個体差の範囲として当然にその存在が予定されているものというべきだから」である。

4　損益相殺　B+

ア　意義

被害者が、不法行為によって損害を被るのと同時に、当該不法行為によって利益を受ける場合がある。そのような場合には、損害の公平な分担の見地から、その利益の額を賠償されるべき損害額から控除するべきと解されている。これを、損益相殺という。

たとえば、交通事故によって被害者が死亡した場合、被害者は、被害者が生きていれば必要となったはずの生活費を免れるという利益を受ける（厳密には、死亡する直前にかかる利益を受ける、ということになろう）。したがって、被害者の逸失利益から、被害者の生活費が損益相殺によって控除されることになる。

イ　生命保険金・火災保険金の控除の要否

被害者が死亡した場合に、その相続人に対して保険会社から生命保険金が支払われたとしても、その生命保険金は損害額から控除されない（最判昭和

39・9・25）。生命保険金は、保険料支払の対価として支払われるものであり、不法行為とは関係がないからである。

火災保険金も、保険料支払の対価として支払われるものであるため、損害額から控除されない（最判昭和 50・1・31。ただし、保険法 25 条による保険代位の制度がある）。

ウ　中間利息の控除　改正

損益相殺の一類型として、中間利息の控除がある。

たとえば、A の不法行為により重大な傷害を負い労働能力を喪失した 37 歳の B が、A に対して、推定就労可能期間である 30 年分の給与取得にかかる逸失利益の賠償を請求し、これが一時金方式（➡ 212 ページ イ）で支払われる場合、B は本来得られなかったはずの利益（現時点で全額を手にするという利益。これは、本来給与を得られるはずだった時期までの利息相当額とイコールである）を得ることになる。そこで、かかる B の利益＝利息は、損益相殺によって控除されるべきことになる。これが中間利息の控除である。

中間利息を控除する場合には、損害賠償請求権が生じた時点における法定利率によって控除を行う（722 条 1 項・417 条の 2）。

すなわち、将来において取得すべき利益（たとえば人身侵害における逸失利益）についての損害賠償の額を定める場合において、その利益を取得すべき時までの利息相当額を控除するときは、その損害賠償の請求権が生じた時点における法定利率によって控除を行う（722 条 1 項・417 条の 2 第 1 項）。

また、将来において負担すべき費用（たとえば介護費用）についての損害賠償の額を定める場合において、その費用を負担すべき時までの利息相当額を控除するときも、その損害賠償の請求権が生じた時点における法定利率によって控除を行う（722 条 1 項・417 条の 2 第 2 項）。

> 中間利息の控除額の計算方法としては、単利計算によるホフマン方式と、複利計算によるライプニッツ方式とがあります。そのどちらを採用するかについては、最高裁は下級審裁判所の判断に委ねています（最判昭和 37・12・14、最判昭和 53・10・20）。これらの方法の具体的な内容については、司法試験合格後に各自で勉強してみてください。

5　消滅時効　B+　改正

　不法行為による損害賠償請求権は、次の2つの場合には、時効によって消滅する。

①被害者またはその法定代理人が損害および加害者を知った時から3年間（生命・身体を害する不法行為の場合は損害および加害者を知った時から5年間）行使しないとき（724条1号、724条の2）。

②不法行為の時から20年間行使しないとき（724条2号）

【損害賠償請求権の時効期間】

	不法行為	債務不履行
原則	主観的起算点から3年 客観的起算点から20年 （724）	主観的起算点から5年 客観的起算点から10年 （166 I）
生命・身体侵害の場合	主観的起算点から5年（166 I①、724の2） 客観的起算点から20年（167、724②）	

　判例は、この724条について、できるだけ時効を完成させない方向で解釈する傾向にある。

　すなわち、①の「損害……を知った時」とは、被害者が損害の発生を現実に認識した時をいう（最判平成14・1・29）。したがって、事故の場合の後遺症については、精密検査によって確実にこれを知った時が「損害……を知った時」である。

　①の「加害者を知った時」とは、加害者に対する賠償請求が可能な程度に加害者を知った時をいう。被害者が不法行為の当時加害者の住所や氏名を的確に知らず、しかも当時の状況において加害者に対する賠償請求権を行使することが事実上不可能な場合においては、その状況が止み、被害者が加害者の住所や氏名を確認した時が「加害者を知った時」である（最判昭和48・11・16）。

　②の「不法行為の時」とは、原則として加害行為の時をいうが、身体に蓄積した場合に人の健康を害することとなる物質による損害や、一定の潜伏期間が経過した後に症状が現れる損害のように、当該不法行為により発生する損害の性質上、加害行為が終了してから相当の期間が経過した後に損害が発生する場

合には、当該損害の全部または一部が発生した時をいう（**最判平成 16・4・27**）。

6 損害賠償請求権の譲渡・代位行使・遅滞・相殺) B+

ア 譲渡・代位行使

　財産的損害の賠償請求権は、単純な金銭債権であるから、債権譲渡（466条）や被害者の債権者による代位行使（423条）が可能である。

　慰謝料の賠償請求権についても、和解や確定判決などによって具体的な金額が確定していれば、債権譲渡や被害者の債権者による代位行使が可能である（**最判昭和 58・10・6**）。

イ 遅滞

　不法行為の損害賠償請求権には、412条3項は適用されず、不法行為の時から当然に遅滞となる（**最判昭和 37・9・4**）。

　被害者を厚く保護する趣旨である。これはしっかりと覚えておこう。

ウ 相殺 改正

　悪意による不法行為によって生じた損害賠償請求権を受働債権とする相殺は、原則として許されない（509条柱書本文、1号）。

　また、人の生命・身体の侵害による損害賠償請求権を受働債権とする相殺も、原則として許されない（509条柱書本文、2号）。

　これらについて、詳しくは債権総論のテキストを参照してほしい（➡債権総論138ページ**イ**、139ページ**ウ**）。

7 損害賠償による代位) C

　不法行為においても、債務不履行による損害賠償と同様に、損害賠償による代位（➡債権総論47ページ**1**）が認められる（422条類推適用。通説）。

8 差止請求) B

　不法行為のうち、たとえば騒音による公害や生活妨害などのような、加害行為が継続する事案では、被害者に損害賠償請求を認めるだけでは救済として不

十分である。

　そこで、通説は、騒音などが受忍限度を超える場合には、物権の侵害または人格的利益（人格権）の侵害を理由として、差止請求が認められると解している。

　そして、受忍限度を超えるか否かは、被侵害利益の種類や程度、侵害行為の態様と、侵害行為の公共性や社会的有用性などを比較衡量して判断することになる。

　判例も、国道の自動車騒音等により被害を受けている住人が騒音の差止請求訴訟を提起したところ、かかる原告の差止請求を認めなかった原審の判断について、「本件道路の近隣に居住する上告人らが現に受け、将来も受ける蓋然性の高い被害の内容が日常生活における妨害にとどまるのに対し、本件道路がその沿道の住民や企業に対してのみならず、地域間交通や産業経済活動に対してその内容及び量においてかけがえのない多大な便益を提供しているなどの事情を考慮して、上告人らの求める差止めを認容すべき違法性があるとはいえないと判断したもの」であり、「正当」としている（**最判平成７・７・７**）。

4. 特殊の不法行為

　ここからは、714条以下に定められた特殊の不法行為を説明する。

　特殊の不法行為とは、一般不法行為の要件が修正されたものをいう。そこでは、過失責任の原則が修正され、いわゆる中間責任や無過失責任が採用されていることが多い。

　以下、個別に見ていこう。

1　責任無能力者の監督義務者等の責任（714条）　B+

ア　意義

　ある者が責任無能力ゆえに不法行為責任を負わない場合（712条、713条本文）において、その責任無能力者を監督する法定の義務を負う者（法定の監督義務

者）は、その責任無能力者が第三者に加えた損害を賠償する責任を負う（714条1項本文）。

法定の監督義務者に代わって責任無能力者を監督する者（代理監督者）も、同様である（同2項）。

以下、法定の監督義務者と代理監督者をあわせて、「監督義務者等」という。

イ　要件I──責任無能力者の不法行為

監督義務者等の責任が生じるためには、まず、責任無能力者が責任能力以外の一般不法行為の要件をみたしていることが必要である。

ウ　要件II──監督義務者等への該当性

次に、責任を負うべき者が、法定の監督義務者または代理監督者にあたることが必要である。

（ア）法定の監督義務者

法定の監督義務者（714条1項本文）の典型は、未成年者の親権者や未成年後見人である。

これに対し、成年後見人は、成年後見人であるというだけでは法定の監督義務者にあたらない。成年後見人の身上配慮義務を定めた858条は、成年後見人が契約などの法律行為をする際に成年被後見人の身上について配慮すべきことを成年後見人に求めるにとどまり、成年被後見人の行動を監督することまで求めているわけではないからである（**最判平成28・3・1**）。

また、精神障害者の配偶者も、精神障害者の配偶者であるというだけでは法定の監督義務者にあたらない。配偶者の同居・協力・扶助の義務を定めた752条は、第三者との関係で夫婦の一方に何らかの作為義務を課するものではなく、この規定によって第三者との関係で相手方配偶者を監督する義務を基礎づけることはできないからである（同判例）。

（イ）代理監督者

代理監督者（714条2項）の典型は、幼稚園の保育士、小学校の教員、精神病院の医師、少年院の職員である。

（ウ）法定の監督義務者に準ずべき者　➡論証27

以上に加えて、判例は、法定の監督義務者に該当しない者であっても、「責

任無能力者との身分関係や日常生活における接触状況に照らし、第三者に対する加害行為の防止に向けてその者が当該責任無能力者の監督を現に行いその態様が単なる事実上の監督を超えているなどその監督義務を引き受けたとみるべき特段の事情が認められる場合」には、「衡平の見地」から「法定の監督義務者に準ずべき者」として714条1項が類推適用されるとしている（前掲**最判平成28・3・1**）。これは覚えておこう。

そして、ある者が精神障害者に関して「法定の監督義務者に準ずべき者」にあたるか否かは、①その者自身の生活状況や心身の状況、②精神障害者との親族関係の有無・濃淡、③同居の有無その他の日常的な接触の程度、精神障害者の財産管理への関与の状況などその者と精神障害者との関わりの実情、④精神障害者の心身の状況や日常生活における問題行動の有無・内容、⑤これらに対応して行われている監護や介護の実態など、諸般の事情を総合考慮して、その者が精神障害者を現に監督しているかあるいは監督することが可能かつ容易であるなど衡平の見地からその者に対し精神障害者の行為に係る責任を問うのが相当といえる客観的状況が認められるか否かという観点から判断される（同判例）。

エ　要件Ⅲ──無過失の立証等による免責

以上の要件をみたすと、原則として監督義務者等（および法定の監督義務者に準ずべき者。以下、この点は省略する）は損害を賠償する責任を負う。

（ア）無過失の立証による免責

ただし、監督義務者等がその義務を怠らなかったときは、例外として責任を負わない（714条1項ただし書前段、2項）。

すなわち、自らに過失がない場合には、監督義務者等は責任を負わなくてすむわけである。

この過失の有無の証明責任は、民事訴訟法の原則どおり、監督義務者等が負う。すなわち、監督義務者等の責任は、中間責任である。

> **【過失責任・無過失責任・中間責任】**
> 　不法行為においては、過失責任が原則とされています（709条参照）。過失責任のもとでは、不法行為責任が生じるには加害者に過失が必要であり、かつ、かかる過失の証明責任は被害者が負います。

これに対し、特殊の不法行為においては、無過失責任が採用されている場合があります（717条1項ただし書など）。無過失責任のもとでは、加害者に過失がなくとも加害者は不法行為責任を負います。
　そして、これらの過失責任と無過失責任の中間に位置するのが、中間責任です。中間責任のもとでは、不法行為責任が生じるには加害者に過失が必要です。この点は過失責任と同様なのですが、しかし、中間責任においては、かかる過失の証明責任は、被害者ではなく加害者が負います（証明責任の転換）。その点で、中間責任は過失責任と無過失責任の中間に位置づけられているのです。

	過失責任	中間責任	無過失責任
加害者の過失の要否	必要	必要	不要
加害者の過失の証明責任	被害者	加害者	―

　この無過失の立証による免責に関しては、重要な判例がある。

　その事案の概要は次のとおりである。まず、責任能力のない児童Aが校庭でサッカーのフリーキックの練習をしていたところ、Aの蹴ったボールが校庭外の道路に転がり出た。その道路をオートバイで通行していた被害者が、転がり出てきたボールを避けようとして転倒し、その後死亡した。

　この事案におけるAの父母の監督義務者責任について、最高裁は、「責任能力のない未成年者の親権者は、その直接的な監視下にない子の行動について、人身に危険が及ばないよう注意して行動するよう日頃から指導監督する義務があると解されるが、本件ゴールに向けたフリーキックの練習は……通常は人身に危険が及ぶような行為であるとはいえない。また、親権者の直接的な監視下にない子の行動についての日頃の指導監督は、ある程度一般的なものとならざるを得ないから、通常は人身に危険が及ぶものとはみられない行為によってたまたま人身に損害を生じさせた場合は、当該行為について具体的に予見可能であるなど特別の事情が認められない限り、子に対する監督義務を尽くしていなかったとすべきではない」として、Aの父母の免責を認めた（**最判平成27・4・9**）。

（イ）因果関係の不存在の立証による免責

　また、その義務を怠らなくても損害が生ずべきであったときも、監督義務者等は責任を負わない（714条1項ただし書後段、2項）。

　監督義務違反と損害の発生との間の因果関係の不存在を立証すれば、監督義

務者等は責任を負わなくてすむわけである。

オ　失火責任法との関係

　責任無能力者の失火によって第三者に損害が生じた場合、失火責任法は、責任無能力者の過失についてではなく、監督義務者等の過失について適用される（最判平成7・1・24）。

　すなわち、監督義務者等に重過失がなければ、監督義務者等は免責されるわけである。

カ　行為者に責任能力がある場合　➡論証28

　ここまで説明してきた714条は、行為者に責任能力がない場合の規定である。

　したがって、責任能力を有する未成年者が不法行為を行った場合、その法定の監督義務者である親権者は、714条1項の責任を負う余地はない。

　では、親権者は、いっさい責任を負わないのだろうか。

> 　たとえば16歳の少年Aがオートバイを運転中にBをはねて傷害を負わせた場合、Aは責任能力者である以上、不法行為責任を負います。他方で、Aの父母は714条1項の責任は負いません。では、Aの父母は、一切不法行為責任を負わないのでしょうか。

　未成年者は、無資力であることが多い。したがって、被害者保護のためには、責任能力を有する未成年者の法定の監督義務者も責任を負う場合があるというべきである。

　そこで、法定の監督義務者の監督義務違反と損害との間に相当因果関係が認められる場合は、法定の監督義務者は709条による責任を負うと解するのが妥当であろう。

　判例も、同様の結論である（最判昭和49・3・22）。

2　使用者責任（715条）　A

ア　意義

　ある事業のために他人を使用する者（使用者）は、原則として、被用者がその事業の執行について第三者に加えた損害を賠償する責任を負う（715条1項本文）。この責任を、使用者責任という。

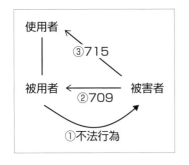

たとえば、Aを雇用しているB会社は、原則としてAが業務上行った不法行為について使用者責任を負うわけである。

この使用者責任の趣旨は、使用者は自己の業務のために被用者を使用することによって事業活動上の利益を上げている以上、被用者による事業活動から生じる損害も負担すべきであるという報償責任の原理にある。

これはしっかりと覚えておこう。

> 報償責任の原理は、よりコンパクトには「利益のあるところに損失も帰する」という原理と定義することもできます。答案では、このコンパクトな定義でもOKです。

使用者責任については、それが使用者の自己責任なのか、それとも被用者の責任を肩代わりする代位責任なのかについて争いがあるが、代位責任と解するのが判例・通説である。

イ 要件I──被用者の行為が709条の要件をみたすこと

使用者責任は、代位責任である。したがって、使用者責任が生じるためには、被用者の行為が709条の要件をみたすことが必要である。しっかりと覚えておこう。

失火責任法も、被用者との関係で適用される（最判昭和42・6・30）。失火の場合において被用者に重過失がないときには、被用者は責任を負わず、したがって使用者も使用者責任を負わないことになるわけである。

ウ 要件II──「使用する」関係

次に、被用者の行為の当時、使用者が被用者を「使用する」関係にあったことが必要である（715条1項本文）。

この使用関係が認められるためには、必ずしも雇用などの契約があることを要しない。実質的にみて、使用者が被用者を指揮・監督する関係にあれば足りる（最判昭和42・11・9）。

判例は、この使用関係をかなり緩やかに認めている。たとえば、①自動車運

送業者が無免許者に自己の商号の使用を許した場合（最判昭和41・6・10）や、②兄が弟に自動車で迎えに来させ、運転経験の乏しい弟に運転上の指示を与えていた場合（最判昭和56・11・27）にも、使用関係が認められる。論文試験用にあてはめのイメージをもっておこう。

エ　要件Ⅲ——「事業の執行について」

被用者の行為は、使用者の「事業の執行について」行われたものでなければならない（715条1項本文）。

では、この要件はどのように判断されるのだろうか。この点については、①手形の振出しや金融取引などのような取引的不法行為と、②暴力や交通事故などのような事実的不法行為に分けて検討する必要がある。

（ア）取引的不法行為の場合　➡論証29

まず、被用者が取引的不法行為を行った場合についてである。

かかる取引的不法行為が、使用者から当該被用者に業務として指示されたものであった場合には、その行為は当然に「事業の執行について」行われたものといえる。

問題は、取引的不法行為が、使用者から与えられた権限を逸脱・濫用して行われた場合である。そのような行為も、「事業の執行について」行われた行為といえるのだろうか。

この問題について、判例は、外形標準説を採用している（たとえば**最判昭和42・11・2**）。その内容は次のとおりである。

まず、与えられた権限を逸脱・濫用した行為であっても、行為の外形から観察して被用者の職務の範囲内と認められる行為については、原則として「事業の執行について」行われた行為にあたる。

ただし、権限の濫用・逸脱について、被害者が悪意または重過失である場合には、被害者において保護するべき信頼がない。

したがって、被害者が悪意または重過失である場合には、権限を逸脱・濫用した行為は「事業の執行について」行われた行為にあたらないと解していくのである。

使用者責任の趣旨である報償責任の原理に照らせば、使用者責任の要件は緩やかに解するのが妥当であるし、また、被害者の信頼を保護する必要があ

る。よって、取引的不法行為についての判例の外形標準説は、妥当といえよう。

（イ）事実的不法行為の場合　➡論証30

次に、被用者が事実的不法行為を行った場合についてである。

事実的不法行為については、その種類によって、用いるべき判断基準が異なる。

ⅰ　暴力行為

まず、被用者による暴力行為については、それが使用者の業務の執行を契機とし、これと密接な関連を有すると認められる行為である場合には、「事業の執行について」行われたものとするのが判例である（最判昭和44・11・18、最判昭和46・6・22）。

たとえば、飲食店の店員が接客中に客と口論となって暴行行為に及んだ場合、その暴力行為は「事業の執行について」行われたものといえよう。

ⅱ　交通事故

では、被用者による交通事故についてはどうか。

判例は、被用者による交通事故については、取引的不法行為と同様に外形標準説を適用している（たとえば最判昭和30・12・22——被用者が使用者所有の業務用自動車を私用で運転していた際に交通事故を起こした事案）。

しかし、交通事故のような事実的不法行為においては、被害者の信頼は生じないのが通常である。にもかかわらず、被害者の信頼を保護するための理論である外形標準説を適用するのは妥当でない。

> 取引的不法行為については、相手方はその行為が被用者の職務の範囲内に属すると信頼する可能性がありますから、外形標準説を適用することについて特に問題はありません。
> これに対し、交通事故の被害者は、被用者の運転行為が被用者の職務の範囲内に属すると信頼することは通常はありえません。たとえば、Aに雇われているBが、休日にA所有の業務用自動車で勝手にドライブに出かけたところ、Cをはねて傷害を負わせた場合、被害者CがBの運転する自動車にはねられる際に「BはAの業務中だ」と信頼することは通常はありえません。そのため、被害者の信頼を保護するための理論である外形標準説を適用する判例は失当といわざるをえないのです。

そこで、学説では、加害行為が使用者の支配領域内の危険に由来するか否かで「事業の執行について」の該当性を判断する見解が有力である。

この見解からは、①被用者が私用で使用者の所有する自動車を運転して交通

事故を起こした場合は、広く使用者責任が認められるが、②被用者が業務に関して自己の所有する自動車を運転して交通事故を起こした場合は、使用者がかかる運転を容認していた場合などに限って使用者責任が認められることになろう。

【「事業の執行について」の該当性判断】

行為の類型		処理
取引的不法行為	使用者から指示された行為	当然にあたる
	権限を逸脱・濫用した行為	外形標準説で判断
事実的不法行為	暴力行為	業務の執行を契機とし、これと密接な関係を有すると認められるかで判断
	交通事故	（判例）外形標準説で判断 （学説）使用者の支配領域内の危険に由来するかで判断

オ　要件Ⅳ——免責事由の不存在

以上の3つの要件がみたされると、使用者は原則として使用者責任を負う。

ただし、その例外として、使用者が被用者の選任およびその事業の監督について相当の注意をしたとき、または相当の注意をしても損害が生ずべきであったときは、使用者は使用者責任を負わない（715条1項ただし書）。

この免責事由の証明責任は、民事訴訟法の原則どおり、使用者が負う。

なお、実務上、免責事由が認められた例はほとんどない。

【使用者責任の要件のまとめ】

①被用者の行為が709条の要件をみたすこと
　：失火責任法は被用者に適用
②「使用する」関係
　：事実上の指揮・監督関係があれば足りる
③「事業の執行について」
　：上記の表を参照
④使用者に免責事由がないこと（715条1項ただし書）
　：使用者に証明責任あり

カ　効果

（ア）連帯債務

使用者が使用者責任を負う場合は、被用者も不法行為責任を負う（➡ 233 ページ**イ**参照）。

使用者と被用者が負うそれぞれの損害賠償債務は、連帯債務となる（通説）。

（イ）被用者への求償　➡論証31

使用者は、使用者責任にもとづいて被害者に対して損害賠償をした場合には、被用者に対して求償権を行使することができる（715 条 3 項）。

ただし、使用者による求償権の行使は、事業の性格、規模、施設の状況、被用者の業務の内容、労働条件、勤務態度、加害行為の態様、加害行為の予防もしくは損失の分散についての使用者の配慮の程度などの諸般の事情に照らし、損害の公平な分担という見地から信義則上相当と認められる限度に制限されうる（最判昭和 51・7・8）。

キ　代理監督者の責任

使用者に代わって事業を監督する者（代理監督者）も、使用者と同様に、被用者が事業の執行について被害者に加えた損害を賠償する責任を負う（715 条 2 項）。

たとえば、会社の営業所の所長は、代理監督者にあたる（最判昭和 38・6・23）。

これに対し、会社の代表者は、当然には代理監督者にあたらず、現実に被用者の選任・監督をしている場合に限って代理監督者にあたる（最判昭和 42・5・30）。

3　注文者の責任（716条）　B

請負における注文者は、請負人がその仕事について第三者に加えた損害を賠償する責任を負わない（716 条本文）。請負人は原則として注文者から独立して仕事をする以上（➡ 134 ページ **2**）、この規定は当然といえよう。

ただし、その例外として、注文者がした注文または指図について注文者に過失があったときは、注文者は責任を負う（716 条ただし書）。この規定も当然といえよう。

4　土地工作物責任（717条）　B+ →論証32

ア　意義

　土地の工作物の設置または保存に瑕疵があり、これによって他人に損害が生じた場合は、土地の工作物の占有者は、原則として被害者に対してその損害を賠償する責任を負う（717条1項本文）。

　その例外として、占有者が損害の発生を防止するのに必要な注意をした場合——すなわち占有者に過失がない場合——には、占有者は責任を負わない（中間責任）。その場合には、土地の工作物の所有者が、被害者に対してその損害を賠償する無過失責任を負う（717条1項ただし書）。

　以上の、土地の工作物の占有者および所有者が負う責任を、土地工作物責任という。

イ　責任の性質と趣旨

　土地工作物責任を負うのは、第1次的には土地の工作物の占有者であり、第2次的には土地の工作物の所有者である。

　占有者の土地工作物責任は、占有者に過失がない場合は免責される（717条1項ただし書）。そして、占有者の過失の証明責任は、民事訴訟法の原則どおり占有者が負う。したがって、占有者の土地工作物責任は中間責任である。

　これに対し、所有者の土地工作物責任については、無過失による免責が認められていない。すなわち、所有者の土地工作物責任は無過失責任である。

責任の主体	責任を負う順番	責任の性質
占有者	第1次的	無過失の立証によって免責→中間責任
所有者	第2次的＝占有者が免責された場合のみ	無過失責任

　以上のように、占有者や所有者に厳格な土地工作物責任を負わせている趣旨は、土地の工作物はもともと危険をはらんでいるため、その設置・保存に瑕疵がある以上は、その占有者・所有者が責任を負うべきだという危険責任の原理にある。

　以上の各内容は、しっかりと覚えておこう。

ウ　要件

　土地工作物責任が生じるための要件は、大別して次の6つである（717条1項）。

　①土地の工作物が存在すること
　②その設置・保存に瑕疵があること
　③損害の発生
　④瑕疵と損害の発生との間の因果関係
　⑤損害の発生時に土地の工作物の占有者または所有者だったこと
　⑥（占有者の場合）免責事由が存在しないこと

　以下、③以外の要件について、個別に説明する。

（ア）土地の工作物

　土地工作物責任が生じるためには、まず、「土地の工作物」の存在が必要である（717条1項本文）。

　「土地の工作物」とは、土地に接着して人工的作業によって設置された物をいう（大判昭和3・6・7）。

　建物がその典型だが、建物の付属施設である出入り口のシャッター、エスカレーター、エレベーター、塀（へい）なども「土地の工作物」にあたる。

　工場内に設置されている機械についても、工場を介して土地に接着しているため、「土地の工作物」にあたる（通説）。

　さらに、土地に設置されているプロパンガス容器に接続されている脱着可能なゴムホースも、「土地の工作物」にあたる（最判平成2・11・6）。

> 　このように、「土地の工作物」にあたるか否かの判断は、かなり緩やかに行われています。定義とともに、あてはめのイメージをしっかりともっておきましょう。

（イ）設置・保存の瑕疵

　次に、土地の工作物の「設置又は保存に瑕疵」があることが必要である（717条1項本文）。

　瑕疵がはじめからあった場合が「設置」の瑕疵であり、後に瑕疵が生じた場合が「保存」の瑕疵である。

　「瑕疵」とは、その工作物が通常備えているべき安全性を欠くことをいう（最

判昭和 45・8・20［国家賠償法 2 条についての判例］)。この定義は覚えておこう。

　たとえば、踏切道の軌道施設について、本来備えるべき保安設備（警報機）を欠いている場合は、土地の工作物たる軌道施設の設置に「瑕疵」があるといえる（最判昭和 46・4・23）。

（ウ）瑕疵と損害の発生との間の因果関係

　また、瑕疵と損害の発生との間の因果関係も必要である（717 条 1 項本文「によって」）。

　土地工作物責任は、所有者については無過失責任であるが、結果が生じた以上必ず責任を負うという結果責任ではない。無過失責任と結果責任を混同しないように注意しよう。

（エ）損害の発生時に占有者または所有者だったこと

　さらに、損害の発生時に、土地の工作物の「占有者」であったこと（占有者の場合）または「所有者」であったこと（所有者の場合）が必要である。

　「占有者」とは、物権法で学んだとおり、土地の工作物を事実上支配する者をいう（通説）。

　直接占有者（たとえば転借人）のみならず、間接占有者（たとえば転貸人）も「占有者」に含まれる（最判昭和 31・12・18）。

　直接占有者と間接占有者がいる場合は、直接占有者が第 1 次的な責任を負い、直接占有者が 717 条 1 項ただし書によって免責された場合にのみ、間接占有者が第 2 次的な責任を負う（通説）。

（オ）（占有者の場合）免責事由の不存在

　占有者の土地工作物責任は、占有者が損害の発生を防止するのに必要な注意をしたとき——すなわち占有者に過失がないとき——は免責される（717 条 1 項ただし書 ➡ 238 ページ**イ**）。

　「損害の発生を防止するのに必要な注意をした」といえるためには、損害の発生を現実に防止できるだけの措置をしたことが必要である。

　したがって、危険である旨を公示・通知していただけでは足りない。たとえば、崩れそうになっているブロック塀に「危険。近づくな」などと張り紙をしておいただけでは、免責は認められないわけである。

　占有者が免責された場合は、所有者が無過失責任を負う（717 条 1 項ただし書）。

エ　失火責任法との関係

　失火責任法と土地工作物責任との関係を、いかに解するべきだろうか。

　学説は錯綜しているが、試験対策としては、①土地工作物責任の趣旨である危険責任の原理や、②耐火建築や火災保険が普及した現代社会では失火責任法の意義が薄れつつあることなどに照らし、土地工作物責任との関係では失火責任法は適用されないと解しておけば足りる。

オ　効果

（ア）損害賠償

　第1次的には占有者が、第2次的には所有者が、損害賠償責任を負う（717条1項）。

（イ）求償

　土地工作物責任にもとづいて被害者に対して損害賠償をした占有者または所有者は、損害の原因について他にその責任を負う者があるときは、その者に対して求償権を行使することができる（717条3項）。

　たとえば、手抜き工事が原因となって、建物から壁材が落下して通行人が負傷した場合、被害者に賠償金を支払った建物の占有者は、手抜き工事をした建築業者に対して求償することができる。

カ　竹木の栽植または支持に瑕疵がある場合

　以上の土地工作物責任は、竹木の栽植または支持に瑕疵がある場合について準用される（717条2項）。

5　動物の占有者の責任（718条）　B

ア　意義

　動物の占有者は、原則として、その動物が他人に加えた損害を賠償する責任を負う（718条1項本文）。ただし、動物の種類および性質にしたがい相当の注意をもってその管理をしたときは、免責される（同ただし書）。

　免責事由（無過失）の証明責任は、民事訴訟法の原則どおり、動物の占有者が負う。したがって、動物占有者の責任は、中間責任である。

　また、動物の占有者の責任の趣旨は、土地工作物責任と同様、危険責任の原

理にある。

なお、土地工作物責任とは異なり、占有者でない所有者は、動物の占有者の責任を負わない。

イ　占有補助者と占有者

飼い主であるAが、その子であるBやアルバイトのCに飼い犬を散歩させていたところ、その飼い犬が通行人に襲いかかって通行人が負傷した場合、BやCは占有補助者にすぎないから、「占有者」にあたらず、動物の占有者の責任は負わない。この場合は、飼い主であるAが「占有者」として動物の占有者の責任を負う（最判昭和37・2・1）。

ただし、占有補助者自身が709条の要件をみたすときは、占有補助者に709条の責任が認められる（最判昭和57・9・7）。

ウ　動物の管理者の責任

占有者に代わって動物を管理する者も、動物の占有者と同じ責任を負う（718条2項）。

受寄者や運送人などが、「動物を管理する者」の例である。ただし、これらの者は、そもそも718条1項の「占有者」にあたるため、718条2項は注意的な規定にすぎないと解されている

占有補助者は、「動物を管理する者」にあたらない（通説）。

6　共同不法行為（719条）　Ａ

ここからは、共同不法行為の説明に入る。

共同不法行為は、全体的に学説が錯綜しており、きわめて難解な箇所である。しかし、試験との関係では、判例ないし従来の通説を中心に学習すれば足りる。

およそ共同不法行為には、次の3つの類型がある。

①狭義の共同不法行為（719条1項前段）

②加害者不明の共同不法行為（719条1項後段）

③教唆・幇助（719条2項）

これらのうち、最も基本となるのが①である。そこで、まずは①の要件と効果について説明し、その後に②と③について説明する。

ア 狭義の共同不法行為Ⅰ──要件 →論証33

狭義の共同不法行為は、条文によれば、「数人が共同の不法行為によって他人に損害を加えたとき」に成立する（719条1項前段）。

もっとも、その解釈として、各人が独立に709条の要件をみたしていることが必要か、および各人の間に要求される共同関係はいかなるものかが問題となっている。

（ア）709条の要件の要否

まず、各人が独立に709条の要件をみたしていることが必要か。

①従来の通説

従来の通説は、各人が独立に709条の要件をみたしていることが必要と解している。

実務の大勢も、この従来の通説を採用している（たとえば福岡高宮崎支判平成18・3・29）。

この従来の通説に対しては、「各人が709条の要件をみたしているのならば、被害者は709条にもとづいて各人に請求すれば足りるのであるから、719条1項前段の存在意義が没却される」との批判がある。しかし、719条1項前段の存在意義は、連帯債務を生じさせるという効果の点（➡246ページ（ア））にあると解することが可能である。

個人責任の原理にも照らせば、従来の通説が妥当であろう。

たとえば、AとBが示し合わせてCに暴行を加え、Cを負傷させた場合、ABに狭義の共同不法行為が成立するためには、従来の通説によれば、ABそれぞれに故意・過失が認められることに加えて、Aの行為とCの損害との間の因果関係、およびBの行為とCの損害との間の因果関係が認められることが必要です。

とすると、確かにCとしてはAやBの一般不法行為責任（709条）を追及すれば足りるということになりそうですが、その責任の追及は、あくまでも個別的な因果関係が認められる損害に限定されます。

たとえば、Cが総額で100万円の損害を受けているところ、Aの行為との個別的な因果関係が認められる損害は30万円、Bの行為との個別的な因果関係が認められる損害は70万円だったとしましょう。この場合、709条にもとづく限り、CはAに対しては30万円、Bに対しては70万円を、それぞれ請求できるにとどまります。

ところが、719条1項前段の共同不法行為が成立する場合は、ABは連帯債務を負うことになるため、Cは、AにもBにも、生じた損害の全額である100万円を請求することができることになります。従来の通説は、このように連帯債務が生じるという効果の点に、719条1項前段の存在意義があると解していくのです。

②近時の有力説

以上に対し、近時の学説では、各人の行為と損害との間の因果関係が認められる必要はなく、共同行為と損害との間に因果関係が認められれば足りるとする見解が有力である。

この見解からは、719条1項前段の存在意義は、709条の要件を修正し、個別的な因果関係を不要とする点にあると解することになる。

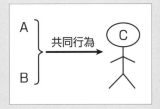

近時の有力説からは、上記のABに共同不法行為が成立するためには、Aの行為とCの損害との間の個別的な因果関係や、Bの行為とCの損害との間の個別的な因果関係が認められる必要はありません。AとBの行為を1セットの「共同行為」としてとらえ、その「共同行為」とCの損害との間の因果関係の有無――「共同行為」を取り除いた場合にCの損害がなかったといえるか否か、および「共同行為」からCの損害が生じるのが相当か否か――だけを検討すれば足りることになります。そのため、狭義の共同不法行為の成立が、従来の通説よりも容易になるのです。

（イ）要求される共同関係

次に、共同不法行為の要件として要求される「共同」関係はいかなるものか。

この点については、行為者相互の意思の連絡が必要とする見解もあるが（主観的関連共同説）、そのように解しては、共同不法行為が成立する余地が狭くなり、被害者保護に欠けることとなる。

そこで、意思の連絡は不要であり、客観的にみて行為が関連していれば足りるとする見解（客観的関連共同説）が妥当であろう。

判例も、この客観的関連共同説に立っている（大判大正2・4・26、最判昭和

32・3・26）。

（ウ）客観的関連共同性の認定

　では、いかなる場合に、客観的関連共同性が認められるのだろうか。

　この点については様々な見解があるが、未だ統一的な基準は見いだされていない。実務でも、事案の類型ごとに個別具体的に考えていくしかない、という考え方が大勢である。

　ここでは、もっとも典型的な類型である交通事故にしぼって、客観的関連共同性の認定について説明しよう。

①１個の交通事故

　まず、Ａの運転する甲自動車とＢの運転する乙自動車が衝突して乙自動車の助手席に乗っていたＣが死亡した場合などのように、複数の加害者の過失の競合による１個の交通事故の場合は、通常は客観的関連共同性が認められる（たとえば最判平成15・7・11）。

②交通事故と医療事故の競合

　次に、交通事故と医療事故が競合した場合においては、それらが時間的に接着しているかぎり、一連のものと評価して客観的関連共同性を認めるのが実務の大勢である。

　最高裁も、交通事故によって、放置すれば死に至るものの早期に手術を行えば高い確率で救命の可能性がある傷害を負った被害者が、事故の直後に搬送された病院において適切な治療や指示を受けることなく帰宅させられたため、死亡したという事案において、当該交通事故における運転行為と当該医療事故における医療行為とは共同不法行為にあたるとしている（**最判平成13・3・13**）。

　この判例は、関連共同性については言及していないものの、交通事故と医療事故の時間的接着性ゆえに客観的関連共同性を認めたものと解する見解が有力である。

イ 狭義の共同不法行為Ⅱ——効果

（ア）連帯責任

共同不法行為者は、各自が連帯して損害を賠償する責任を負う（719条1項前段）。

この規定は、各人が全ての損害について連帯債務者として賠償義務を負うという趣旨である（通説）。

（イ）求償　改正

共同不法行為者の1人が被害者に対して損害の賠償をしたときは、他の共同不法行為者に対して求償することができる（442条。連帯債務の条文）。

442条から明らかなように、自己の負担部分を超える額を弁済しなくても求償は認められる。

各共同行為者の負担部分は、各自の過失割合によって決まる（**最判昭和63・7・1**）。

（ウ）使用者責任との関係

共同不法行為がAとBによってCに対して行われた場合において、Aとの関係で使用者責任を負うXが損害の賠償をしたときは、XはBに対してBの負担部分について求償権を行使することができる（最判昭和41・11・18 ➡右記の**図1**）。

Bとの関係で使用者責任を負うYがいる場合は、損害の賠償をしたXは、Yに対してBの負担部分にしたがって定められるYの負担部分について求償権を行使することができる（最判平成3・10・25 参照➡右記の**図2**）。

Aとの関係で使用者責任を負う者としてXのほかにZがいる場合は、損害の賠償をしたXは、Zに対してZの負担部分について求償することができる。XとZの負担部分は、加害者の加害行為の態様、これと各使用者の事業の執行との関連性の程度、各使用者の指揮監督の強弱などを考慮して定められる責任の割合に従って定められる（同判例参照➡右記の**図3**）。

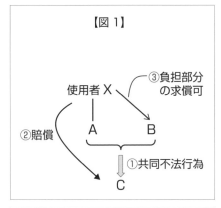

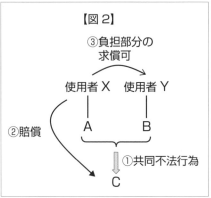

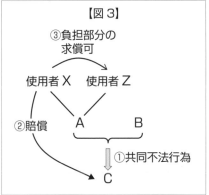

（エ）共同不法行為における過失相殺

　被害者にも過失がある場合は、共同不法行為においても、他の不法行為と同様に過失相殺がなされうる（722条2項）。

　問題は、その過失相殺が、絶対的過失相殺によるべきか、それとも相対的過失相殺によるべきかである。

> 　絶対的過失相殺とは、**各行為者の過失の合計**と**被害者の過失**の割合によって過失相殺をする方法をいいます。
> 　たとえば、AとBの共同不法行為によってCが損害を受けた事案で、ABCの過失割合が4：1：2の場合、ABの過失の合計と被害者Cの過失の割合は5：2となりますから、絶対的過失相殺による場合は、CはAB双方に対して損害金の7分の5（約71パーセント）を請求できることになります。
> 　これに対し、相対的過失相殺とは、**各行為者**と**被害者**との間の過失の割合に応じて相対

　まず、共同不法行為者の全員に全額の損害賠償責任を負わせることによって被害者を保護しようとする719条１項前段の趣旨に照らせば、原則として絶対的過失相殺によるべきである（最判平成 15・7・11）。

　ただし、複数の不法行為が順次競合した場合（たとえば ➡ 245 ページ②の事案）は、各行為ごとに過失割合を考えるしかないため、例外的に相対的過失相殺によることになる（最判平成 13・3・13）。

ウ　加害者不明の共同不法行為

　ここまでは、719条１項前段の狭義の共同不法行為について説明してきたが、同条は、さらに加害者不明の共同不法行為（１項後段）と教唆者・幇助者の責任（２項）を定めている。

　これらのうち、まず、719条１項後段が定める加害者不明の共同不法行為について説明する。

　719条１項後段は、「共同行為者のうちいずれの者がその損害を加えたかを知ることができないときも、同様とする」と定めている。

　この規定は、択一的競合の場合——すなわち共同行為者の行為のいずれかによって全損害が惹起されたものの、共同行為者のいずれの行為が全損害を惹起したのか不明の場合——に、共同行為者の各行為と全損害との間の因果関係を推定する趣旨の規定と解されている（通説）。

　したがって、この加害者不明の共同不法行為においては、自らの行為と全損害との間の因果関係の不存在を立証すれば、その者は責任を免れることになる。

きます。すなわち、719条1項前段は、各行為と損害との間の個別的な因果関係の立証を要件として、全損害との因果関係を擬制する規定なのです。

これに対し、719条1項後段にもとづいて損害賠償請求をするためには、かかる個別的な因果関係を立証する必要はありません。ただし、その場合は、各行為と全損害との間の因果関係は擬制されず、推定されるにとどまります。そのため、被告が因果関係の不存在を立証した場合には、その被告は免責されることになるわけです。

	因果関係以外の709条の要件の立証	各人の行為と損害との因果関係の立証	効果
719条1項前段	必要	必要	全損害との因果関係を擬制
719条1項後段	必要	不要	全損害との因果関係を推定

エ 教唆者・幇助者

719条2項は、「行為者を教唆した者及び幇助した者は、共同行為者とみなして、前項の規定を適用する」と定めている。

しかし、教唆者や幇助者は、719条1項前段の「共同」関係が認められることから、2項は確認的規定にすぎないとする見解が有力である。

7 製造物責任法) B

民法や失火責任法以外でも、不法行為を定めた法律は多数存在するが、試験との関係で必要な製造物責任法（PL法）にしぼって概説する。

製造物責任法は、製造物の欠陥によって損害が生じた場合の、不法行為の特別法である。

すなわち、製造業者等は、製造物の欠陥によって損害が生じた場合は、原則として損害賠償責任を負う（製造物責任法3条本文）。

この製造物責任は、無過失責任である。

ただし、製造物責任法3条の文言から明らかなように、製造物責任が生じるには、製造物に欠陥があったことや、その欠陥と損害との間の因果関係が必要です。したがって、製造物責任は、無過失責任ではありますが、いわゆる結果責任ではありません。

「製造業者等」には、①当該製造物を業として製造、加工、輸入した者（製

造業者）のほか、②製造業者として製造物に氏名等の表示をした者その他実質的な製造業者と認められる者も含まれる（製造物責任法2条3項）。

「製造物」とは、製造または加工された動産をいう（製造物責任法2条1項）。

「欠陥」とは、当該製造物の特性、その通常予見される使用形態、その製造業者等が当該製造物を引き渡した時期その他の当該製造物にかかる事情を考慮して、当該製造物が通常有すべき安全性を欠いていることをいう（製造物責任法2条2項）。

欠陥の種類としては、一般に、①設計上の欠陥、②製造上の欠陥、③指示・警告上の欠陥が考えられるが、いずれも「欠陥」にあたりうる。

その他、免責事由については製造物責任法3条ただし書と同法4条、期間制限については同法5条を参照してほしい。

論証カード

➡ 6 ページ ア

購入予定者 A と売却予定者 B が、マンションの売買の契約交渉を続けていたところ、A が唐突に契約交渉を破棄したため、B が損害を被った事案。　**B⁺**

B は、A に対して損害の賠償を請求することができるか。

確かに、契約締結の自由（521 条 1 項）からすれば、交渉当事者には契約を締結しない自由がある。したがって、B による損害賠償請求は認められないのが原則である。

しかし、交渉当事者の一方による交渉の破棄が、信義則（1 条 2 項）に反し不誠実といえる場合には、信義則上の注意義務の違反を理由として、不法行為による損害賠償請求（709 条以下）が認められると解する。

そして、信義則上の注意義務に違反するか否かは、①相手方が契約の締結や債務の履行に必要な準備行為を始めたことを知りながら黙認するなどの先行行為の有無、②交渉の成熟の程度、③当事者の属性、④当事者間の従来の関係など、その取引に関する諸般の事情を考慮して判断するべきである。

また、その場合に B が請求することができるのは、信頼利益の賠償に限られ、履行利益の賠償は認められないと解する。

なぜなら、履行利益の賠償まで認めると、契約が成立したのと同じ経済的価値を B に与えることになってしまい、失当だからである。

備考：売買契約が締結されたが、原始的に不能だった場合は、買主は売主に対して 415 条 1 項による損害賠償（履行利益の賠償）を請求することができる(412 条の 2 第 2 項)。

論証2 契約締結前の責任② 情報提供・説明の懈怠による契約の締結

➡8ページイ

ＡがＢに対して説明を尽くさず、重要な情報を提供しなかったために、Ｂ
ＢがＡとの間で契約を締結したため、Ｂが損害を被った事案。　**B**

ーーーーーーーーーーーーーーーーーーーーーーーーーーーーーーーーー

　Ｂは、Ａに対して損害の賠償を請求できるか。

　まず、Ａに説明義務違反が認められる場合であっても、Ａは、AB間で締結された契約上の債務
の不履行による賠償責任（415条）を負うことはないと解される。

　なぜなら，AB間で締結された契約はＡの説明義務違反によって生じた結果であるところ、か
かる説明義務をもってAB間の契約に基づいて生じた義務であるということは、一種の背理だか
らである。

　もっとも、Ａに信義則（1条2項）上の説明義務違反が認められる場合には、Ｂは不法行為に
よる損害賠償請求（709条）をすることができると解する。

　そして、交渉当事者の一方に信義則上の説明義務があるか否かは、相手方が当該情報を自ら知
ることができたか否か、相手方が当該情報を知っていれば当該契約を締結しなかったと認められ
るか否かなど、諸般の事情を考慮して判断するべきである。

論証 3　建物買取請求権と同時履行

➡ 27 ページ (エ)

借地権者が建物買取請求権を行使した場合に、同時履行の関係が認められる範囲について論ぜよ。　**B⁺**

借地権者が建物買取請求権（借地借家法 13 条 1 項、14 条）を行使した場合、建物について強制的に売買契約が成立する。したがって、建物の代金支払と建物の引渡しは、当然に同時履行の関係に立つ（533 条）。

では、建物の代金支払と敷地の引渡しも、同時履行の関係に立つか。

確かに、売買の目的物は建物であって敷地ではない。したがって、借地権者は、敷地の引渡しとの同時履行を主張することはできないとも思える。

しかし、そのように解しては、建物について同時履行の抗弁権を認めた意義を没却する。建物については代金支払との同時履行を主張して引渡しを拒絶しつつ、敷地は引き渡す、というのは、現実問題として不可能だからである。

そこで、建物の引渡しについて同時履行の抗弁権が認められることの反射的効力として、敷地の引渡しも拒絶できると解するべきである。

備考：①借地権者は借地権設定者に対して地代相当額の不当利得返還債務は負う。
②造作買取請求権の行使による代金支払と建物の明渡しは同時履行の関係に立たない（➡ 27 ページ (オ)）。

論証 4　545 条 1 項ただし書の「第三者」

➡ 46 ページ ア

甲土地が A から B に売却され、さらに B から C に転売された。その後、A により AB 間の売買契約が B の債務不履行を理由として解除された。A の C に対する甲土地の明渡請求に対し、C はいかなる反論をすることができるか。　　　　　　　　　　　　　　　　　　**A⁺**

――――――――――――――――――――――――――――――――

　　A は、AB 間の売買の解除によって自己に甲土地の所有権が復帰した旨を主張し、C に対して所有権にもとづく明渡請求をしているものと思われる。

　　これに対し、C は、自らが 545 条 1 項ただし書の「第三者」として保護されるため A は C に解除を対抗できない旨、反論することが考えられる。この反論は認められるか。

　　まず、解除の効果は、契約の遡及的消滅と解される（直接効果説）。なぜなら、そう解することが、契約関係がなかった状態に戻すという解除の目的を達するにあたり、最も端的で簡明な法律構成といえるからである。

　　そうだとすれば、545 条 1 項ただし書の趣旨は、かかる遡及効から第三者を保護することにあるというべきである。

　　そこで、「第三者」とは、解除された契約から生じた法律効果を基礎として、解除までに新たな権利を取得した者をいうと解する。

　　そして、債務不履行状態にある場合でも解除権者が解除するとは限らないことから、「第三者」の善意・悪意は不問とするべきであるが、解除権者には何ら帰責性がないこととの均衡から、「第三者」として保護されるには、権利保護要件としての登記を備えることが必要と解する。

　　本件の C は、解除までに B から甲土地の所有権を取得しているから、「第三者」にあたる。

　　したがって、C が甲土地の所有権移転登記を備えていれば、C は上記の反論をすることができる。

備考：解除後の第三者は、取消後の第三者と同じく、対抗問題として 177 条・178 条で処理する（➡ 47 ページ イ）。

➡ 55 ページ **5**

AB 間で、A が B に現在建設中のリゾートマンションの 1 室を売る旨の売買契約と、そのリゾートマンション内に建設が予定されているスポーツクラブの会員権を A が B に売る旨の会員権契約が締結された。その後、リゾートマンションは建設されたが、スポーツクラブの設備の1 つである屋内プールの完成が遅滞したため、会員権契約についての解除権が B のもとに発生した。A は、会員権契約に加えて、リゾートマンションの売買契約も解除することができるか。　**A**

確かに、債務不履行があったのは会員権契約だけであり、リゾートマンションの売買契約には債務不履行はない。したがって、A は、リゾートマンションの売買契約は解除できないのが原則である。

しかし、複数の契約の目的が相互に密接に関連づけられており、社会通念上、複数の契約のいずれかが履行されるだけでは契約を締結した目的が全体として達成されない場合には、複数の契約のすべての解除が認められると解する。

本件でも、リゾートマンションが屋内プールを含むスポーツクラブを利用することを主要な目的としており、B としてはそのような物件として当該リゾートマンションを購入していたような場合には、B は会員権契約に加えてリゾートマンションの売買契約をもあわせて解除することができる。

論証 6　賃貸借契約と債務不履行による解除

➡ 103 ページ エ

ＡがＢに甲建物を賃貸していたところ、Ｂが賃料を３か月分滞納した。Ａは、Ｂの債務不履行を理由として、賃貸借契約を解除することができるか。　　　　　　　　　　　　　　　　　　　　　　　　**A**

　本件で、Ａは催告解除（541 条）をすることができるか。

　まず、賃貸借契約にも 541 条が適用されるかが問題となるが、541 条はおよそ契約についての総則規定である以上、適用されると解する。

　もっとも、賃貸借契約は個人的信頼関係を基礎とする継続的契約である。

　そこで、かかる信頼関係が破壊された場合に限って 541 条による催告解除が認められ、信頼関係がいまだ破壊されていない場合には、541 条による催告解除は認められないと解する。

　他方、信頼関係の破壊が著しい場合には、542 条 1 項 5 号によって無催告解除ができると解する。

　本件では、Ｂは賃料を３か月分滞納していることから、信頼関係の破壊が認められる。

　よって、Ａは、Ｂに催告した後、相当期間が経過すれば、催告解除をすることができる。

備考：①賃貸借契約は継続的契約であることから、賃貸借契約の解除には遡及効が認められず、将来に向かってのみその効力を有する(620 条)。

　　　②ＢがＣに適法に転貸している場合でも、ＡはＣに対して催告することを要しない(➡ 119 ページ (ア))。

論証 7　612 条 2 項による解除の制限

➡ 115 ページ イ

B が A から甲建物を賃借していたところ、B が A に無断で、同居している孫の C に対して甲建物の賃借権を譲渡した事案。　**A⁺**

A は、612 条 2 項にもとづき、AB 間の賃貸借契約を解除できるか。

612 条 2 項が解除を認めたのは、賃貸借契約が個人的信頼関係を基礎とする継続的契約であるところ、賃借権の無断譲渡や無断転貸は、かかる信頼関係を破壊する背信的行為だからであると解される。

そこで、賃借権の無断譲渡や無断転貸がなされた場合でも、賃貸人に対する背信的行為と認めるに足らない特段の事情がある場合には、例外として 612 条 2 項に基づく解除は認められないと解する。

本件でみるに、B は賃借権を無断譲渡しているものの、賃借権の譲受人は B と同居している孫の C であるから、かかる特段の事情が認められる。

よって、A は、612 条 2 項にもとづき、AB 間の賃貸借契約を解除することはできない。

備考：○「背信的行為と認めるに足らない特段の事情がある場合には解除不可」
　　　×「背信的行為と認められれば解除可」

論証 8　第三者による賃借権侵害

➡ 120 ページ 7

第三者が賃貸不動産の占有を妨害していたり、賃貸不動産を占有している場合、賃借人はいかなる手段をとることができるか。　**A**

第 1 に、賃貸人に対して、賃貸不動産を使用・収益させるよう請求することができる（601 条）。

第 2 に、賃借人が賃貸不動産を占有している場合は、第三者に対して占有の訴え（占有訴権）を行使することができる（198 条以下）。

第 3 に、賃借権を被保全債権として、賃貸人の有する所有権にもとづく妨害排除請求権・返還請求権を代位行使することができる（423 条の転用）。

第 4 に、賃借権の対抗要件を備えている場合は、①不動産の占有を妨害している第三者に対する妨害停止請求（605 条の 4 第 1 号）、および②不動産を占有している第三者に対する返還請求（605 条の 4 第 2 号）をすることができる。

➡ 121 ページ **8**

Ａ所有の甲土地を、Ｂが無権限でＣに賃貸して引き渡した。Ｃは、Ｂに約定どおりの賃料を毎月支払っている。Ａは、ＢおよびＣに対していかなる請求をすることができるか。　　　　　　　　**B⁺**

1　Ａは甲土地を所有しており、かつ、Ｃは甲土地を占有している。

　また、Ｃは、ＢＣ間の他人物賃貸借（559条・561条・601条）にもとづく賃借権を、契約当事者でないＡに対抗することはできない。

　よって、Ａは、Ｃに対して、甲土地の所有権にもとづく返還請求権を行使し、甲土地の明渡しを請求することができる。

2　次に、Ａは、Ｂに対して、ＢがＣから受け取った賃料について、不当利得返還請求をすることができるか。

　Ｂは、他人の物たる甲土地の間接占有者である。

　よって、Ｂは、自らに使用収益権限があると誤信していた場合は、善意の占有者として果実収取権を有する（189条1項）。したがって、Ａは、ＢがＣから受け取った賃料の返還をＢに対して請求することはできない。

　これに対し、Ｂがかかる誤信をしていなかった場合は、Ｂは悪意の占有者にあたる。したがって、Ａは、ＢがＣから受け取った賃料の返還をＢに対して請求することができる（190条1項）。

3　では、Ａは、Ｃに対して、甲土地の客観的利用価値すなわち平均的賃料相当額について、不当利得返還請求をすることができるか。

　確かに、ＣはＢに対して賃料を支払っていることからすれば、Ｃには利得はないとも思える。

　しかし、支払った賃料に関する問題は、賃貸人Ｂと賃借人Ｃの間で処理されるべきであって、所有者Ａにその問題を負担させるべきではない。

　そこで、Ａは、Ｃが悪意であれば、平均的賃料相当額の全額を請求することができると解する（190条1項類推）。

　他方、Ｃが善意であれば、かかる請求をすることはできない（189条1項類推）。

備考：①Ａからの返還請求によってＣが甲土地の使用・収益をすることができなくなったときは、Ｃは、Ｂに対して損害賠償を請求することができる（415条1項）。また、甲土地の全部の使用・収益ができなくなったときは、賃貸借は当然に終了する（616条の2）。

　　　②悪意のＢが受け取っていた賃料額が相場よりもだいぶ安かった場合は、190条の類推適用によって、賃借物の客観的利用価値（平均的賃料相当額）の返還を請求することができると解される（有力説）。

論証 10　他人名義の登記の対抗力

➡ 126 ページイ

Bは、Aから建物所有目的で甲土地を賃借し、その上に乙建物を建築して所有している。乙建物の登記は、Bの同居の妻C名義でなされている。Bの借地権に対抗力が認められるか。　**B⁺**

———————————————————————————————

　本件のように、借地上の建物の登記が、借地人自身の名義でなく他人の名義でなされている場合、借地権に対抗力が認められるか。かかる登記が借地借家法10条1項の「登記」にあたるかが問題となる。

　他人名義の建物登記があっても、自己の建物所有権すら第三者に対抗できない。そうだとすれば、借地権も第三者に対抗できないと解するのが妥当である。

　よって、他人名義の登記は借地借家法10条1項「登記」にあたらず、借地権に対抗力は認められないと解する。

　本件でも、Bの借地権には対抗力は認められない。

備考：ただし、同居の家族名義で建物登記がなされている場合は、土地の譲受人による明渡請求は権利
　　　の濫用または信義則違反を理由として否定されることが多い。

論証 11　建物賃借人の死亡と相続人でない同居人の保護

➡ 132 ページ **7**

ＡからＢが賃借した建物に、ＢとＢの内縁の妻Ｃが２人で居住していたところ、Ｂが死亡した。Ｂの地位は、Ｂの法律上の妻であるＸとの間の子であるＤが単独で相続した。ＡまたはＤからの明渡請求を、Ｃは拒むことができるか。　　　　　　　　　　　　　　　**B**

―――――――――――――――――――――――――――

1　Ａからの明渡請求を、Ｃは拒むことができるか。

　確かに、Ｂの内縁の妻であるＣには、Ｂの相続権がない（890条対照）。よって、Ｃは賃借権を有しない。

　しかし、Ａからの明渡請求に応じなければならないとすれば、Ｃの保護に欠ける。

　そこで、死亡した賃借人の同居の内縁の妻たるＣは、Ｄが相続した賃借権を援用して、Ａからの明渡請求を拒むことができると解する。

2　Ｄからの明渡請求を、Ｃは拒むことができるか。

　確かに、この場合は、Ｄが相続した賃借権をＣが援用するという法律構成をとることはできない。

　しかし、Ｄによる明渡請求は、権利の濫用（１条３項）にあたると解するべきである。

　よって、Ｃは、Ｄからの明渡請求を拒むことができる。

備考：Ｂに相続人がいない場合は、Ｃは建物賃借権を承継しうる（借地借家法36条1項）。

論証 12 　請負の目的物の所有権の帰属　**B**+

➡ 139 ページ **6**

　請負の当事者間に特約がない場合、請負人が作成した物の所有権は、請負人と注文者のいずれに帰属するか。

　まず、注文者が材料の全部または主要部分を供給した場合は、目的物の所有権は注文者に原始的に帰属すると解する。

　次に、請負人が材料の全部または主要部分を供給した場合は、請負人の報酬請求権を確保するべく、目的物の所有権は請負人に帰属し、その後の引渡しによって注文者に所有権が移転すると解するべきである。

備考：①注文者が報酬の全額または大半を支払い済みの場合は、完成と同時に注文者が目的物の所有権を原始取得するとの合意(特約)があったものと認めるべきである(判例)。
　　　②注文者と元請負人の間で、建物の所有権が注文者に帰属する旨の特約がある場合、その特約は自ら材料を提供した下請負人との関係でも有効である(➡ 140 ページ **イ**)。

論証 13 　請負の目的物の引渡前の滅失・損傷

➡ 142 ページ (ア)

請負の目的物が注文者への引渡前に滅失・損傷したが、仕事の完成は可能な場合における請負人・注文者間の法律関係を説明せよ。　**B**

1 　請負の目的物が注文者への引渡前に滅失・損傷した場合であっても、仕事の完成が可能である以上、請負人は仕事完成義務を負い、注文者は請負人に対して仕事の完成を請求することができる (632 条)。
2 　では、仕事の完成のために生じた追加費用は、いずれが負担するか。
　(1) 滅失・損傷が請負人の責めに帰すべき事由による場合は、請負人が追加費用を負担する (632 条)。
　　　さらに、請負人は、完成が遅延したことによる損害の賠償責任を負う (415 条 1 項)。
　(2) 滅失・損傷が注文者の責めに帰すべき事由による場合は、請負人に生じた損害の賠償というかたちで、注文者が追加費用を負担する (請負人の仕事を妨げない義務の債務不履行・415 条 1 項)。
　(3) 滅失・損傷が当事者双方の責めに帰することのできない場合は、 特約があればそれによるが、特約がない場合は、請負人が追加費用を負担する (仕事完成義務の一内容・632 条)。

備考：仕事の完成が不能の場合については、143 ページ (イ)を参照。

論証 14　事務管理と損害賠償

➡ 171 ページ ウ

Ａは川沿いの道を散歩中、Ｂが川でおぼれているのを発見した。Ａは川に飛び込みＢを救助したが、その際に、パニックになっていたＢが暴れたため、Ａの着ていた衣服が破れた事案。　**B**

━━━━━━━━━━━━━━━━━━━━━━━━━━━━━━━━━

　本件で、Ａは、義務なくＢのためにＢを救助するという事務の管理をしている（697条1項）。また、かかる事務の管理は、Ｂの意思や利益に反することは明らかでない（700条ただし書参照）。よって、Ａには事務管理が成立する。

　では、Ａは、Ｂに対して、破れた衣服の修繕費を請求することができるか。

　確かに、事務管理者から本人への損害賠償請求権を定めた規定はない。したがって、損害賠償請求はできないと解する。

　ただし、当該事務の管理にあたって当然予期される損害は、702条1項の「費用」として請求できると解する。

　本件の衣服の修繕費は、おぼれているＢを助けるうえで当然予期される損害にあたる。

　よって、Ａは、Ｂに対して、衣服の修繕費を請求することができる。

備考：医師が行き倒れの人を病院に運んで治療した場合などのように、営業上の行為が事務管理として
　　　行われた場合には、定型化された「費用」(702条1項)として、通常の報酬に相当する額を請求する
　　　ことができる(➡ 172 ページ エ)。

論証 15　事務管理と代理の成否

➡ 174 ページ **4**

長期の海外旅行で留守中の A 宅の屋根を修理するために、隣人の X が A に頼まれていないにもかかわらず A の代理人として職人 B と契約し、B が屋根を修理した。B は A に対して修理代金の支払を請求することができるか。　　　　　　　　　　　　　　　　　　　　**B**⁺

　本件で、X に A の代理権が認められれば、B は、A に対して修理代金の支払を請求することができる（99 条 1 項、632 条）。

　この点、X は、義務なく A のために B と契約を締結するという事務の管理をしている（697 条 1 項）。また、かかる事務の管理は、A の意思や利益に反することは明らかでない（700 条ただし書参照）。よって、X には事務管理が成立する。そこで、かかる事務管理の効果として、X に A の代理権が認められるのではないかが問題となる。

　しかし、事務管理は本人・管理者間の対内関係の問題であるにとどまり、対外関係の問題ではない。

　よって、事務管理が成立する場合でも、管理者に本人の代理権は認められないと解する。

　したがって、A の追認がない限り、原則として B は A に対して修理代金の支払を請求できない（113 条 1 項）。

備考：本人 A には代弁済義務があるが（702 条 2 項・650 条 2 項）、この義務は管理者 X に対する義務であり、A に外部の B に対する義務が生ずるわけではない。

論証 16　準事務管理

→ 174 ページ 4.

Ａの書いた小説をＢが勝手に映画化し、Ｂが莫大な利益を得た事案。

B⁺

　Ａは、Ｂに対し、不当利得の返還（703条、704条）や不法行為による損害賠償（709条）を請求することができる。

　では、事務管理の規定である701条・646条にもとづき、Ｂが得た全利益の返還を請求することはできるか。

　Ｂは、他人たるＡの事務を管理しているものの、それはもっぱら自己のためにする意思で行ったのであるから、「他人のために」（697条1項）事務を管理したとはいえない。よって、事務管理の規定を直接適用することはできない。

　では、類推適用することはできるか。

　他人の権利の無断使用による莫大な利益は、その利用者の能力や才能にかかるところが大きい。にもかかわらず、得られた利益を全て本人に帰属させるのは、かえって不公平というべきである。

　そこで、事務管理の規定の類推適用は否定すべきである。

　したがって、ＡはＢに対し、不当利得ないし不法行為の限度で請求できるにとどまる。

論証 17　代替性のある物が売却された場合の不当利得

Ａの所有する代替物ＸをＢが不当に利得したうえ、これをＣに転売した。ＢがＡに対して負う不当利得返還義務の内容を論ぜよ。また、Ｘの価格が変動している場合はどうか。

B⁺

1　ＢがＡに対して負う不当利得返還義務（703条、704条）の内容をいかに解するべきか。

　仮に、Ｘと同種・同量・同等の物の返還義務を認めると、Ｂにかかる物の調達義務を課すことになり、受益の返還以上の負担を課すことになり、妥当でない。

　そこで、Ｂは、Ｘの価格相当額の返還義務を負うと解するべきである。

2　では、Ｘの価格が変動している場合、Ｂはいかなる額の返還義務を負うか。

　もし、事実審の口頭弁論終結時における客観的価値の返還義務を負うと解すると、Ｃは、たとえば売却後に価格が下落している場合には返還義務を一部免れることになり、また、逆に高騰している場合には得た利益を超える返還義務を負うことになるが、これらは公平の見地から妥当でない。

　そこで、原則として、売却代金相当額の金員の不当利得返還義務を負うと解するべきである。

論証 18 不法原因給付と所有権の移転

➡ 192 ページ（イ）

ＡはＢと愛人契約を締結し、その履行として、Ａ所有の甲マンションをＢに引き渡し、Ｂ名義の所有権移転登記を経由した。甲マンションの所有権は誰に帰属するか。　**A**

━━━━━━━━━━━━━━━━━━━━━━━━━━━━━━━━

　甲マンションの所有権は、以下の理由から、Ｂに帰属すると解する。

　確かに、本件の愛人契約は公序良俗に反して無効であるから（90条）、かかる契約によって所有権が移転することはない。

　しかし、AB間の愛人契約は、公序良俗に違反し、道徳的に醜悪な行為といえるから、「不法な原因」（708条本文）が認められる。また、ＡはＢに甲マンションを引き渡して、Ｂ名義の所有権移転登記を経由していることから、Ｂに終局的な利益を与えたといえ、「給付」（同条）したといえる。

　よって、不法原因給付が成立するため、Ａは、Ｂに対して、121条の2にもとづいて甲マンションの明渡しを請求することはできない。

　また、クリーンハンズの原則という708条の趣旨を維持するべく、同条は、所有権にもとづく返還請求権にも類推適用されると解するべきである。

　よって、Ａは、所有権にもとづく返還請求として、甲建物の明渡しを請求することもできない。

　そして、以上の反射的効果として、甲マンションの所有権はＢに移転するものと解するべきである。

論証 19　騙取金による弁済と不当利得

➡ 194 ページ **1**

無資力であった B は、A から騙取した金銭によって B の債権者である C に自らの債務を弁済した。AC 間の法律関係を論ぜよ。　A

1　A は、C に対して不当利得返還請求（703 条、704 条）をすることができるか。

(1)　まず、C の受益と A の損失との間に因果関係が認められるか。

　　不当利得における因果関係は、受益と損失との間に社会通念上の因果関係があれば認められると解する。

　　本件で、B は無資力であったことから、A からの騙取金がなければ C に弁済することはできなかったといえる。よって、社会通念上の因果関係が認められる。

　　したがって、因果関係が認められる。

(2)　次に、C の受益が「法律上の原因なく」といえるか。

　　確かに、弁済受領者 C は弁済者 B に対する債権を有するから、弁済者 B との関係では「法律上の原因」がある。

　　しかし、公平の見地に照らせば、「法律上の原因なく」とは、受益を正当化する実質的・相対的な理由がないことをいうと解する。

　　本件で、C が騙取金による弁済であることについて悪意または重過失の場合には、A との関係では受益を正当化する実質的・相対的な理由がないといえ、「法律上の原因なく」といえると解するべきである。

2　よって、かかる場合には、A は C に対して不当利得返還請求をすることができる。

論証 20　転用物訴権

➡ 196 ページ 2

賃借人 B の依頼により賃貸借の目的物に修理をなした A は、賃貸人 C へ不当利得返還請求（703 条、704 条）をすることができるか。 **B⁺**

━━━━━━━━━━━━━━━━━━━━━━━━━━━━━━━━━━━

1　まず、A の損失と C の受益との間に因果関係が認められるか。

　　不当利得における因果関係は、受益と損失との間に社会観念上の因果関係があれば認められると解する。

　　本件では、C の受益と A の損失との間には社会通念上の因果関係があるといえ、因果関係が認められる。

2　次に、C の受益が「法律上の原因なく」といえるか。

　　公平の見地に照らせば、「法律上の原因なく」とは、受益を正当化する実質的・相対的な理由がないことをいうと解する。

　　本件では、BC 間の賃貸借契約を全体としてみて C が対価関係なしに利益を受けたときに限り、「法律上の原因なく」といえると解すべきである。

　　したがって、たとえば B が修理費用を負担するかわりに、C が賃料を安くしていたような場合には、C の受益には法律上の原因があるといえ、A は不当利得返還請求をすることはできない。

論証 21　生命侵害と逸失利益

➡ 215 ページ ①

Ａの起こした交通事故により、通行人のＢが即死した。Ｂの相続人Ｃは、Ｂの逸失利益の賠償を請求することができるか。　**A**

━━━━━━━━━━━━━━━━━━━━━━━━━━━━━━━━━━━

　本件のように、被害者が即死した場合に、その相続人は、被害者の逸失利益の賠償を請求することができるか。

　この点につき、死亡の瞬間に権利の主体がいない以上、そもそも被害者に逸失利益の賠償請求権は発生せず、したがってまたこれが相続されることもないとして、相続人による逸失利益の賠償請求を否定する見解がある。

　しかし、一般の死亡の場合と、即死の場合とで結論が異なるのは妥当でない。

　また、即死の場合にも、観念的には受傷と死亡との間に時間的間隔があるといえる。

　そこで、即死の場合でも、被害者のもとで逸失利益の賠償請求権が発生し、これが相続人に相続されると解する。

　本件でも、ＣはＢの逸失利益の賠償を請求することができる。

備考：内縁の妻や、相続を放棄した配偶者および子については、扶養利益の喪失による損害賠償請求が
　　　認められる（固有損害構成）。

論証 22　被害者の死亡と慰謝料の相続　**B**

➡ 217ページ ①

　被害者が死亡した場合、被害者の慰謝料請求権（710 条）は相続されるか。

　かつての判例は、慰謝料請求権は一身専属権であり、原則として相続されないものの、被害者が死亡する前に請求の意思表示をしていた場合は、金銭債権に転化しているため、相続の対象になると解していた。

　しかし、そのように解しては、意思表示をした場合としなかった場合とで結論が全く異なることになり、妥当でない。

　そこで、慰謝料請求権も単純な金銭債権であると解し、意思表示を待たないで当然に発生し相続されると解するべきである。

備考：慰謝料については固有損害構成の 711 条が定められているうえ、金額の点でも相続構成のメリット
　　　がないため、この論点は論じる実益に乏しい。

論証 23　受傷後の死亡と逸失利益の算定

　Ａが起こした交通事故に巻き込まれたＢは、その交通事故に起因する傷害のために身体的機能を喪失し、労働能力を喪失した。その後、ＢはＡに対する損害賠償請求訴訟を提起したが、その係属中に、Ｂは、海で貝を採っている際に心臓麻痺を起こして死亡したため、Ｂの相続人Ｃが訴訟を承継した。裁判所は、Ｂの死亡の事実を、就労可能期間の認定において考慮するべきか。　　　　　　　　　　　　　　　**B**

　本件の裁判所は、死亡の事実は就労可能期間の認定上考慮すべきでない。

　なぜなら、①労働能力の喪失による損害は、交通事故の時に一定の内容のものとして発生しているのであって、交通事故の後に生じた事由によってその内容に消長をきたすものではなく、また、②交通事故の被害者が事故後にたまたま別の原因で死亡したことにより、賠償義務を負担する者がその義務の全部または一部を免れ、他方被害者ないしその遺族が事故により生じた損害のてん補を受けることができなくなるというのは、衡平の理念に反するからである。

備考：交通事故の時点で、その死亡の原因となる具体的事由が存在し、近い将来における死亡が客観的に予測されていたなどの特段の事情がある場合は、例外として死亡の事実が考慮される。

論証 24　被害者の受傷と父母・配偶者・子の慰謝料請求

➡ 219 ページ（ウ）

Ａの起こした交通事故に３歳のＢが巻き込まれ、Ｂは傷害を負い、その顔面に大きな傷跡が残った。Ｂの母Ｃは、Ａに対して、慰謝料を請求することができるか。　　　　　　　　　　　　　　　　　　　　**A**

　本件のように、被害者が傷害を受けたにとどまる場合、その被害者の父母・配偶者・子が、加害者に対して慰謝料を請求することができるかが問題となる。

　確かに、711 条は、生命侵害の場合にのみ近親者の慰謝料請求を認めている。

　しかし、同条の趣旨は、被害者死亡の場合は近親者が被る精神的苦痛が特に大きいことに照らし、近親者の立証責任を軽減することにあるのであって、近親者の慰謝料請求権の発生を被害者死亡の場合に限定する趣旨ではない。

　そこで、父母・配偶者・子が、被害者が生命を害された場合にも比肩すべき精神上の苦痛を受けた場合には、これらの者も 709 条、710 条にもとづいて慰謝料を請求することができると解する。

　本件では、幼い３歳のＢの顔面に大きな傷跡が残っているのであるから、その母Ｃは、Ｂが生命を害された場合にも比肩すべき精神上の苦痛を受けたといえる。

　よって、Ｃは、709 条、710 条にもとづいて、Ａに対して慰謝料を請求することができる。

備考：根拠条文は、711 条類推ではなく 709 条、710 条である点に注意。

➡ 221 ページイ

8 歳の A が信号を無視して車道に飛び出したため、B の運転する自動車と接触し、A が傷害を負った事案。　　**A**

A は、B に対して不法行為による損害賠償を請求することができる（709 条、710 条）。

もっとも、A は信号を無視して車道に飛び出していることから、過失相殺（722 条 2 項）されうるのではないか。「過失」が認められるための能力をいかに解するかが問題となる。

過失相殺の問題は、不法行為者に対し積極的に損害賠償責任を負わせることができるかという問題ではなく、損害の公平な分担の見地から被害者の不注意をいかに考慮すべきかの問題にすぎない。

そこで、被害者に責任能力は不要であり、事理弁識能力があれば足りると解する。

本件では、A は 8 歳であるから、事理弁識能力を有していたものと思われる。

よって、A に「過失」が認められ、過失相殺されうる。

備考：責任能力は小学校を卒業する 12 歳くらい、事理弁識能力は小学校に入学する 6 歳くらいが、それぞれ一応の目安となる。

論証26　被害者側の過失

> 夫 A の運転する自動車が第三者 Y の自動車と双方の過失により衝突し、夫 A の自動車に同乗していた妻 X が受傷した事案。　　**A**

　　受傷した被害者たる X は、Y に対して不法行為に基づき損害賠償を請求しうる（709条、710条）。

　　もっとも、被害者 X の夫である A には過失がある。そこで、過失相殺（722条2項）されうるのではないか。過失相殺において被害者側の過失を考慮しうるかが問題となる。

　　過失相殺の趣旨は、損害の公平な分担にある。

　　そこで、被害者と身分上、生活関係上一体をなす関係にある者の過失は、過失相殺において考慮しうると解する。

　　本件では、被害者 X と A は夫婦である。また、X と A との婚姻関係がすでに破たんに瀕している等の特段の事情も認められない。

　　よって、A は、X と身分上、生活関係上一体をなす関係にある者といえる。

　　したがって、過失相殺されうる。

備考：①この論点は、被害者自身には過失がない（または事理弁識能力がない）が、被害者側の人間には過失がある場合に、特に問題となる。
　　　②被害者の心因的素因や疾患については、722条2項が類推適用されうる。身体的特徴については、原則として類推適用されない。

➡ 229 ページ（ウ）

重度の認知症にり患し、責任無能力であるＡが、Ｘの運行する鉄道路線の駅構内の線路に立ち入り、列車に衝突して死亡し、Ｘに列車の遅延などによる損害を生じさせた。Ｘは、Ａと同居していた妻Ｂ、およびＡと同居はせず月に1回程度Ａ宅を訪問してＡの様子を見ていた子Ｃに対して、損害賠償請求をすることができるか。なお、Ｂは、高齢で、かつ要介護1の認定を受けており、Ａの監督が現実的に可能な状態にはなかったものとする。　　　　　　　　　　　　　**B**

────────────────────────────

1　Ａは責任無能力者であるから、不法行為責任を負わない（713条本文）。

　　そこで、Ｘは、Ａの妻Ｂに対して、714条1項にもとづいて損害賠償請求をすることができるか。Ｂが「監督する法定の義務を負う者」（以下、「法定の監督義務者」という）にあたるかが問題となる。

(1)　確かに、ＢはＡの配偶者であるから、Ａに対して同居・協力・扶助の義務を負う（752条）。

　　しかし、同条は第三者との関係での義務を定めたものではない。

　　よって、責任無能力者の配偶者であるというだけでは、法定の監督義務者にはあたらないと解する。

　　したがって、Ｂは法定の監督義務者にはあたらない。

(2)　ただし、監督義務を引き受けたとみるべき特段の事情が認められる場合には、衡平の見地から、法定の監督義務者に準ずべき者として714条1項が類推適用されるものと解する。

　　本件でみるに、Ｂは、高齢で、かつ要介護1の認定を受けており、Ａの監督が現実的に可能な状態にはなかった。したがって、かかる特段の事情は認められない。

　　よって、Ｂは、法定の監督義務者に準ずべき者にもあたらない。

(3)　以上から、Ｘは、Ｂに対して714条1項にもとづいて損害賠償請求をすることはできない。

2　では、子Ｃに対してはどうか。

(1)　まず、責任無能力者の子が法定の監督義務者にあたるとする法令上の根拠はない。

　　よって、Ｃは法定の監督義務者にはあたらない。

(2)　また、Ｃは、Ａと同居しておらず、月に1回程度Ａ宅を訪問してＡの様子を見ていたにとどまるから、上記の特段の事情は認められない。

　　よって、Ｃは、法定の監督義務者に準ずべき者にもあたらない。

(3)　以上から、Ｘは、Ｃに対して714条1項にもとづいて損害賠償請求をすることはできない。

論証 28　行為者に責任能力がある場合と親権者の責任

16歳の少年Aが、オートバイを運転中にXをはねて傷害を負わせた。Xは、AおよびAの親権者であるBに対して、損害賠償請求をすることができるか。　　　　　　　　　　　　　　　　　　　　**B**[+]

- -

1　Xは、Aに対して不法行為による損害賠償請求をすることができる（709条、710条）。

2　もっとも、16歳のAは、無資力の可能性がある。

　　そこで、Aの親権者であるBに対しても、損害賠償請求をすることができないか。

(1)　Bは、Aの親権者であるから、「監督する法定の義務を負う者」（714条1項）にあたる。

　　　しかし、Aは責任能力を有するから、Bが714条1項によって不法行為責任を負うことはない。

(2)　もっとも、未成年者は無資力であることが多い。そこで、被害者保護の見地から、Bの監督義務違反と損害との間に相当因果関係が認められる場合は、Bは709条による責任を負うと解するべきである。

　　　本件でみるに～［以下、あてはめ］。

備考：判例は709条をあげるのみだが、あわせて710条をあげてもよい（私見）。

論証 29 「事業の執行について」① ──取引的不法行為

➡ 234 ページ（ア）

実際には何ら権限がないにもかかわらず、X 社から「営業所長代理」の肩書を与えられていた X 社の従業員 A が、営業所長代理名義で権限なく X 社を振出人とする手形を B に振り出した。B からその手形の譲渡を受けた C は、X 社に対して手形金の支払を請求したが、X 社は支払を拒絶した。C は、X 社に対して損害賠償を請求することができるか。　　　　　　　　　　　　　　　　　　　　　　**A**

1　C は、X 社に対して、使用者責任（715 条 1 項）にもとづき、損害賠償を請求することが考えられるが、その要件をみたすか。

⑴　本件で、行為者である A は 709 条の要件をみたしており、また、A は X 社の従業員であるから「使用」関係も認められる。

⑵　では、A による無権限の手形振出しが、X 社の「事業の執行について」行われたものといえるか。

ア　使用者責任の趣旨は、利益のあるところに損失も帰するという報償責任の原理にあるところ、かかる趣旨に照らせば、被害者の信頼を保護し、被害者を広く救済するのが妥当である。

そこで、本来の職務を超えた行為であっても、行為の外形から観察して被用者の職務の範囲内と認められる行為については、なお「事業の執行について」にあたりうると解する。

ただし、本来の職務を超えていることにつき、被害者が悪意または重過失である場合には、保護するべき信頼がない。

したがって、被害者が悪意または重過失である場合には、本来の職務を超えた行為は「事業の執行について」にあたらないと解する。

イ　本件でみるに、A は X 社から「営業所長代理」の肩書を与えられており、その名義で本件手形が振り出されているのであるから、A による本件手形の振出しは、外形から観察して A の職務の範囲内の行為といえる。

また、C は、A に権限がないことについて善意無重過失といえる。

よって、「事業の執行について」にあたる。

⑶　さらに、X 社には免責事由（715 条 1 項ただし書）は認められない。

2　以上から、C は、X 社に対して損害賠償を請求することができる。

備考：表見代理によって X 社に手形金の支払を請求することも考えられるが、C は無権代理行為の直接の相手方（直接の第三者）ではないため、判例法理にしたがう限り、C は表見代理によっては保護されない（➡総則［第 2 版］237 ページ（ア）参照）。

➡ 235 ページ（イ）

A 社の従業員 B が、A 社が所有し管理している自動車を私用で運転中、C をひいて傷害を負わせた。C は A 社に対して損害賠償を請求することができるか。 **B⁺**

━━━━━━━━━━━━━━━━━━━━━━━━━━━━━━━━━━━━

1　C は、A 社に対して、使用者責任（715 条 1 項）にもとづき、損害賠償を請求することが考えられるが、その要件をみたすか。

(1)　本件で、行為者である B は 709 条の要件をみたしており、また、B は A 社の従業員であるから「使用」関係も認められる。

(2)　では、B の運転行為が、A 社の「事業の執行について」なされた行為といえるか。

ア　判例は、「事業の執行について」といえるか否かを行為の外形から客観的に判断している。

確かに、かかる判例は、利益のあるところに損失も帰するという報償責任の原理に合致し、被害者の救済に資する。

しかし、いわゆる取引的不法行為の場合とは異なり、本件のごとき事実的不法行為の場合には、その行為が「事業の執行について」の行為であるとの被害者の信頼はありえない。

そこで、事実的不法行為の場合には、加害行為が使用者の支配領域内の危険に由来するか否かにより判断するのが妥当と解する。

イ　本件でみるに、本件の自動車は A 社が所有し管理している自動車であるから、B の運転行為は、使用者たる A 会社の支配領域内の危険に由来するものといえる。

したがって、B の運転行為は「事業の執行について」にあたると解する。

(3)　また、A 社に免責事由（715 条 1 項本文）は認められない。

2　以上から、C は、A 社に対して損害賠償を請求することができる。

備考：事実的不法行為のうち、被用者による暴力行為については、それが使用者の業務の執行を契機とし、これと密接な関連を有すると認められる行為であるか否かで「事業の執行について」の該当性を判断する。

論証 31　使用者から被用者への求償　B

　　使用者は、使用者責任にもとづいて被害者に対して損害賠償をした場合には、被用者に対して求償権を行使することができる（715条3項）。

　　ただし、使用者による求償権の行使は、事業の性格、規模、施設の状況、被用者の業務の内容、労働条件、勤務態度、加害行為の態様、加害行為の予防もしくは損失の分散についての使用者の配慮の程度などの諸般の事情に照らし、損害の公平な分担という見地から信義則上相当と認められる限度に制限されうると解する。

論証 32　土地工作物責任

⮕ 238 ページ 4

甲土地の敷地には、道路との境界にコンクリートブロック塀が設置されていたが、老朽化によって今にも倒壊しそうな状態にあった。甲土地はAが所有し、賃借人Bが直接占有している。Bは、本件コンクリートブロック塀に「危険！ 近づくべからず」と赤書したA4の紙を1枚貼付していた。Xは、本件コンクリートブロック塀の前の道路を歩行していたところ、コンクリートブロック塀が倒壊し、これに巻き込まれて負傷した。Xは、Bに対して損害賠償を請求することができるか。　B⁺

───────────────────────────────

　　Xは、Bに対して、土地工作物責任（717条1項）にもとづいて損害賠償を請求すると考えられるが、その要件をみたすか。

　　まず、「土地の工作物」とは、土地に接着して人工的作業によって設置された物をいうところ、本件のコンクリートブロック塀はこれにあたる。

　　次に、「瑕疵」とは、その工作物が通常備えているべき安全性を欠くことをいうところ、本件のコンクリートブロック塀は老朽化によって今にも倒壊しそうな状態にあったことから、保存に「瑕疵」が認められる。

　　また、かかる瑕疵とXの損害との間の因果関係も認められる。

　　そして、Bは、本件のコンクリートブロックを現実に支配しており、「占有者」にあたる。

　　さらに、「損害の発生を防止するのに必要な注意をした」（717条1項ただし書）といえるためには、損害の発生を現実に防止できるだけの措置をしたことが必要であるところ、本件のような紙を貼る行為は、かかる措置とはいえない。よって、免責事由もない。

　　以上から、Bは、占有者として土地工作物責任を負う。

　　したがって、XはBに対して損害賠償を請求することができる。

備考：Bが717条1項ただし書によって免責された場合は、所有者であるAが無過失責任を負う。

論証 33　狭義の共同不法行為の要件　

➡ 243 ページ ア

　狭義の共同不法行為（719条1項前段）の成立要件をいかに解するべきか。

　まず、各人の行為が、独立して因果関係を含めた不法行為（709条）の全要件を備えることが必要かが問題となるが、個人責任の原則に照らし、必要と解するべきである。

　そして、719条1項前段の意義は、各不法行為者に連帯債務を負わせる点にあるものと解する。

　次に、いかなる関連共同性が必要か。

　この点、主観的な関連共同性まで必要とする見解があるが、被害者保護に欠け、妥当でない。

　そこで、客観的な関連共同性が認められれば足りると解する。

備考：①複数の加害者の過失の競合による1個の交通事故の場合は、通常は客観的関連共同性を肯定する。

　　　②交通事故と医療事故が競合した場合は、それらが時間的に接着しているかぎり、一連のものと評価して客観的関連共同性を肯定する。

事項索引

判例索引

呉　明植（ごう　あきお）

弁護士。伊藤塾首席講師（司法試験科）。慶應義塾大学文学部哲学科卒。2000年の司法試験合格直後から、慶應義塾大学法学部司法研究室および伊藤塾で受験指導を開始。「どんなに高度な理解があったとしても、現場で使えなければ意味がない」をモットーとした徹底的な現場至上主義の講義を行い、司法試験予備試験および司法試験において毎年多数の短期合格者を輩出。とりわけ、天王山である論文試験の指導にかけては他の追随を許さない圧倒的人気を博し、伊藤塾の看板講師として活躍を続けている。

公式ブログ：「伊藤塾講師　呉の語り得ること。」
（http://goakio.blog95.fc2.com/）

債権各論【伊藤塾呉明植基礎本シリーズ8】

2020（令和2）年2月28日　初版1刷発行
2024（令和6）年8月15日　同　7刷発行

著　者　呉　明植

発行者　鯉渕友南

発行所　株式会社　弘文堂　101-0062　東京都千代田区神田駿河台1の7
　　　　　　　　　　　　　TEL 03（3294）4801　　振替 00120-6-53909
　　　　　　　　　　　　　https://www.koubundou.co.jp

装　丁　笠井亞子

印　刷　三美印刷

製　本　井上製本所

© 2020 Akio Go. Printed in Japan

ISBN978-4-335-31435-3

伊藤塾呉明植基礎本シリーズ

愛弟子の呉明植が「伊藤真試験対策講座」の姉妹シリーズを刊行した。切れ味鋭い講義と同様に、必要なことに絞った内容で分かりやすい。どんな試験でも通用する盤石な基礎を固めるには最適である。

伊藤塾塾長 **伊藤　真**

▶ どこへいっても通用する盤石な基礎を固める入門書
▶ 必要不可欠かつ必要十分な法的常識が身につく
▶ 各種資格試験対策として必要となる論点をすべて網羅
▶ 一貫して判例・通説の立場で解説
▶ シンプルでわかりやすい記述
▶ つまずきやすいポイントをライブ講義感覚でやさしく詳説
▶ 書き下ろし論証パターンを巻末に掲載
▶ 書くためのトレーニングもできる
▶ 論点・項目の重要度がわかるランク付け
▶ 初学者および学習上の壁にぶつかっている中級者に最適

憲法[第2版]	3000円
民法総則[第3版]	3000円
物権法・担保物権法[第2版]	2600円
債権総論	2200円
債権各論	2400円
家族法(親族・相続)	2300円
刑法総論[第3版]	2800円
刑法各論[第3版]	3000円
商法(総則・商行為)・手形法小切手法	
会社法	
民事訴訟法	
刑事訴訟法[第3版]	3900円

弘文堂

＊価格(税別)は2024年8月現在